管理的算法

电商企业经营之道

王鹏◎著

清华大学出版社
北京

内 容 简 介

这是一本注重实践的商业管理读物。作者打破了传统管理类书籍理论性强、成功案例不可复制的遗憾，创造性地将"盈利需求"与"管理动作"结合起来。本书旨在解决经营中的各种实际问题，以数据化标准确定职责，完成管理动作，实现高效业绩的闭环。本书收集了大量的案例，能够让读者从多个角度发现电商企业管理中的问题，从而找到解决问题的方案。

本书适合电商企业的负责人和团队的领导者阅读，对一般的商业企业和制造型企业的负责人也有借鉴意义。通过本书，管理者既可以从全局视角分析公司的经营状态，也可以从产品视角计算成本、利润、盈利预期，并用量化手段制定出科学的经营目标，形成考核方案，帮助管理者摆脱繁杂的管理事务，以"持续盈利"作为工作的主线，提升管理思维，简化管理动作，提高管理效率。

本书封面贴有清华大学出版社防伪标签，无标签者不得销售。
版权所有，侵权必究。举报：010-62782989，beiqinquan@tup.tsinghua.edu.cn。

图书在版编目（CIP）数据

管理的算法：电商企业经营之道 / 王鹏著．
北京：清华大学出版社，2024.8．--ISBN 978-7-302-67040-7

Ⅰ.F713.365.1
中国国家版本馆 CIP 数据核字第 20247B30H6 号

责任编辑：	杜春杰
封面设计：	刘　超
版式设计：	楠竹文化
责任校对：	马军令
责任印制：	刘　菲

出版发行：清华大学出版社
　　网　　址：https://www.tup.com.cn，https://www.wqxuetang.com
　　地　　址：北京清华大学学研大厦 A 座　　邮　　编：100084
　　社 总 机：010-83470000　　邮　　购：010-62786544
　　投稿与读者服务：010-62776969，c-service@tup.tsinghua.edu.cn
　　质量反馈：010-62772015，zhiliang@tup.tsinghua.edu.cn

印 装 者：北京同文印刷有限责任公司
经　　销：全国新华书店
开　　本：185mm×260mm　　印　张：18　　字　数：455 千字
版　　次：2024 年 9 月第 1 版　　印　次：2024 年 9 月第 1 次印刷
定　　价：79.80 元

产品编号：104523-01

他 序

自 2003 年淘宝网创立至今的二十年间，电子商务的发展逐步加速，涌现了许多创富奇迹。随着互联网创业如火如荼地开展，电子商务的概念从实物交易起步，快速地覆盖了旅游、出行、餐饮、娱乐等各种消费场景，同时又推动了金融、媒体、社会服务的深刻变革，并沿着供应链条逐渐传导到工业制造和农业生产领域，为整个经济发展注入了巨大的活力，这被业界称为推动经济发展的新动能，它带领人们进入数字经济时代，也是当前新质生产力的一个缩影。

当前新技术、新产品、新营销层出不穷，企业家必须以灵活的思维应对诸多的变化，也要有以不变应万变的笃定应对挑战。俗话说"花无百日红"，在竞争激烈的商场中，"基业长青"是每一个企业管理者所追求的目标，而好的管理才是基业永续的核心。作为学者，我一直关注电商行业的变化和发展。我看到大量怀揣梦想的人投身于电子商务发展的热潮，他们把自己的勤劳、智慧应用于实践，获得了商业上的成功。相较于对成功者的褒赞，我往往更关注失败的案例：为什么有那么多的电商企业，像节日的焰火，短时间内就能迸发出绚丽的光芒，又转瞬消失在幽暗的夜空中呢？当我走进这些企业，与管理者交流时，惊讶地发现，这些当家人的辉煌往往来自流量红利：由于某种机缘巧合，获得了电商平台的巨大流量，企业就快速发展起来了。在高歌猛进时，他们不关注库存量，不关注现金流，不了解盈利状况，甚至连团队人数都说不清楚。虽然在短时期内，发展可以掩盖各种问题，但当流量红利不再、业务增速放缓的时候，即使企业仍然盈利，也会被各种凸显的矛盾拖进深渊。"没有合理推广预算，推广费超支；缺乏库存控制能力，存货过多；没有利润测算，卖的多，亏的也多；没有科学绩效和晋升机制，自己的团队被同行整建制挖走。"实在无法想象，体现当前最先进经营模式的电商企业，竟然会在最基础的商业经营规则上犯错误。

许多电商企业，在规模较小的时候往往痴迷于对平台流量的追求，哪里有流量就去哪里；当达到一定规模后，它们就应当更加关注人的价值，对外要关注客户需求及行为喜好；对内需修炼内功，完善管理方式和管理制度，让团队健康发展。大的方向大致如此，但每个商家也会遇到非常具体的管理问题，比如：产品利润微薄，销售收入高，但利润少；不知道该进多少货，导致销售受阻；不知道怎么定业务目标，或者定了目标也不知道怎么落实；不知道如何分配工作，老板干着总监的工作，总监干着主管的工作，主管干着员工的工作，员工不知道该做什么工作；不知道如何合理地制定薪酬制度，钱没少发，而员工的满意度却越来越低等。

由此可以看出，"电子"只是技术手段、销售形式和成交渠道，而"商务"才是核心价值。无论前者如何变化，商业的本质不会变。学界和从业者，要从行业特点出发，帮助电商的管理者们打通电子与商务之间的"任督二脉"，解决基础的经营管理之道。

许多管理类书籍，会围绕管理者和管理制度进行阐释，着眼于提升管理者的内功修炼，提升他们的战略眼光、领导力，构建科学可行、能被员工接受的管理制度。而本书则另辟蹊径，作者王鹏老师从多年从业者的视角完整地阐述了电商企业在成长路上的实操中"避坑""打怪"的过程。王鹏老师用严谨的逻辑、翔实的数据，借助简单的运算，基于丰富的实战案例与实用工具，解决了"什么是领导力，哪些判断是有远见的，什么叫作适合本企业的科学制度，如何能够被员工接受"的深层次问题。本书从资金使用效率、成本分摊、店铺与产品分层、价格战策略等多个层面，详细拆解了企业的经营管理的关键点，引导读者深入理解并掌握如何通过数据发现问题、制定策略、优化业务，并将相关的问题、策略、任务，科学有效地分配到具体责任人，从而使任务清晰而客观、责任明确且具体，完成的结果也容易进行评估，真正实现"为过程鼓掌，为结果买单"的闭环。

我注意到，书中甚至对仓库的包装成本、是否应当更新自动设备这些细节的管理责任都做了分析，这种接地气的内容，一定是来自于作者长期的观察实践。更有趣的是，这本书基本没有复杂的原理，所有的计算内容都被限制在加减乘除的范围内，大大降低了学习的门槛，着实是广大电商从业者的福音。本书不仅对电商管理问题进行了深入探讨，更是对商业行业未来发展进行了前瞻性思考。它以数据为武器，以盈利为靶心，以效率为基石，为商业企业在复杂多变的竞争环境中找准定位、理清思路、提升效能提供了有力支撑。

我相信，无论对于正在寻求转型升级的电商企业，还是致力于理解电商现象、探索管理前沿的学者，抑或是关心电商行业发展的政策制定者，这本书都是一份极具价值的参考文献。每一位阅读此书的电商从业者都将从中受益匪浅，进而推动自身企业乃至整个商业行业的健康发展。

崔丽丽

上海财经大学数字经济系教授、电子商务研究所执行所长

2024 年 5 月

自　序

中国电子商务行业经历了近二十年的快速发展,已经成为现代经济发展中不可忽视的重要组成部分。《中国电子商务报告(2022)》显示,从事产品销售的商家有1 319.34万家,从业人口达6 937.18万人。越来越多的电商企业,依托互联网技术的东风,在国家开放包容的政策下,取得了长足的发展。同时,从上述数据也可以算出,平均每个电商企业的人员数量不到6人,规模较小。由于规模所限,出现一人多岗,导致业务重点不清晰,管理粗放,阻碍了持续盈利,反过来又限制了扩大规模。

随着市场增长速度放缓和商业竞争加剧,电商企业的经营压力日趋增大,如何快速提升电商企业的持续盈利能力、快速提升整个团队的经营效率,是摆在企业负责人面前的重要问题。

电商企业要摆脱原本"作坊式"的经营,就必须拓展团队规模,进行分工。但是由于电商行业发展迅猛,很多企业还没来得及摸索出一套相对规范的管理体系,就变成了销售额几千万、几个亿的"庞然大物"。团队内部不可避免地出现任务不清晰、责任不明确、利益不统一、收益不公平的矛盾。这导致很多企业快速崛起,又快速沉寂。这是行业的遗憾,也是商业上巨大的损失。

我自2006年开始在电商行业创业,2011年走上讲台,成为淘宝教育的培训讲师。在长期帮助电商企业成长的过程中,我发现传统的企业管理知识在电商企业中存在着严重的"水土不服"的情况。

第一,有的企业管理知识理论性太强。虽然有的管理知识高屋建瓴、具有极强的前瞻性,但是很难被电商行业从业者理解、付诸实践。在不同的时代、不同的文化背景下,各位管理学大师积累了丰富的经验,要想深刻理解这些经验,必须深刻理解大师们所处的时代和行业背景,需要有把学术语言转换成实践方法的路径。这种要求,并非每个电商行业从业者所能具备。

第二,有的企业管理知识视角宏大。虽然很多成功案例出自著名企业,却难以弥合大企业与小企业、国际企业与本土企业之间的差别。

知名企业的经验固然非常有价值,但是也要理解其成功的偶然性。每个时代都有成功的企业，而罕有在每个时代都成功的企业。如果机械地复制著名企业的成功经验，很容易陷入邯郸学步的窘境。况且，行业的差异也会造成学习壁垒，例如：制造业的优秀经验，电商企业看得懂却学不会；开淘宝店的成功经验，也很难直接复制到抖音运营中。

第三，有的企业管理知识过度注重领导者的自我"修炼"。虽然领导者提升能力后，会对企业经营提升起到关键作用，但是江山易改本性难移。电商企业的管理者，大多从基础业务做起，通过一路摸爬滚打积累了丰富的经验，也大多具有鲜明的个性。这种个性，客观上成为其管理方式和企业文化的核心价值。纵然可以通过培训，改变其个性，但是，一个抽离了核心价值的企业，风险是非常大的。况且，改变一个人的个性是非常难的。试图通过这种方法提升电商管理者的水平，最终的效果实在难以评价。

第四，有的企业管理知识过于注重绩效考核。虽然这是管理中的重要手段，但是从没有哪个企业因为做好了考核就实现基业长青。

绩效考核只是众多企业管理手段中的一环，本质是劳动者和投资者之间的责任和收益的分配机制。凡是制度，总具有一定的强制性和滞后性，而电商行业又特别注重灵活性和创新性。因此，过于注重绩效考核，能够让劳动者更听话，但是并不会促进业务更好地发展。

综上所述，对于电商行业和处于数字化转型阶段的企业来说，既要充分学习和借鉴传统的企业管理知识，也要正视其局限性和短板。

与传统商业企业的管理者相比，电商企业的CEO往往具有以下鲜明的特点。

第一，注重"躬身入局"。电商企业的CEO永远关注一线的经营业务，对于产品的特点如数家珍，对于电商平台的规则也理解透彻；同时，他们的身上也存在着注重细节而忽视宏观，关注销售额增长而忽视利润增长的缺憾。

第二，注重"经营直觉"。电商企业的CEO具有敏锐的产品直觉和强烈的危机感，相信"发展是硬道理"，甚至用发展掩盖管理中的问题。可是一旦企业发展速度放缓，由于CEO缺乏对产品"成本、销量、利润"三者关系的预判，大量经营风险就会浮出水面。

第三，注重"跨越发展"。电商行业红利期让很多企业实现了高速增长，由此也影响了电商企业的CEO对未来的判断——定目标时拍脑袋决策，谈薪酬时拍胸脯保证，出现问题后拍大腿后悔。

为了破解上述"困局"，也为了帮助电商企业在变化的竞争环境中健康发展，我结合多年的经营管理实践，围绕"以盈利为目标，分析数据去明策略；以效率为底线，量化数据去谋团队"的原则，探索出适合电商行业的管理方法。这套方法对于传统的商业企业、制造企业、服务类企业也有借鉴价值。

希望本书能够搭建起一座桥梁,将专业的管理理论、成功案例、领导力和绩效考核方法,与企业经营相结合,帮助电商行业的CEO提升管理效能;让电商行业的CEO了解经营中的"两线两点",即成本的红线、费用的底线,盈利的拐点、效率的节点。CEO可以学会计算与盈利密切相关的产品分层、成本分摊、边际成本、采购风险、价格战、经营策略六大模型和团队管理中的定岗、定责、定人、定钱四大维度,将客观、科学的"持续盈利"目标转化为客观、可实现的业务指标,制定出适合各部门、各岗位的任务和职责,并形成基于客观事实的内部管理规范。

希望本书能够帮助电商企业解决"有销售,无利润;只增产,不增收""公司给供应商打工,老板给员工打工""管理严格,人员流失;管理松散,浑水摸鱼"等经营痛点。

各章内容概要如下。

第一章,将资金使用效率作为切入点,从相对宏观的角度分析电商企业的健康状况,并通过各项数据之间的关系,对电商企业可能存在的问题进行分析。

第二章,精细化成本分析,将各项成本分摊到每一个产品中,计算出产品的销售利润和盈亏平衡点,为电商企业控制成本打下基础。

第三章,参照"电商平台、企业性质"等维度,对电商店铺进行分层,并分析不同"层级"店铺的经营策略;参照"访客数量、利润贡献"等维度,对产品进行分层,并从不同角度分析各个层级产品的优化方向。

第四章,通过计算"利润敏感系数",策划一场产品的"价格战";通过对多个产品的运营,形成全公司的业绩成果,并以指标化形式展现。

第五章,分别从业务角度、团队管理角度、CEO自身能力角度分析经营中的问题,总结业务目标、管理标准和能力提升的方向。

第六章,介绍电商行业常用的管理工具,结合业务目标,形成各部门具体的职责,并保证每位员工能够有能力、有步骤、有重点地完成目标。

第七章,确定薪酬方案,包括薪酬的资金规模、价值导向、分配规则以及薪酬各种组成部分的含义。

第八章,在"尊重有价值之劳动,奖励有价值之创新"的原则下,根据工作目标和业绩完成情况,确定各个岗位的薪酬待遇和计算方法。

在本书中,我根据自己在电商行业耕耘多年的教育和实践经验,借鉴了财务管理的计算方法、聚焦"盈利"这一所有经营者都关心的主题,总结了管理者的共性目标,在尊重不同管理方式的前提下,归纳出了具有强实践性、落地性、可复制性的管理方法。

在本书撰写过程中，高珉老师在设计经营目标、提高组织效能方面，给了我非常多的建议，刘炜老师在 OKR 设计、绩效测算方面给我提供了很多素材，在此表示衷心感谢。

同时，我也要感谢王排云老师在很多细节上帮我把关；感谢公司同事和家人们对我的包容，让我可以没有后顾之忧，心无旁骛地专心创作。

本书的初稿来自我的课程讲义。把讲义变成书稿，需要在逻辑框架、知识深度、案例选择方面花费非常多的精力。幸运的是，我遇到了本书的编辑康晨霖老师，她用专业的视角帮助我优化了书稿内容，可以说本书能够顺利面市，康老师居功至伟。

在智能技术的加持下，大规模运算、数字人、虚拟现实等新技术与商业有机融合，不断迭代着电商行业的发展模式，新平台、新类目、新工具也层出不穷。因此，现代管理者也需要在管理中植入自己的算法，把管理方式、方法、规则与企业的盈利目标绑定在一起，才能在变化中找到不变，在不变中寻求突破。

在撰写文稿、设计案例的过程中，我尽可能地选取具有共性、代表性、盖然性的内容，希望能为读者提供有价值、可复制的知识。由于个人水平有限，书中难免存在疏漏或错误，敬请批评指正。

王 鹏

2024 年 3 月于杭州

目 录

第一章 躬身自查，揭开资金效率谜团　　1
第一节　常见的企业资产形式　　2
第二节　全面分析企业的盈利能力　　9
第三节　资金周转率及其应用分析　　16
本章小结　　33

第二章 成本分摊，精细核算单品利润　　34
第一节　核算指标概览　　34
第二节　围绕盈利分摊各种成本　　41
第三节　分析边际贡献　　52
本章小结　　58

第三章 分层优化，确定经营的立足点　　59
第一节　平台与店铺分层　　59
第二节　按访客量分层产品　　66
第三节　按照利润分层产品　　76
第四节　影响产品分层的内部因素　　85
本章小结　　93

第四章 运筹帷幄，如何赢得价格竞争　　95
第一节　如何在价格战中获得优势　　95
第二节　用利润敏感系数运营产品　　109
第三节　用 ROE 评估公司业绩　　122
本章小结　　135

第五章　业务罗盘，从三个角度看管理　　**136**

　　第一节　CEO 从业务角度看管理　　137
　　第二节　CEO 从团队角度看管理　　153
　　第三节　CEO 从自身角度看管理　　164
　　本章小结　　170

第六章　制定目标，确定部门业务职责　　**171**

　　第一节　用科学的方法制定业绩目标　　171
　　第二节　电商常用的业绩管理工具　　178
　　第三节　拆解目标，形成部门职责　　190
　　本章小结　　206

第七章　合理回报，薪酬组成结构解析　　**207**

　　第一节　科学设计"薪酬蛋糕"　　207
　　第二节　制定科学的薪酬方案　　211
　　第三节　薪酬方案的组成结构　　222
　　本章小结　　237

第八章　定岗定责，薪酬体现劳动价值　　**238**

　　第一节　员工的定岗与定责　　238
　　第二节　各岗位的薪酬方案实践　　250
　　本章小结　　276

第一章
躬身自查，揭开资金效率谜团

电商行业经历了近二十年的高速发展期，很多优秀的创业者借助互联网的东风，创造了非常多的商业奇迹。同时，电商企业也遇到了很多问题：产品的销量越来越高，利润越来越低；企业规模越来越大，资金却越来越紧张；产品种类越来越丰富，库存积压也在持续增加。

电商行业刚兴起时，大家看到更多的是线上经营与线下经营的差异性：线上电商企业可以 24 小时营业、无销售地域限制、可以进行海量商品的对比等。但是，这只是经营形式的变化。从本质上说，电商企业与传统的百货超市一样，都是通过销售商品、提供服务而获得收益的。

线下商业需要依靠好的位置吸引更多客户，线上店铺也愿意在流量高的平台开设店铺；线下商业需要热情待客，线上店铺面对客户时，也一口一个"亲""家人们"；线下商业有店庆、会员日、节日等活动，线上店铺也有"6·18""双 11"等大促销；线下商业主要靠产品差价实现利润，线上店铺也是如此。

既然商业本质没有发生变化，那么想剖析当前电商企业遇到的问题，我们可以从资金使用效率①入手，发现存在的问题，探索解决"增产不增收"的问题。

---

① 资金使用效率是评价资金使用效果的一个参数，有两个主要指标，即资产使用的有效性和充分性。

第一节 | 常见的企业资产形式

"天下熙熙，皆为利来"，很多电商企业成立的初衷是为了实现利润，能够赚钱。从CEO的角度说，首先要理解哪些钱属于企业的钱。

保险柜里的现金、支付宝的余额是钱吗？当然是！但这些钱马上要用于归还贷款，虽然放在保险柜里，却属于别人的钱。公司的存货是钱吗？当然是！但这些用真金白银采购的产品如果陷入滞销，就无法再度变成钱，进行进一步经营。公司的房产、汽车是钱吗？当然是！但这些资产往往会成为公司陷入债务纠纷时首先被债主盯上的钱，也最容易被查封。

资产有多种形式，按照形态不同，可以分成资金型和实物型；按照归属权不同，可以分成负债和所有者权益。所以，要从形态和归属权两个角度理解资产。

一、从形态角度理解资产

资产有不同的形态，钞票、股票、金条属于资产；别人的欠款、供应商迟发的货物也是资产；仓库中的存货、房产、汽车，同样是资产。

（一）资金类资产

货币性资产、股票和债券、应收账款这三部分资金组成了企业账面上的资金实力。

1. 货币性资产

货币性资产，可以将其狭义地理解为现金——看得见摸得着的钞票，随时都能用来消费、采购，使用最便捷，具有最强的流动性；也可以将其广义地理解为银行存款——存在公司可控制的银行账户内，可以随时根据需要进行支付。如果扩大一下范围，支付宝或者微信钱包中的余额，也具有较强的流动性，能够实现货币的购买力，也可以被认为是货币资金[①]。

2. 股票和债券

股票和债券，是容易变成资金的资产，但是其价值具有一定的波动性，交易时间也有一定的限制。请看下面的例子。

某公司在9月30日下午4点，突然需要支付一笔10万元款项。此时，其在股市中有

---

① 通货膨胀和汇兑损益会对这类货币的购买力产生影响。

价值10万元股票,但此时股市已经休市,只能等10月8日股市开盘后方可以抛售变现。待到股市开盘之后,股价下跌,其股票价值变成9.5万元。可见,即使用这些股票进行质押,也会由于假期休市、股票波动风险导致实际能够拿到的钱远低于预期。

由此可以看出,股票和债券类资金具有一定的流动性,但是因其受交易市场和交易时间的限制,并存在价值的波动性,故其在变成现金的过程中存在一定的不可控性。

3. 应收账款

应收账款,是别人的欠款。这些钱虽然在别人手中,但仍然是属于你的,你仍然对这些钱拥有权利(债权)。由于对方还款意愿的不确定性,应收账款的收款速度普遍较慢,流动性较差。应收账款,一般分为平台业务欠款、一般业务欠款和一般借款。

(1)平台业务欠款。大部分的电商平台有默认的欠款周期。商家销售出的货物,即使消费者没有主动确认收货,在售后无虞的情况下,10到20天内,款项也会自动划转到商家的账户上,具有较好的流动性,甚至还可以根据未收回的款项金额,提供一定比例的贷款,作为商家周转之用。

(2)一般业务欠款。在传统业务形式中,为了节省交易成本,业务双方会约定账期,在一定周期内进行款项结算。某些强势的销售企业,会制定苛刻的结算条件,让自己的账面资金充盈。请看下面的例子。

某电商公司有非常强的IP(influential property,影响力资产)打造能力,其打造的几个头部主播都拥有大量忠实的粉丝,销售的产品销量稳定,一般20天左右即可售罄。该公司给供应商的结算周期是60天。该公司通过延长结算周期的方法,实现了产品无成本经营,形成了较高的资金沉淀,帮助公司快速扩张规模。

但是,如果这家电商公司主播离职,就可能出现粉丝流失现象,导致产品销售速度大幅度下降,从而使公司陷入经营困难、回款缓慢的窘境。供货商为了避免自身损失,会减少或者停止供货,并立即开始追讨欠款。由此,该公司在短期内的资金压力会陡然上升。

因此,一般业务欠款的流动性,取决于合作方的履约能力和意愿,具有一定的不确定性。

(3)一般借款。虽然它在理论上是你的钱,但是实际的收回情况不乐观。这种应收账款的流动性较差。

从理论上说,对于一般业务欠款和一般借款,如果欠款方(债务人)的信誉较好,可以通过抵押收款权①的方式,使收款方(债权人)获取一部分资金。但是在实践中,考虑到风险因素,很少有金融机构愿意提供类似的服务。

(二)实物类资产

高流动性的资金并不是凭空而来,大部分时候,企业通过不断的交易才能实现资金增

---

① 债务人将其特定财产移交给债权人占有,作为债权的担保。在债务人不履行债务时,债权人具有依法以该财产折价或拍卖、变卖该财产的价金优先受偿的物权。

加。而存货是交易的载体,固定资产是交易的底座。此外,低值易耗品亦计入实物类资产。

1. 存货

存货可以理解为资金的表现形式。在低价时将资金变成货物,在高价时,把货物变成资金。在低买高卖的过程中,取得差价,完成资金(产)增值。它的价值具有波动性,会直接影响企业的利润。在设计运营策略时,必须考虑库存价值变动的风险。

服饰行业经常为高库存所困扰。数据显示,2022年度,服饰类上市公司的库存率约为25%[1],非上市公司的实际库存值可能更高,这些库存极大地占用了公司资金。

有些行业则对高库存持谨慎乐观态度,比如黄金行业,由于受通货膨胀等复杂经济因素的影响,黄金的价格在较长一个周期内一直体现了稳定上涨的态势[2],如图1-1所示。

图1-1 黄金价格稳步上升

对于电商企业来说,存货是一把双刃剑。存货量太少,一旦产品卖爆,可能导致企业无法在规定时间内发货,会引起客户投诉,影响搜索排名;存货量太多,会占用大量资金,导致企业无法拓展其他业务。

2. 固定资产

为了完成生产或者销售任务,公司需要购买设备、车辆、商用房产等。购买的固定资

---

[1] 数据来源:第一纺织网监测数据统计显示,2022年度,100家沪深两市港股及美股服装、鞋类上市公司(未包括耐克)实现营业收入6 959.08亿元,存货数量高达1 737.76亿元,库存率为25%。

[2] 数据来源:黄金网。

产可以作为抵押，或者以销售的形式实现资金回笼。

近几年来，上市公司也多次出现通过销售固定资产，实现业绩提升的方式。

2023年8月，四川长虹（600839）发布关于对外出售房产的公告，拟将分布于绵阳、武汉等地共31套存量房产在西交所挂牌出售，转让底价合计为1.66亿元。

2023年9月，中通客车（000957）计划将所持有的位于山东省聊城市经济开发区东昌路177号当代国际广场二十处不动产，以评估值1 244.43万元在产权交易中心进行公开挂牌出售。

购置固定资产的优势是使用成本较低，劣势是会占用大资金。因此，很多企业愿意采用租赁的方式，而不是投入大量资金购置固定资产。

2022年6月，南方航空公司宣布，公司共有运输飞机880架，其中自购飞机只有301架，其余579架都是以各种形式租赁的[①]。

租赁会降低短期资金的支出，有利于快速扩大企业规模；但是租赁的费用相对较高，会影响企业中长期的收益。因此，在是否购置固定资产事宜上，企业需要根据具体情况灵活计算，再做出决策。

3. 低值易耗品

低值易耗品，习惯上是指为了满足正常的生产经营需要的货值在2 000元以下、使用期限在一年内的物料。比如打印纸、墨盒、包材等。相对于固定资产，低值易耗品使用周期短，一般也不做二次销售。

二、从归属权角度理解资产

（一）负债

企业经营中会通过负债的形式，将他人的资产合法地挪到自己的企业中进行经营。如果获得的收益大于支付的债务利息并能如期偿还债务，这种负债就是相对健康的。

常见的负债有薪酬类债务、采购类债务、融资类债务。

1. 薪酬类债务

薪酬是企业要支付给员工的劳动报酬。按照法律规定，到了特定时间，必须履约，是经营中几乎不可拖欠的负债。如果企业频繁出现延迟支付或者克扣员工薪酬的情况，不仅会带来法律上的风险，还会给员工带来强烈的不安全感，导致员工流失。

如期如约支付薪酬是企业的义务，提高薪酬的使用效率是管理的手段。这是两个不同层面的问题，不能因为管理能力的不足，而回避承担支付薪酬的义务。

---

① 数据来源：同花顺金融研究中心。

2. 采购类债务

采购类债务表现为产品性采购（采购货物等）、服务性采购（快递服务）、资产性采购（房租、水电费等）。这类债务常见的特点是付款时间有一定弹性。例如，在采购产品货物时，企业通过与供应商协商延长结算账期，将腾出的资金进行短期周转，可以获取额外收益。这些资金，可以视为无息贷款。如果把这些资金存在银行，可以获得稳定的利息回报；如果用来投资在业务上，会获得经营回报。但是，这些钱是需要归还的，如果到期不能偿还，就会带来风险。

天璇公司[①]在8月份购入了100万元的月饼，与供应商约定10月份结算货款。由于市场竞争激烈，月饼未能及时完成销售，造成积压。到了10月，如果天璇公司不能及时支付货款，后续的合作就无法维持。其他的供应商发现风险之后，都会向其催要货款。一旦产生信任危机，公司就会有资金链断裂的风险。

因此，在涉及货款账期问题时，需要十分谨慎。如果没有特别优秀的财务决策[②]能力，宁可让供应商降价，也不能对账期抱有很高的奢求。

房租、水电费等支出，往往存在一定的预付需求，本质上也是对远期债务的准备。

天璇公司与房东约定，每年12月31日支付下一年度房租120万元。新一年的1月1日，房租已经支付完毕，但是这笔债仍然存在，天璇公司每个月仍然应当积攒10万元，以保证到支付下一年房租的时候，能有足够的资金。等到公司不再租赁房屋的时候，这笔债才消失。

房租本质上就是以时间换空间的操作手法。房东通过收房租实现资产的回报，虽然短期内收入少，但是长期回报稳定。公司通过支付房租，以短期内相对较小的成本获得了一大片资产（办公场地）的使用权，短期内支付的资金少，长期看则成本高。

3. 融资类债务

为了扩大经营规模，企业也可能主动借款。

1月5日，天璇公司向银行借款120万元用于经营，利息为5%，还款期为次年的1月4日。一年后，天璇公司应当向银行支付本息合计126万元（120+120×5%=126）。从理论上说，公司应当每个月积攒10.5万元（126÷12=10.5），用于未来还款。

在债务归还之前，这些钱仍然在公司的账户中，公司对其拥有掌控权，属于公司的资产。因此，负债可以增大公司的资产规模，增强经营能力。对于债权人来说，只要借款人经营良好、业绩稳定，这笔借款也是有效的投资，利息就是合理的投资收益。

电商企业要科学地评估自身的融资能力和还款能力，因为负债可以让企业规模变大，但是它也可能成为压垮企业的最后一根稻草。因此，控制负债的规模、调整债务到期的时

---

① 天璇公司为虚拟公司。
② 财务决策，指对财务方案进行比较选择并做出决定，目的在于确定合理可行的财务方案。

间、协商债务偿还的方式，都是降低企业经营风险的方法。

（二）所有者权益

所有者权益指的是属于公司所有者的权益，包含实收资本（股东投资到经营中的资金）、资本公积金（公司资产增值的溢价等）、留存收益（企业的盈余公积和未分配利润等）。

1. 实收资本

实收资本是指股东投入到公司经营的资本。根据有关法律规定，资金、实物类资产、知识产权等都可以成为公司的实收资本。

甲、乙、丙三人要成立天璇公司。甲出资金240万元，乙和丙分别用设备和发明专利入股。经评估，乙的设备价值50万元，丙的发明专利价值10万元，经验资之后，共同成立了一家注册资金300万元的公司。

根据2023年修订后的《中华人民共和国公司法》，我国实行的是注册资本实缴制。

2. 资本公积金

资本公积金是指公司资产增值的溢价，或者他人捐赠的资产。

股东们投入300万元成立天璇公司后，股东乙再次提供一台价值50万元的设备，形成了50万元的资本公积金。

股东乙投入的50万元，使公司的原有资产实现了增值。

3. 留存收益

留存收益是指企业的盈余公积和未分配利润，通俗地讲，就是留存在企业中的收益。

天璇公司经过一年的经营，获得净利润40万元。经过讨论，公司决定向股东分红12万元，其余资金作为盈余公积，用于公司未来发展。此时，企业留存收益为28万元。

总结，企业经营越好，所有者权益的金额越大，投资者的利益也就越大。

三、全面理解企业资产

假设，公司的保险柜里放了50万元现金。从形态上讲，这是一笔具有最高流动性的资金；从归属上讲，这些现金可能是拖欠供应商的货款，也可能是银行的贷款、股东的投资、公司的利润等。只要公司对这笔钱有控制权，那么这笔钱就属于公司资产。

在会计学中，有一个重要的计算公式，即

$$资产＝负债＋所有者权益$$

这个公式充分地揭示了资产是由负债（借别人的钱）和所有者权益（自己的钱）组成的。在观察企业资产的时候，不考虑钱是从哪里来的，而考虑钱是否在公司的控制之下。

天璇公司用1 000万元购买办公楼，此时账面资金减少1 000万元，而固定资产增加1 000万元，总资产不变。此时用购买的办公楼去银行抵押贷款800万元，公司货币资金增加800万元，而办公楼仍然在该公司的实际控制和使用中。这时候，公司账面上有了

800万元资金，实际上还可以使用价值1 000万元的办公楼。由此可见，天璇公司用购买房产再抵押的形式，实际控制了1 800万元的资产。

1年之后，由于地产发展迅速，这栋楼价值1 200万元。此时银行不担心企业的还款能力，甚至还愿意增加贷款额度；但是如果地产市场萎缩，办公楼价值缩水到700万元，银行就会担心，不愿意继续放贷，对借出去的钱也要马上收回。此时企业的资金被抽离，无力支付其他业务资金，其他债权人也会纷至沓来，企业就可能由于资金链断裂而陷入失败。

上述案例，解释了有的企业看起来规模很大，资产规模雄厚，却轰然倒地的原因。企业在扩张过程中借了大量外债，甚至用"借新债，还旧债"方式维持运转，其唯一能够掩盖盈利不足的方式，就是能够继续借到钱。为此，有的企业不惜用虚假财务报表、虚构经营合同、购置豪车游艇等奢侈消费，来维持表面的繁华。可惜，泡沫总会破裂，所有的虚假都将大白于天下。

曾经有人戏谑地说："如果你欠银行10万元，那是你的烦恼；如果你欠银行10亿元，那是银行的烦恼。"这些年，失败的电商企业，罕有因为亏损而突然倒下的。因为亏损是一个明确、可见的失血行为。当业务萎缩，资金量减少，无论是经营者还是投资者都容易发现问题，主动选择停止业务，可及时止损。电商企业往往是在业务高歌猛进的情况下，由于某种意外的原因，使资金链突然断裂，导致业务垮掉。

2019年年底，广东某家企业的产品销量持续上升，在"双11""双12"期间销售屡创新高，为了抓住市场红利，公司把所有的资金全部用来囤货，准备来年大干一场。由于资金不足，春节前，该企业用订单贷款给员工发了工资。结果，2020年年初暴发的疫情，使一切都陷于停滞。货还在，但是卖不掉，贷款逾期，无钱还款，最终企业彻底解散。

经历了几年的疫情，全球经济下行，虚假的泡沫被挤出，经营者也承受着巨大的压力。各种潮水都渐渐退去，谁在"裸泳"被看得一清二楚。

新东方是一家教育培训机构，因受政策的重大影响，其业务陷入停滞。短期内须支付员工离职赔偿、学校退租损失、学员退款等费用，由于公司有足够的资金储备，还是很体面地妥善处理了所有的事宜。究其原因，来自其创始人俞敏洪对于资金储备有近乎偏执的要求：公司账上随时要有足够的钱，应付突如其来的危机。据说这笔资金有200亿元之多，如此巨大的款项，对于任何企业来说都是巨大的诱惑，似乎可以有无数投资的事情。但正是由于注重资金链安全，新东方才能在巨大的不利情况下实现平稳转型。

合理负债能让企业的资产规模扩大，通过高效率经营可以获得较好的收益。真实收益高于融资成本的时候，负债是有助于经营的；反之，就会给稳健经营带来潜在风险。因此，企业的CEO不仅要关注盈利，也要关注现金流。**只要企业流入的资金大于流出的资金，则现金流为正值，企业风险就小。即使短期不盈利，也意味着企业资产规模扩大，进而可以通过规模效应压低成本，通过高效率经营获得较好的收益，实现健康经营。**

亚马逊公司作为全球的电商巨头，在全球企业市值排行榜上名列前茅。即使经历多年亏损，仍然受到投资者的热捧，其中一个重要的原因就是其资产的流动性较好，现金流状态健康。

第二节 | 全面分析企业的盈利能力

经历过经济的波动后，很多企业家希望在业务好的时候能够高歌猛进，在业务衰退的时候能够全身而退并寻找第二增长曲线。实际上，企业经营中，寻找敏捷性和安全性之间的平衡是非常困难的。过于激进的经营策略会给企业带来不可预知的风险，过于保守的经营策略又会错失很多商业机会。我们可以通过分析流动比率、速动比率和现金比率这三个财务指标，帮助CEO从宏观角度，对企业的偿债能力、流动性和现金管理进行深入分析，全面评估企业的经营状况；从微观角度，对经营中支出金额较大的货款、推广费、薪酬进行分析，更好地从整体上判断企业的经营方向。

一、诊断企业健康情况的指标

（一）流动比率

流动比率是流动资产与流动负债之间的比率，用来衡量企业流动资产在短期债务到期之前，可以变为现金用于偿还负债的能力。通俗地理解：流动比率是指在较短的时间内企业能够拿出多少钱来还债。

流动比率的计算公式为

$$流动比率 = 流动资产 \div 流动负债$$

流动比率越高，说明企业资产的变现能力越强，短期偿债能力也越强；反之，则弱。一般认为，流动比率应达到2以上[①]比较健康。

1. 流动资产

流动资产包含货币资金（个人可投入经营的资金[②]、支付宝等平台资金、公司对公账户存款、现金）、应收账款、短期投资、应收票据、存货、股票等。

应收账款、短期投资和应收票据可以通过催收、债权抵押的形式变成现金；存货、股

---

① 流动比率大于2是一个公允概念。在不同行业、不同阶段，其数据必然有个性化的波动，此处作为一般参照。
② 在电商场景中，商事主体比较复杂，有很多的个体经营者、个体工商户，存在经营资金和生活资金相互混同的情况。如果经营主体是"企业"，则要做好资金区隔。

票可以通过低价抛售或者抵押的形式变成现金。

2. 流动负债

流动负债包含应付工资以及福利费、应（实）缴税金、应付账款、短期借款、应付利息、应付票据、预收账款、应付股利、其他暂收应付款项和预提费用等。

通俗地理解，流动负债是指在一定周期内必须支付的款项。例如工资、税金、货款、借款以及利息等。这些钱属于应当支付、尚未支付的资金，虽然在自己企业的账上，从理论上讲，却属于别人。举例如下。

天璇公司是一家经营食品的电商企业。12月，其流动资产和负债的情况如下：当前支付宝余额45万元，公司账户存款28万元，已卖出尚未回款的货物250万元[①]，存货价值38万元。

当月应支付工资20万元，应付供货商货款合计165万元，运费5万，订单贷本息合计12万元，推广费60万元，房租10万元。

计算公式为

$$流动资产 = 45 + 28 + 250 + 38$$
$$= 361（万元）$$
$$流动负债 = 20 + 165 + 5 + 12 + 60 + 10$$
$$= 272（万元）$$
$$流动比率 = 流动资产 \div 流动负债$$
$$= 361 \div 272$$
$$\approx 1.33$$

在上述案例中，1.33＜2。流动比率略低，意味着短期偿债压力比较大，存在资金链断裂的风险。为了提升流动比率，需要从开源和节流两个方向入手。一方面是开源，当前销售收入250万元在流动资产的所有项目中占比最高。显然，进一步增加销售收入，是当前开源的最重要的工作。另一方面是节流，在流动负债选项中，工资、货款、利息、运费等支出都是刚性的，能够调整的空间很小，60万元推广费是相对容易调整的，推广费又与销售收入密切相关。如果能够大幅度提升推广效率，就可以压低推广成本，提升销售收入，减少流动负债金额，提升流动比率，降低企业经营风险。

电商企业的CEO每天都要处理各种各样的繁杂事务，但不要忘了应时刻抓住当前最核心的问题，解决与企业生死存亡相关的问题。"天璇公司CEO通过流动比率分析，提升推广效率"可以说是当前管理的工作的起点。只有推广效率提升，才能提升销售额，降低负债率，让企业进入健康的状态。那么CEO就可以从这个起点出发，将从全店推广效率，细化到每个产品的推广效率，并且责成相关人员调整不同的推广渠道和推广方法，并以此

---

① 在电商场景中，平台有确定的结算周期，销售出去的货物，扣除合理比例售后费用之后，资金均可以回收。

形成每个岗位的责任目标，以目标完成情况形成考核的依据。这时候，**管理动作被注入了算法，用量化的手段实现领导力，从 CEO 到基层员工都有统一的标准来衡量业绩的好坏，管理的效能就会大大提升，也必将达成有效的管理结果。**

（二）速动比率

速动比率指企业速动资产与流动负债的比率。速动资产是企业的流动资产减去存货和预付账款后的余额，主要包括现金、短期投资、应收票据、应收账款等项目。

速动比率的计算公式为

$$速动比率 = （流动资产 － 存货 － 预付账款）\div 流动负债$$

速动比率较高，说明企业资金状况良好，存货量比较合理，有足够的偿债能力。一般认为速动比例达到 1 以上[①]比较健康。

与流动比率相比，速动比率剥离了存货和预付账款。这两笔钱虽然属于公司的资产，但是变成现金的难度大、周期长，将其剥离后更容易评估公司短期偿债能力。

扣除存货和预账款的原因是：存货虽然通过销售可以变成货币资金，在极端情况下，甚至可以退回给供应商以抵消货款，但如果希望快速清仓，必然要承担时间成本和跌价损失。预付账款是指企业支付了货款，但是货物还没有到，是供货商欠企业的债。预付账款要回来的可能性很小，大部分时候是以货物的形式出现在仓库中，变成存货。

以本书第 10 页天璇公司为例，速动比率的计算公式为

$$速动比率 = （流动资产 － 存货 － 预付账款）\div 流动负债$$
$$= [（45+28+250+38）-38-0] \div (20+165+5+12+60+10)$$
$$\approx 1.19$$

在上述案例中，1.19＞1，说明速动比率较为健康。如果流动比率数值较高，而速动比率数值较低，说明企业当前库存较高。此时，CEO 必须立即去关注库存商品的构成，分析究竟是哪些产品占用了较多的资金。假设，A、B 两款产品库存较高，导致速动比率较低，结合分析流动比率，得出的重点任务是"提升推广效率"这一个结论，那么可以引申出"提升 A 和 B 两款产品的推广效率，加快产品销售"的重要任务。

当然，速动比率数值并非越大越好，因为过度安全意味着经营保守，说明 CEO 的开拓能力、创新能力、试错能力远远不足，若放弃了太多新市场和新机会，也是需要进行纠正的。

（三）现金比率

现金比率，指现金、银行存款等项目与流动负债的比率。现金比率计算减去了企业流动资产中的存货、预付账款、应收账款等不易在短时间内收回的资产，只考量资产中最具

[①] 速动比率大于 1，是一个公允概念，在不同行业、不同阶段，其数据必然有个性化的波动，此处作为一般参照即可。

流动性的项目，是三个流动性比率中最保守的指标。

现金比率的计算公式为

$$现金比率＝（现金＋银行存款）÷流动负债$$

现金比率越高，意味着现金在经营中的总量越高，经营的安全性也就越高。一般认为现金比率达到 0.2 以上[①]比较健康。

扣除应收账款的原因是：应收账款只是大概率能收回来。在某些极端情况下，比如遇到司法冻结、因为大促而导致用户确认时间延长、产品出现严重质量问题而引发大量售后投诉等，都有可能导致货款无法收回。此处遵循最保守原则，只计算当下随时可以动用的资金的比例，只要钱没有百分之百的可控性，就不纳入计算范畴。

某纸箱厂因为需要搬迁，以市场价 5 折的低价抛售库存的纸箱，但是要求现金支付。能够及时付款，就能享受到低价的折扣。

有位员工在工作中不幸受伤，急需救治，此时，公司能够拿出的资金是多少？

现金比率体现了企业"真金白银"的支付能力，体现了把握重要商机、应对突发风险的能力。这个数值越大，说明账面资金比例越高，应对突发情况的能力就越强。

天璇公司 2 月份流动资产和负债的情况如下：当前支付宝余额 45 万元，公司银行存款 28 万元，已卖出尚未回款的货物 250 万元，存货价值 38 万元。

当月应支付工资 20 万元，应付供货商货款合计 165 万元，运费 5 万元，订单贷还款本息合计 12 万元，推广费 60 万元，房租 10 万元。

计算公式为

$$现金比率＝（现金和一般等价物＋有价证券）÷流动负债$$
$$＝（45＋28＋0）÷（20＋165＋5＋12＋60＋10）$$
$$≈0.27$$

在上述案例中，0.27＞0.2，说明现金比率较为健康。当然，由于业务需要，资金会频繁地进出，短期内支付了一笔货款，现金比率就会快速下降；部分货款收回，又会大幅度提升现金比率。因此，该指标具有一定的波动性。同时，需要注意，如果现金比率过高，意味着大量资金没有投入到生产经营中，没能创造价值，企业会丧失一定的市场机会。

当经济存在下行压力的时候，建议电商企业再增加一个数值，即现金储备大于 6 个月刚性支出。假设当月支出工资 20 万元，房租 10 万元，贷款 12 万元，合计 42 万元，那么建议账户上的现金储备要为刚性支出的 6 倍，即 252 万元。

[①] 现金比率大于 0.2 是一个公允概念。在不同行业、不同阶段，其数据必然有个性化的波动，此处作为一般参照即可。

二、宏观分析企业健康指标

以上三大比率分析，可以直接帮助 CEO 掌握企业的主要问题，为管理决策指明方向。天璇公司的基本情况总结如表 1-1 所示。

表 1-1　企业流动比率、速动比率、现金比率分析

指标项	货币资金/万元		应收账款/万元	库存货值/万元	建议值	参考结论
	支付宝余额	银行存款				
	35	28	250	38		
流动负债	272					
流动比率	1.33				2	不健康
速动比率	1.19				1	健康
现金比率	0.27				0.2	健康

一般来说，三项指标中有一项不合格，企业的风险并不大，可以在后续的工作中逐渐调整。

如果有两项指标不合格，意味着公司的资金紧张，风险较高。一旦有重大的决策失误或者遇到一些意外性支出，资金链就会断裂，导致公司无法继续经营。

如果三项指标均不合格，意味着公司已经处在危险的边缘，任何一点意外都可能让公司陷入彻底停滞，必须抓紧回款，严控成本，方能有一线希望[1]。

每个企业、每个行业都有自己的经营特点，不同时间段的数值差异较大，此处的建议值也仅作为参考之用。经营中，并不需要时刻追求指标的完全健康，就像一个成年人并不需要每天都测血压、测血氧、测血糖一样。但如果某项指标持续不健康，说明风险在持续发酵，那么就需要谨慎对待。

分析流动比率、速动比率、现金比率，可以帮助 CEO 从经营数据出发，通过分析数据之间的勾稽关系[2]发现问题，继而分析问题成因，寻求解决方案。

通过分析，天璇公司发现当下企业安全性尚好，但是存在现金储备不足的问题，于是从推广费用切入，制定了"三减三加"的优化措施。

在推广业务侧，采用了"减预算，加渠道"的策略，即减少一些转化率较低的产品的投入，减少非核心产品的投入，减少库存量较小的产品投入。节省出来的 30% 预算作为资金储备留存，其余 70% 增加在新渠道、新产品和新活动上。

在人员管理侧，采用了"减负担，加压力"的策略。重新梳理推广岗位职责，减少非

---

[1] 即使商家经营诸如冰激凌、电热毯之类季节性非常强的产品，三项指标均不合格也是非常危险的。行业特殊性并不能掩盖销售乏力、成本高企的现实。

[2] 会计学术语，指数字之间存在的可据以相互查考、核对的关系。在电商经营中，也指某个数据变化会带来其他数据的变化。例如，在促销活动前，可以根据某个产品的加购数量推断产品在促销活动期间的销量，并做好备货、发货准备。

核心业务上的工作，减少业务汇报层级，减少新品测试时的业绩考核；增加推广岗位的自主权，推广岗位的培训，增加推广岗位的收入。

上述案例在推广业务侧减少了转化率比较低的产品的推广投入，能够节省预算，但是不会影响整体的推广效果，保持了基本盘的稳定性；在人员管理侧，减少了推广岗位的负担，增加了岗位成长和收入的诱惑力，让这个岗位变得更吸引人，即使现有员工不能满足岗位需要，招人的难度也会降低。

通过三个指标的分析，CEO可以快速评估企业风险，掌握经营的安全底线，稳住经营的基本盘，并可以以此为起点，进行业务拓展。即使在某些特殊情况下，需要采取相对激进的经营策略，也可以通过时刻跟踪相关数据，科学评估风险，确保经营的稳定性和持续性。

三、微观分析企业健康指标

（一）流动负债中的货款

货款是电商企业经营中最大的支出项，也是企业负债中的主要组成部分。有效地控制货款在总支出的比例，合理地调整采购节奏，有利于降低成本、降低经营风险。

当前，天璇公司的应付货款为165万元，在272万元的流动负债中占比最大。CEO可以从下面几个角度分析存货情况。

165万元的应付货款，分别支付哪些产品的款项？

每一个产品的具体销售情况如何？

哪一款产品的销售额最高？哪一款产品的利润贡献最大？哪一款产品的销量最高？

销售情况好的产品，是因为我们做对了哪些事情？这些成功经验能否复制？

销售情况不好的产品，是因为我们在哪些方面没有做好，能不能改正？

假如产品销售不畅的原因是推广能力不足，那么是否有优化的方法？

假如产品销售不畅的原因是价格没有竞争力，那么应该提升品牌溢价，还是压低采购价？

如果需要压低采购价，那么压低到多少是供需双方都能接受，且合适的？

CEO如果不能快速回答上述问题，说明在管理决策中存在巨大的缺失——有一部分资金游离于监管视野之外，形成了成本黑洞。

（二）流动负债中的推广费

由于推广效率不同，推广费成为在流动负债中弹性最大的支出项。

天璇公司当期推广费为60万元，其中在淘宝平台投放40万元，抖音平台投放10万元，小红书合作佣金支出10万元，重点推广了A、B、C三款产品，全公司当期实现了250万元销售额[1]。

---

[1] 250万元是全店各个流量渠道的销售额总和，通过付费流量产生的成交额肯定要小于250万元。

当前每月60万元的推广费是否合理？如果存在问题，优化方向是什么？

当前60万元推广费的总额是否满足了经营需要，应当增加还是减少？

现有的三个平台的推广比例是否合适？具体到每个电商平台上，选择的推广工具是否为最佳选项？

如果要增加推广预算，那么在哪个平台、哪个工具上增加？增加多少最合适？反之亦然。

现在，每个产品的推广费有所不同，推广渠道也有差异，当前的推广组合是不是最佳选择？如果需要优化，将从哪些角度优化比较合理？

如果当前的推广配置没有一个客观的、令人信服的数据基础，那么每个月巨额推广的预算效果就非常可疑，甚至可能是为了推广而推广。

经营具有不确定性，即并非所有的付出都能有同比例的回报，但是时刻关注投资效率、追求高回报却是一个合格CEO必须具备的管理技能。

（三）流动负债中的薪酬

薪酬体现了劳动价值，也是企业凝结团队的重要纽带。如期、足额地支付薪酬是企业的法定义务。对于企业来说，不同的员工，同样的薪酬带来的工作成果是完全不同的，不同的员工对于奖惩的态度也是不一样的。在合理薪酬的基础上，要科学地评估工作成果，追求更好的工作效率。

下面仅以推广岗位员工小张的薪酬变化作为一个案例，管中窥豹地分析人员价值。

现在公司将每月60万元的推广工作交由小张全权负责，其月薪为1.5万元。

他的工作能力和工作态度是否可以支撑一个月60万元的广告投放？

如果每月加薪1万元，能不能提升他的主观能动性，进而提升店铺的推广效率？

如果加薪并不能起到促进作用，那么是否需要制定严格的考核目标，达不到考核目标就减薪？

如果支付3万元月薪，聘请行业内的专家来从事当前工作，是否能够提高效率？或者花1.5万元的月薪请两个人，分别负责一部分推广工作，做精细化运营，其效率是否会更高？

上述任何一个动作都有道理，也都有其局限性。**企业取得优秀的经营业绩的过程，本质上就是把关键的任务变成具体的行动需求，由适当的人完成的过程。**CEO要正确地判断当前的问题，将问题变成明确的任务目标，组织员工分析出当前任务目标中的重要指标，并分工协作共同完成。发现问题是解决问题的第一步。一个优秀的CEO，应该有从数据中发现问题，聚焦核心能力，摆脱日常琐事的羁绊，时刻把握业务主线，为科学决策打下基础。

第三节 │ 资金周转率及其应用分析

一个企业突然得到了 1 000 万元的投资，该怎么用这笔钱？

有的人会说，落袋为安。自己辛苦打拼这么多年，终于拿到投资了，要千方百计地把这笔钱转移到自己个人账户里。这种既不体面也不合规的操作，说明 CEO 对主营业务缺乏信心，知道继续投入已无法产生更多、更长久的回报。

有的人会说，另起炉灶。将这些资金用在全新的业务上，说明 CEO 对当前主营业务的持续增长性缺乏信心，但是对团队能力有足够把握，相信能够在新业务的投入上为企业寻找到新的增长点。

有的人会说，加大投入。在现有的业务上追加投入，以期望获得更大的市场份额、更高的收益。这一方面有可能是 CEO 对当前业务充满信心，另一方面也说明，当前没有更好的业务可以进行投资。

无论是哪种选择，CEO 都会在自己的认知范围内做出利益最大化的选择。即使在自己的主营业务上加大投入，也要根据不同的产品、不同的需求进行资金分解，把钱用在刀刃上，实现较大的收益。

所有的决策背后都体现了资金使用效率，只有让资金流入产生效率最高的环节中，才能发挥其最大的价值。资金周转率就是反映资金使用效率的指标。企业资金（包括库存商品和流动资金）在生产经营过程中不断地循环周转，从而使企业取得销售收入。**资金周转率越高，越能说明企业用尽可能少的资金取得尽可能多的销售收入，资金利用效果就越好。**

一、核算资金周转率

（一）核算资金周转率的方法

科学地使用资金周转率指标，可以帮助企业制定科学的发展目标。

在制定发展目标时，有的企业会根据去年行业数据和自身发展趋势，设定未来发展目标。这样做有其科学性，也有局限性。历史的发展轨迹并不能指明未来的发展道路。行业的变化、技术的迭代，使每一个行业随时都可能遇到巨大的冲击。

有的企业，会召集核心高管开会，共同商讨未来目标。这样做，能够集思广益，也有妥协的成分。因为各部门之间的利益并不一致：采购部、财务部希望销量翻番，因为销量越大，采购量就越大，部门在公司的话语权就会增大；而负责销售的部门担心较高的销售目标会增大工作压力，自然持反对态度。

有的企业，干脆由 CEO 拍脑袋定目标。虽然我们要尊重企业家的商业直觉，但是过于依靠主观的判断，也会让企业陷入较高的风险中。

企业一旦确定发展目标，就要相应地配置人员、采购预算、运营计划。如果发展目标与公司实际情况不符，企业在经营中就会出现资金不足，导致发展受限。因此，在制定销售目标时，需要引入资金周转率的概念，即公司有多少资金可以用于生产经营，所制定的目标必须与拥有的资金规模相匹配。

天璇公司专注于天猫平台的产品销售，现经营 4 种产品，今年的年度销售额为 1 200 万元。计划明年实现销售额 1 800 万元。这个目标究竟能不能实现呢？

传统上，销售收入的计算公式为

$$销售额 = 访客数 \times 转化率 \times 客单价$$

这个公式比较完整地描述了顾客看（访客数）、点（转化率）、买（客单价）的过程，为了提升销售收入，需要增加访客数量，提升转化率，提升每个顾客的消费金额。

但是，这个公式有一个重大缺点：没有考虑到资金规模和资金效率因素。即使产品引流能力强，转化率也很高，但是若没有充足的资金去备货，或者虽有足够的资金却产能不足，则无法满足需求，销售额也无法提升。

天璇公司在年初做了一次盘点，对产品的金额做了详细的统计，形成了期初余额；在年底又做了一次盘点，形成了期末余额，如表 1-2[①] 所示。

表 1-2　店铺产品期初期末库存额统计表　　　　　　　　　　　　单位：元

产品	期初金额	期　　　中				期末金额
产品 A	1 000 000	—	—	—	—	700 000
产品 B	1 350 000	—	—	—	—	1 450 000
产品 C	1 210 000	—	—	—	—	200 000
产品 D	1 440 000	—	—	—	—	1 350 000
合　计	5 000 000					3 700 000

则

$$平均存货余额 = （期初余额 + 期末余额） \div 2$$
$$= (5\,000\,000 + 3\,700\,000) \div 2$$
$$= 4\,350\,000 （元）$$

$$资金周转率 = 销售额 \div 平均存货余额$$
$$= 12\,000\,000 \div 4\,350\,000$$
$$\approx 2.76$$

$$资金周转天数 = 360[②] \div 2.76 \approx 130 （天）$$

[①] 本案例以年度为单位进行计算，即在 1 月 1 日和 12 月 31 日各盘点一次，分别形成期初余额和期末余额。在实际经营中，可以根据具体的情况，以月度、季度为单位，进行盘点和计算。

[②] 360，这里指代一年的天数。

可知，这个公司所有的资金一年能够周转约 2.76 次，每次周转约 130 天。

资金周转率数值越大，资金压力越小，同等资金情况下，业务才能做得更大。

如果资金周转率为 1，为了实现 1 200 万元的销售额，需要准备至少 1 200 万元的资金用于经营，经历一年时间实现利润和资金回笼。

如果资金周转率为 2.76，则需要准备约 435 万元（1 200 万元÷2.76），就可以满足基本经营。同样，如果要实现 1 800 万元的销售额，在资金周转率不变的情况下，需要约 652 万元（1 800 万元÷2.76）的资金。此时，公司是否有 652 万元的资金准备呢？如果公司的资金规模大大超过 652 万元，则意味着当前目标过于保守；如果公司资金规模远远小于 652 万元，则这个目标就显得过于遥远，难以实现。

经过盘点，天璇公司 CEO 发现当前库存货物以及资金（含融资）合计约 500 万元。为了能够在行业红利期快速发展，预计资金周转率达到什么水平，才能实现 1 800 万元销售额？

$$资金周转率＝销售额÷平均存货余额$$
$$＝18\,000\,000÷5\,000\,000＝3.6$$

由此得出结论，在现有资金条件下，为了实现 1 800 万元销售额目标，资金周转率要从现在的 2.76 提升到 3.6，才能完成预期目标，也就意味着销售速度必须提升 30%。

因此，要实现 1 800 万元的销售额目标，就要从两个角度做出努力。一方面，CEO 要给团队压力，让他们提高运营效率，将销售速度至少提升 30%，让卖得好的产品销售速度变得更快，让滞销的产品变得更少。另一方面，CEO 要考虑用其他方法支持实现销售目标，比如，扩大资金规模，通过贷款、融资等方式获得更多的资金，才能够进更多的货，提升存货余额以求扩大销售规模。

所以，如果以销售额作为目标，那么不仅要思考自身的引流能力，更要分析自身备货能力和资金周转率速度。基于资金周转率和访客转化率计算出销售额，我们才能让决策向着科学的方向迈进一步，如图 1-2 所示。

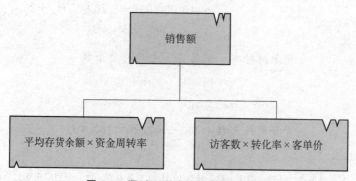

图 1-2　通过不同方式计算出销售额

由于利润的计算比较复杂，而销售额容易统计，因此销售额成为很多公司的核心业绩目标。当使用资金周转率公式分析了销售额与资金效率的关系后，这种业绩指标存在一定的风险：为了提升销售额，需要提升访客数量、转化率、客单价，而这背后的引流和运营成本会吞噬利润；为了提升销售额，需要更多的资金大量进货，也会带来融资成本上升和产品滞销的风险。**多种成本要素和风险累积起来，就容易出现销售额增加但利润下降甚至亏损的局面。**

因此，可以将销售额作为衡量企业发展和规模的重要评估指标，但是不宜将其作为长期的经营业绩指标。毕竟，销售额增长只对上下游的合作伙伴有利；而只有长期盈利的企业，才能为股东带来回报。

（二）库存盘点的注意事项

盘点库存商品是精确核算资金周转率的先决条件，也是企业摸清楚家底、发现经营问题的重要手段。企业在盘点过程中，会发现库存不统一、多仓发货、产品繁多等各种各样的复杂情况。因此，要准确地把握盘点效率和盘点准确度，妥善解决"多家店铺，统一库存发货""多家店铺，多家仓库发货"等问题，同时要通过盘点检查产品的保存状态。

1. 根据不同情况进行盘点

（1）多家店铺，统一库存发货。当公司经营多家店铺、共享一个仓库时，库存产品周转率的数据对公司有宏观价值，但是没法用这个数据对具体某家店铺给予指导意见。因此，既要以公司为单位进行统一计算，了解整体经营效率，也要关注某一个具体产品在某个店铺中的特别表现。

天璇公司有天猫和京东两家店铺，产品A的资金周转率很高，80%的销售量是在天猫店实现的。从公司视角看，产品A数据表现很好，可是这个数据对京东店并不适用。同样，产品B的资金周转率很低，但是在京东店销量正在节节攀升，此时，也不能简单地以周转率低为由，将其淘汰。

计算盘点后的数据时，在以宏观视角计算全公司整体的资金周转率之后，还应该以微观视角计算每一个产品的资金周转率，并将这个数据与每个店铺[①]中相应的产品销售做对比，为同一个产品在不同店铺中制定差异化产品策略和运营策略，完成特定的销售和盈利任务。

（2）多家店铺，多家仓库发货。当公司有多个分仓服务不同店铺时，可以分仓为单位，单独计算分仓周转率；再将各仓数据予以汇总，进行全局分析。

天璇公司设立菜鸟仓服务天猫店铺的发货，设立京东仓服务京东店铺的发货，并由总仓负责公司直营店的发货。在统计整体周转率时，既要将菜鸟仓和京东仓的数据汇总到总

---

① 这里的店铺不仅包含公司自营的线上店铺，也可以包含线下店铺，甚至可以根据经销商的进货、销售情况，帮助其一起计算产品的资金周转率。

仓而得出全盘数据，也要分别统计菜鸟仓、京东仓、总仓自营业务部分的周转率情况，还要统计每个店铺中产品销售和周转的情况，如图1-3所示。

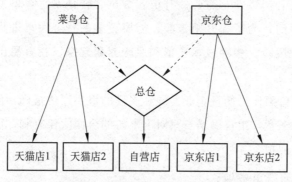

图1-3　天璇公司分散库存结构图

通过分级汇总，分别计算某个产品在某个渠道的销售情况，以及其在公司整体销售的情况，找到差异，就能找到某个产品的突破口。通过分析不同店铺的产品销售结构，可以得知这个店铺的整体运营能力，判断团队的工作效能。

2. 通过盘点，检查产品状态

盘点产品时，不仅要看数量，也要检测保存条件、产品损耗程度、是否在保质期内等因素。如果产品种类比较多，那么频繁盘点就会带来巨大的工作量。

从理论上讲，为了精确掌握资金周转率和经营安全，应该有较高的盘点频率。但是，过于频繁地盘点，也会消耗有限的管理资源。因此，**可以优先以"销售额高、销售量大、占用资金高、库存时间长"这四类产品作为重点，降低对其他不重要产品的盘点频次，以寻求效率和准确性之间的平衡**。

龙腾公司[①]经营黄金、钻石等高档饰品，考虑到产品的价值高，整体数量较少，每天多次盘点是合理且必要的。

天璇公司经营一种小型封装机，每台机器约要使用7种规格的螺丝，为了防止浪费，安排专人每天对各种螺丝及零配件进行盘点。一个员工每月的薪资成本约为5 000元，一个月显然不可能丢5 000元的螺丝，高频率盘点并不能给经营决策带来帮助。

对于体积小、重量小、货值低的产品，可以采用称重法。对于螺丝，可首先清点出1千克螺丝的数量，然后对总量进行称重，两个数据之积就是实际数量。这种算法虽然不够精确，却非常有效率。

对于食品、化妆品等产品，在盘点数量的同时，还要检查生产日期和保质期、保存条件等是否达标，避免出现产品临期、过期，以及由于保存不当产生变质等问题。

对于服饰、鞋靴类产品，不仅要盘点数量，还要对尺码、颜色、规格的数量进行统

---

① 龙腾公司为虚拟公司。

计，避免产品在销售中出现断码或者特定尺码积压的情况。

（三）资金周转率的评估标准

经过两次盘点，得出了每一个产品的期初余额和期末余额。所有产品的数据，汇总成了本企业（全店）产品的期初余额和期末余额。

考虑到不同的产品之间存在利润和销量差异，利润贡献会出现以下情况：利润率高的产品，如果销量少，最终的利润贡献也有限；利润率小的产品，如果销量高，产生的利润贡献也可能比较大。不同产品的采购价和采购量不同，意味着占用的资金和利润贡献率也不一样。既然各个产品、各个要素之间关系复杂，应本着抓大放小、层层递进的原则，以全店周转率作为标准，逐步进行具体的产品分析。

天璇公司今年经营12种产品，去年的销售额为870万元，今年的销售额达到1 200万元，经过年初、年底两次盘点，得出了每个产品的期初库存金额和期末库存金额，并计算了平均存货余额和资金周转率，如表1-3所示。

表1-3 天璇公司产品资金周转率

产品	去年销售额/元	今年销售额/元	期初库存额/元	期中	期末库存额/元	平均存货余额/元	资金周转率
产品A	570 000	380 000	100 000	—	70 000	85 000	4.47
产品B	1 800 000	2 800 000	350 000	—	450 000	400 000	7.00
产品C	125 000	250 000	120 000	—	20 000	70 000	3.57
产品D	582 000	1 520 000	500 000	—	800 000	650 000	2.34
产品E	2 200 000	2 600 000	420 000	—	100 000	260 000	10.00
产品F	850 000	420 000	400 000	—	500 000	450 000	0.93
产品G	200 000	2 000 000	980 000	—	370 000	675 000	2.96
产品H	870 000	620 000	500 000	—	600 000	550 000	1.13
产品I	900 000	320 000	270 000	—	280 000	275 000	1.16
产品J	233 000	370 000	450 000	—	320 000	385 000	0.96
产品K	370 000	420 000	380 000	—	20 000	200 000	2.10
产品L	0	300 000	530 000	—	170 000	350 000	0.85
总计	8 700 000	12 000 000	5 000 000	—	3 700 000	4 350 000	2.76

由表1-3可知，全店平均资金周转率为2.76。高于这个水平的产品有较快的周转速度，只要单品的利润率稳定，就可以为店铺提供持续不断的利润。如果某个产品的资金周转率低于2.76，那么在某种程度上可以视为占用了过多的资金，对于拉低了企业经营效率的产品[①]，在后续的产品优化中要给予重点关注。

---

① 衡量产品的价值时，要结合"效率"以及销售周期、利润贡献等因素进行分析，不能以效率高低为唯一衡量尺度。

如果产品的货值比较接近，库存数量比较接近，也可以采用中位数排序，将产品 A 到产品 L 的周转率从高到低排列，取中间的数值作为参考标准。

在表 1-3 中，周转率最高的是产品 E（周转率为 10），第二位的是产品 B（周转率为 7），以此类推，一直到最低的产品 L（周转率为 0.85），产品 D（周转率为 2.34）约排在第 6 位，则周转率 2.34 为中位数，并以此作为衡量的参考标准。

二、资金周转率与利润率的关系

资金周转率代表资金流动速度，与销售能力密切相关；利润率代表产品盈利能力，与产品的品牌力相关，二者相互关联也相互制约。一般来说，产品利润越高，虽然能够一本万利，但由于价格和行业竞争因素的影响，制约了销量增长；产品利润越低，市场竞争力会增强，销售量会上升，但是工作量和相关经营成本也会上升。

甲产品单件利润为 5 元，销量为 100 件，其利润额为 500 元；

乙产品单件利润为 10 元，销量为 50 件，其利润额为 500 元；

丙产品单件利润为 4 元，销量为 150 件，其利润额为 600 元；

丁产品单件利润为 8 元，销量为 80 件，其利润额为 640 元。

显然，丁产品的工作量相对小，利润最高。经营者设定产品价格的过程，也是寻找利润与销量最佳匹配的过程，追求以最小的工作量获得最好收益的过程。

（一）利润额稳定时，追求高周转率

在利润额相对稳定的时候，通过加快资金周转率，可以获得更多的盈利。

天璇公司向一家资金实力雄厚、信誉良好的老客户供货，产品成本为 10 万元，销售价为 12 万元，预计利润为 2 万元左右。对方提出了 2 种付款条件。

方案一：一次性付款，但是只能支付 11.8 万元。

方案二：一年后付款，支付 12 万元。

请问：作为天璇公司的 CEO，你愿意接受哪一种付款条件？

很多人会认为方案一比较合算。在客户一定会付款的这个前提下，方案二的直接收益最大；方案一的资金周转率更高，虽然在这次交易中少赚了 0.2 万元，但只要在一年内再做一次同样的业务，就可以大大地弥补损失。

因此，在利润相对稳定的时候，商家应当更关注周转率。只要周转速度快，哪怕收益低一点，也会获得惊人的总收益。

（二）利润率不稳定时，选择会多样化

当利润率不稳定时，要根据对市场的预期和自身的经营能力，选择适当的经营方式。

天璇公司向一家资金实力雄厚、信誉良好的老客户供货，产品成本为 10 万元，销售价为 12 万元，预计利润为 2 万元左右。对方提出了 4 种付款条件。

方案一：一次性付款，但是只能支付 11.8 万元（利润率 15.2%）。

方案二：一年后付款，支付 12 万元（利润率 16.7%）。

方案三：每月付 1 万元，12 个月付清（利润率约为 16.7%）。

方案四：每月付 1.2 万元，12 个月付清，合计 14.4 万元（利润率约为 30.6%）。

请问：作为天璇公司的 CEO，你愿意接受哪一种付款条件？

其实每一种方案都有其特定优势和劣势。方案一，前文分析过，此处不再重复。

选择方案二或方案三，可能希望"堤内损失堤外补"。采购方处于强势地位，对供应商筛选严格，付款条件苛刻，如果能够跟这种企业建立合作关系，就能提升自身的市场影响力，哪怕账期长一点，利润略有损失，以此合作作为"背书"，去谈其他业务，可以在其他业务上获取更大收益。

选择方案四，则使用了将债权转化为投资的思维。客户给出的年化收益率高达 30.6%，已经是非常好的回报，当发现自身盈利能力远远达不到这个收益的时候，只要能保证回款，坐享其成还是非常合算的。

不同的选择背后投射出经营者对未来不同的预期。

选择方案一的 CEO，说明其对业务足够自信，认为钱放到自己这里运营的收益率肯定是最高的，只要资金周转速度快，哪怕业务利润少一点，以自己的优秀能力，可以快速拓展业务，把业务做大。选择方案二或方案三的 CEO 视野开阔，通过长期绑定一家大客户，提升自身在行业中的地位，形成一定的品牌溢价，可从其他客户身上获取更大收益。

选择方案四的 CEO 比较谨慎，认为当前做实业的收益率没有做投资理财好，与其拿着钱继续忙碌，不如把债权变为投资，以求获得更好的收益。

其实，任何一个选项都有其道理。CEO 要根据具体经营场景中的资金周转率、客户信誉、新业务的拓展能力等因素，灵活调整自己的判断。如果对方拖延或者有赖账的可能性，CEO 可以适当放弃利润，压低供货价，换取快速回款，毕竟"二鸟在林，不如一鸟在手"。

（三）当利润额较小时，快速回笼资金

如果把前面案例中的金额缩小到百分之一，同样的付款场景下，会有什么变化呢？

天璇公司向一家资金实力雄厚、信誉良好的老客户供货，产品成本为 1 000 元，销售价为 1 200 元，预计利润为 2 000 元左右。对方提出了 4 种付款条件。

方案一：一次性付款，但是只能支付 1 180 元。

方案二：一年后付款，支付 1 200 元。

方案三：每月付 100 元，12 个月付清。

方案四：每月付 120，12 个月付清，合计 1 440 元。

请问：作为天璇公司的 CEO，你愿意接受哪一种付款条件？

显然，方案一更有吸引力。在利润很低的情况下，纵使收益率较高的方案四，实际收益额也很有限，变得毫无吸引力了，完全不值得为几百元消耗精力。

综合上面 3 个案例，可以发现：在利润相对稳定时，产品卖得越快，资金周转率越高，利润收益也就越大。此时，保持利润稳定性很重要，要压低采购价格，保持供货稳定。当利润比较低的时候，提高资金周转率，快速回笼资金更加重要。此时，往往采购价已经没有下降的空间，就需要适当延长结算周期，让资金在自己账户上沉淀下来，用别人的钱为自己赚钱。

天璇公司销售运动背包，与 A 供货商协商账期为 3 个月。以 185 元进货，销售价为 199 元。由于品质好、价格低，销量非常好，在"双 11"也拿到了非常好的活动资源，单品销售额很快突破了 1 000 万元。电商平台的结算周期一般在 10 天左右，因此天璇公司沉淀了大量资金。此时，很多工厂都慕名而来希望合作。由于天璇公司资金充足，对新合作伙伴采用了先付款、后进货的模式，但是对质量和价格提出了非常高的要求。经过几轮竞标，B 公司中标，同等品质的背包压低到 155 元。

实际上，天璇公司支付给 B 公司的货款中有很大一部分是 A 供货商沉淀的资金，待到需要给 A 公司结款的时候，B 公司产品的利润又弥补了前期的资金缺口。

由此可见，**通过延长账期获得更多资金沉淀，往往需要有收益稳定的投资项目，让资金创造价值；否则，仅仅为了拖延付款，是完全没有意义的**。如果没有好的投资项目，以及小金额的采购，就要尽可能地及时付款，甚至以预付货款作为筹码，尽可能地压低采购单价，缩短供货周期，采取小批量、多频次采购，减少各种成本。

三、基于周转率优化产品结构

（一）分析产品盈利能力

一个企业可能有多个店铺，每个店铺也会有多个产品。它们价格不同，销量不同，最终销售额和利润贡献也不同，要让资金实现四两拨千斤的效果，必须结合利润贡献进行判断。

天璇公司经营了两款产品，其中甲产品销售额为 280 万元，乙产品销售额为 260 万元，在毛利润率相同的情况下，哪个产品利润贡献更高？

从表面上看，应当选甲产品，毕竟在利润率相同的情况下，销售额越高，利润贡献也就越大。

可是，真实的情况远比想象的复杂得多。

1. 单价不同，工作量不同

在同等销售额情况下，单价越高，相对付出的工作量就越小；单价越低，涉及的相关运费、快递费、人工占比就越高，付出的工作量也会越高。

以天璇公司的甲产品和乙产品为例,在利润率相同的情况下,甲产品的单价是280元,年销量为10 000件,年销售额为280万元;乙产品的单价是2 600元,年销量为1 000件,年销售额为260万元。

作为商家,更喜欢销售哪款产品呢?

显然,销售乙产品的工作量更小,赚钱更加轻松。所以,乙产品才是聪明的选项。

2. 实力不同,选择不同

公司能够经营什么产品,往往受资金、资质的限制。如果公司资金规模大,可以选择的产品范围广,也可以选择货值相对高的产品;如果公司有相关资质,也可以形成一定的门槛,经营其他人无法经营的产品,比如酒类、医疗用品等。

以甲产品和乙产品为例,在利润率相同的情况下,天璇公司只有1万元的启动资金。

甲产品的单价是280元,年销量为10 000件,年销售额为280万元;乙产品的单价是2 600元,年销量为1 000件,年销售额为260万元。

作为商家,天璇公司应当销售哪款产品呢?

天璇公司当然知道乙产品工作量小,赚钱更轻松,可是因启动资金有限,且乙产品的资金门槛太高,须靠勤劳来弥补资金规模的不足,故只能选择甲产品。

3. 场景复杂,决策难度大

假设天璇公司有300万元资金,可以经营多种产品,此时又将面临更多的挑战。

甲产品的单价低,利润率高,销量大;

乙产品的单价高,利润低,但是销量大;

丙产品,销量少,品牌方有价格限制,确保了较好的利润空间;

丁产品,是当季新品,需要大量推广费……

每一个产品都有其特殊的优势和经营难点,最终为企业做出的贡献也各不相同。

由此可见,分析单品利润贡献是经营决策中的重要步骤,只有搞清楚哪个产品在为店铺贡献利润,哪个产品在制造亏损,才能有针对性地优化管理的策略,制定有效的方案。

(二)筛选低效率产品,做减法

筛选产品时,对于陷入低周转率的产品,不能一概否定,也要区分类型,逐一分析,如表1-3所示。

1. 慢清仓型

这类产品不需要付出精力进行优化,只需维持现状,静观其变即可。

产品K,当前资金周转率为2.10。去年销售额为370 000元,今年销售额为420 000元,且在期末盘点时存货仅为20 000元,说明已经基本销售完毕。如果毛利润贡献不大,可以在销售完毕之后,彻底放弃。如果毛利润较大,考虑到销售缓慢,可以少量补货,维持较低库存。

2. 高预警型

对于一个市场认可程度低、占用资金量大的产品，即使单品利润空间大，也没有继续经营的意义。应当快速清仓，腾出资金，将资金投入到其他周转率更高的产品中，这样更有利于实现全店利润最大化[①]。

产品F，当前资金周转率为0.93。去年销售额为850 000元，今年销售额为420 000元，存货500 000元，销售额在萎缩，市场对该产品的认知程度在下降。库存数量已经超过今年的销售额，说明库存压力较大，占用了大量资金，需要快速清仓，回笼资金。

3. 新品测试型

新品上市需要有成长周期，前期数据不理想是正常现象。从店铺运营角度来说，在同期内一般会上多个单品，根据销售情况，对产品进行筛选，在保持一定利润的前提下，销售速度越来越快的产品，一定是充满希望的。

产品L，当前资金周转率为0.85。去年库存为0，今年销售额为300 000元，平均库存为350 000元。显然，这是一个今年才开始销售的新产品，虽然销售速度不快，但是存货也不高，需要根据实际利润贡献和销量增长进行分析，再给足够的时间进行观察。

总结一下，**进行单品分析时，由于毛利润率[②]是相对清晰的，再结合资金周转率，可以初步估算出产品效率，了解经营贡献。**

某产品，如果周转率高，利润率高，说明它是店铺中的最佳产品；如果周转率高，利润率低，采取薄利多销，可帮助店铺实现规模效应，也是有价值的；如果周转率低，利润率高，可作为镇店之宝，拉升一下品牌溢价，也有一定作用；如果周转率低，利润率也低，产品又没有独特优势，存在的意义就很小了，应当考虑尽快清仓，将资金用在其他利润更好、周转速度更快的产品上，如表1-4所示。

表1-4 不同产品的贡献分析

产品	周转率	利润率	产品分析	经营建议
甲产品	高	高	最佳产品	重点产品，悉心呵护
乙产品	高	低	销量大，利润较少	保持规模，优化成本
丙产品	低	高	销量少，利润高	适当推广，控制库存
丁产品	低	低	滞销产品	坚决清仓，回笼资金

经过一轮筛选，可以找出周转率低、利润贡献低、增长有限的产品，是它们拖累了整个店铺的盈利，需要快速清仓处理。

在进行上述工作时，**要遵循"二八原则"，即将80%的精力放在20%的重要产品**

[①] 在评估产品周转率时，要考虑淡旺季对产品周转率的影响。例如，8月和9月是羽绒服的备货阶段，此时，高库存、低周转是正常现象。

[②] 产品毛利润率＝（销售单价－采购单价）÷销售单价，不同行业的毛利润率不同，可以将销量较高的几个产品的平均毛利润率作为基准，用于产品的比较。

上——销售额高、销量大、占用资金高、库存时间长的产品，值得重点关注。对于货值低、存货量少、重要性低的产品，可以直接列入清仓名单中。

（三）筛选高效率产品，做加法

1. 相同毛利润率下的优势产品

如果一个产品利润率高（赚得多），资金周转率高（卖得快），那么它的利润贡献一定是较大的。但是，对于绝大多数产品来说，无法同时达到"双高"，往往在薄利多销与曲高和寡之间摇摆：销量高的产品，往往利润很低，如果想提升利润，销量又受到影响。

根据表1-3可以发现，产品B和产品E周转率均较高。假设两个产品的毛利润率都为20%，分析产品利润贡献，如表1-5所示。

表1-5　产品B和产品E的资金周转率对比表

产品	去年销售额/元	今年销售额/元	期初库存额/元	期中	期末库存额/元	平均存货余额/元	资金周转率
产品B	1 800 000	2 800 000	350 000	—	450 000	400 000	7
产品E	2 200 000	2 600 000	420 000	—	100 000	260 000	10

产品B今年的销售额为280万元，平均存货余额为40万元（占用40万元资金），资金周转率为7；

产品E今年的销售额为260万元，平均存货余额为26万元（占用26万元资金），资金周转率为10。

当毛利润率均为20%时，结论为：

产品B用40万元资金，通过7次周转，实现280万元的销售额，获得了56万元毛利；

产品E用26万元资金，通过10次周转，实现260万元的销售额，获得了52万元毛利。

显然，从资金使用效率角度分析，产品E的效率更高，以较少的资金投入、较快的周转速度实现了较好的利润收益。

总结一下，**在同等利润率条件下，资金周转率高的产品占用资金少，利润贡献大。**对于这类产品一定要谨慎优化，任何不正确的优化方式，都可能破坏当前的销售平衡。建议更多地分析产品的成功要素，将优秀经验复制到其他产品上，提升整体的销售水平。

2. 不同毛利润下的优势产品

实际经营中，每个产品的利润率是不可能一样的。在售价不同、占用资金不同的情况下，哪个产品的利润贡献更大呢？

假设产品B的毛利润率为30%，产品E的毛利润率为20%，其他数据不变，如表1-6所示。

表 1-6　不同毛利润率下两个产品的对比

产品	毛利润率/%	周转率	销售额/万元	资金占用/万元	毛利润额/万元
产品 B	30	7	280	40	84
产品 E	20	10	260	26	52

资金占用对比为

产品 B：产品 E＝40：26≈1.54；

毛利润额对比为

产品 B：产品 E＝84：52≈1.62。

总结一下，当公司在产品 E 上投入 1 元钱，最终产生 1 元钱毛利润时，若在产品 B 上投入 1.54 元，可以产生 1.62 元的毛利润。显然，从毛利润贡献角度分析，产品 B 的盈利能力更强。

3. 不同净利润下的优势产品

由于每个产品的推广费等各种经营成本不同，所以毛利润率高的产品，其净利润未必高，只有掌握了净利润，产品决策才更加准确。

产品 B，销售额为 280 万元，毛利润率为 30%，净利润率为 12%；产品 E，销售额为 260 万元，毛利润率为 20%，净利润率为 7%，其他数据不变，如表 1-7 所示。

表 1-7　不同净利润下两个产品的对比

产品	毛利润率/%	净利润率/%	周转率	销售额/万元	资金占用/万元	毛利润额/万元	净利润额/万元
产品 B	30	12	7	280	40	84	33.6
产品 E	20	7	10	260	26	52	18.2

资金占用情况对比为

产品 B：产品 E＝40：26≈1.54；

毛利润额对比为

产品 B：产品 E＝84：52≈1.62；

净利润额对比为

产品 B：产品 E＝33.6：18.2≈1.85。

当公司在产品 E 上投入 1 元钱，最终产生 1 元净利润时，如果在产品 B 上投入 1.54 元，可以产生 1.85 元的净利润。显然，从净利润角度分析，产品 B 的盈利能力更强。

虽然产品 B 的净利润更大，但我们也可以从现在的对比分析中发现一些问题。

产品 B，毛利润率为 30%，净利润率为 12%，二者之间的差值为 18%；

产品 E，毛利润率为 20%，净利润率为 7%，二者之间的差值为 13%。

产品 B 的经营成本明显要高于产品 E。

从理论上说，相同类目在同店铺经营的情况下，各种人工、包装、运费等成本应该非常接近，产生较大利润差值的原因，极有可能是两个产品的推广费支出不同，导致经营成本不同。

结合表 1-7 可以发现，产品 B 的利润额贡献好于产品 E，但是资金周转率相对慢，占用了较多资金，同时推广费占比较高，推广效率可能较低。由此可知，提升推广效率，极有可能是产品 B 的初步优化方向。

产品 B，因为利润高，所以销售速度比较慢；为了提升销售速度，增加了推广费，而推广费又消耗了利润。在产品可以自由调整价格的情况下，可考虑调整利润和推广费之间的关系，如果减少 1 元利润，能节省 1.01 元推广费，那么将产品降价更加合适。

如果产品受品牌方限制，不能随便降价，就需要提高推广技巧，尝试更多推广渠道，提升推广效率，降低推广成本。

总结一下，通过对比产品资金周转率、毛利润率、净利润率的方法，可以对产品进行初步筛选，淘汰低效率，保护高效率，并找到不同产品的优化切入点，进行有效的优化。

(四) 形成具体优化方向

1. 直面当前问题

产品 B 和产品 E 都是店铺中的重点产品，其基本情况统计如表 1-8 所示。

表 1-8　产品 B 和产品 E 基本情况统计

产品	周转率	销售额/万元	资金占用/万元	毛利润额/万元	推广费/万元	其他费用/万元	净利润额/万元	净利润率/%
产品 B	7	280	40	84	40	10.6	33.6	12
产品 E	10	260	26	52	20	13.8	18.2	7

临近年底，面临各种大促，CEO 召开办公会听取各个部门的意见。

推广部：两个产品在全店产品中都处于领先地位，销售额差距不大，可以根据数据表现，做细节优化即可。从推广效率来说，产品 E 显然要更好一些，主要跟产品价格有一定优势有关系。

运营部：产品 B 的利润空间略大一些，但是周转速度偏慢，可以作为"双 11"期间的重点产品，拉升销量，同时给产品 E 做流量导入，帮助产品 E 在不降价的前提下维持销量。只要产品 E 的销量提高了，在"双 12"活动中就能拿到比较好的会场资源，反过来带动店铺其他产品，产品 B 在"双 11"结束后恢复原价，再去报年货节的活动。两个产品交替支持，其自身热卖的同时，也给店铺中其他产品带来更多的流量。

采购部：产品 E 的利润空间大，销量还在上升阶段，主要是因为前期采购价较低。产品 B 的供应商最近也表示可以进行价格折让，但是需要增加订货量，且一次性付款，目前公司需要进货的产品较多，如果再大批量进货，资金会比较紧张。

直播和客服部：产品 E 现在销量比较高，但是退货率也高于其他产品，已经有顾客在直播间抱怨产品使用起来不太方便，为了维持好评率，售后客服已经忙得焦头烂额。经查，产品本身没有质量问题，但是说明书和视频表述有歧义，容易让人误解。

其他部门……

上面的讨论听起来每句话都有道理，内容却毫无价值。针对公司会议上的这种没意义的发言，CEO要带头直面问题，从数据出发，基于数据，发现问题，让所有部门围绕问题想办法，而不是空泛地描述现状。下面是CEO的会后分析。

（1）如何解决产品B的推广费比例畸高问题？产品B的销售额较大。实现了毛利润额84万元，但推广费支出达40万元，占毛利润额的48%，这款产品经营了一年多，为什么还需要如此高的推广费？当前的推广渠道、推广工具、推广方法是否存在问题？运营部的活动、设计部的素材、采购部的供货，是否能够支持产品B的运营？在保证推广效率的前提下，推广费降低到多少才合适？

（2）如何提升产品E的净利润率？产品E的净利润率只有7%。如果作为理财产品，这个收益率还是很有竞争力的。但是，在企业全体员工付出巨大工作量的情况下，7%的收益率明显过低。如何能够进一步提升销售额，并且控制售后比率？在推广方面，还有没有更好的办法？在销售方面，能否开辟新的渠道？在内容方面，可以做哪些新的尝试？各部门需要用哪些方法，将产品E的净利润率提升到10%？

（3）售后问题消耗利润。虽然E的推广费比例略低，但是其他费用明显过高。需要细查一下，是不是如直播和客服团队所说，售后比例过高。问题出在哪里，切入点是什么？谁来负责，多久能见到效果？

（4）新产品升级换代。产品B和产品E都是销售了一年以上的老产品，企业不能永远吃老本。运营部从行业数据中发现哪些新趋势，推广部从竞品店铺中发现了哪些新产品？主播和客服从用户反馈中得到哪些新需求？只有将各部门信息充分汇总，采购部才能更好地履行职责，实现产品升级换代。

（5）产品清仓策略。有两款产品需要清仓回笼资金，但是当前销售速度很慢，是哪方面的问题？如果继续降价，是否能够提升销量？当前销售渠道和方法是否能有所创新？这两款产品在同行的店铺中销售都很好，能不能借着清仓的计划，压制同行的竞争？

基于上述的问题，每个部门、每个员工要充分发挥自身的能力，去解决问题。

CEO作为公司管理者既要有深入一线的能力，也要有高屋建瓴、协调统筹的方法：针对不同的产品，寻找不同的解决方案；针对不同的任务，让每个部门的员工充分发挥能力。这种基于量化算法的管理方法，可以运用在每一次会议中：基于客观实际，展开业务分析，全员参与业务讨论，让每个与会者对现状更加清晰，知道问题在哪里、重点在何处，也更能理解CEO的决策和最终目的，确保在执行中更加准确务实。

2. 形成优化闭环

整个电商团队中，有两个团队的工作是非常直观的：直播团队在直播间里慷慨激昂地销售产品，客服团队在工位上噼里啪啦敲键盘回复咨询。虽然其工作结果未必令人满意，但是起码工作痕迹尚在，而其他人在做什么呢？

唯一的答案是：在优化店铺。问题来了：在优化什么？为什么要"优化"这个环节？如何证明优化效果呢？

2022年年底，马斯克收购了著名的社交平台推特（Twitter）之后，开始了大规模裁员，截至2023年12月，公司人数从8 000人锐减至1 500人。令人吃惊的是，在如此大幅度裁员的情况下，公司居然保持了稳定经营，甚至开始扭亏为盈。既然如此，那被裁掉的6 500人，原来都在做什么呢？

企业不能指望员工每天都能拿出主人翁精神，全身心投入工作；同样，也必须承认员工由于技能、经验不同以及业务流程的不同，其工作效果存在巨大的衰减。

CEO必须发现存在的问题，提出正确的工作要求，制定能够量化的工作目标，减少那些为了刷存在感，缺乏正确目的的工作。

分析表1-8，CEO发现产品B虽然利润额贡献较好，但是推广效率较低，于是他提出了一些要求，却受到了推广部门的委婉推脱。

场景一：CEO要求推广部将产品B的推广效率提升20%。

推广部表示，这个要求是不容易实现的。因为缺乏基本定义，什么叫推广效率？是指点击率，还是推广端的粉丝增量，还是广告的投产比？

场景二：CEO要求推广部将产品B的点击率提升20%。

这个要求，推广部表示也难以接受。因为推广所用的图片和视频是由设计部提供的，产品价格和店铺活动是由运营部定的。在实际工作中，推广部门应负责合理制定预算、精细化圈选人群进行投放，其他部门负责提供素材，否则，"就像一个篮球投手，水平再高，手里拿到一个乒乓球，也不容易扔进篮筐"。

所有人都知道，CEO的出发点是正确的，下属的推脱也有道理，双方纠缠在具体的业务细节和流程中，就进入自说自话的阶段了。CEO安排工作，要从解决具体的问题出发，要提出一个正确的工作要求，如图1-4所示。

（1）发现问题。产品B的售价无法提升，要想提升净利润，就必须降本增效。于是，各部门要各显神通：采购部想办法降低采购价格，人力资源部号召大家降低薪酬，推广部要测试新的推广渠道，运营部尝试参加一些营销活动……此时，CEO的职责就是让所有部门动起来，找到自己可以做贡献的切入点。

（2）分配任务。经过实际分析，采购部没有能力降低采购成本，人力资源部也不能给大家降薪酬，当前的可选项是提高产品B的推广效率。此时，由推广部牵头，相关部门协作完成，如何优化视觉、如何圈选客户、如何策划活动等。此时，CEO的职责不是给推广部压任务，而是要协调组织各部门密切配合，通过协作提升推广效率。

（3）绩效检查。为提高产品B的推广效率，要制定科学的绩效目标。"点击率提升"

图 1-4　解决问题流程图

"收藏加购提升""粉丝数量提升""转化率提升"都可以作为验证推广效率的指标，成为绩效检查的核验标准。

（4）业绩反馈。如果推广部做了非常多的努力，也实现了"点击率提升""转化率提升"等目标，但是"产品 B 降本增效"的目标仍未完成，那么就要从源头开始分析：当前的问题，是不是真实、客观的；现在的任务分配，是不是合理、有效的；绩效检查的指标，是不是客观、可量化的；反馈出来的问题，是不是真实、可解决的。毕竟，提高推广效率是实现产品 B 降本增效的手段之一，而不是唯一的手段。CEO 要带着团队重新拆解问题，研究任务分配、团队协作、操作方法等方面的欠缺之处，找到问题，解决问题，带着新方法进入下一个循环。

在解决问题的过程中，要有具体责任人。要提升产品 B 的利润，可以考虑压低成本（由采购部、财务部负责），提升设计能力和品牌溢价（由设计部、推广部负责）；要想提升周转率，可以考虑将产品降价（由运营部、客服部负责），增大推广力度，提升推广效率（由内容部、推广部负责），如图 1-5 所示。

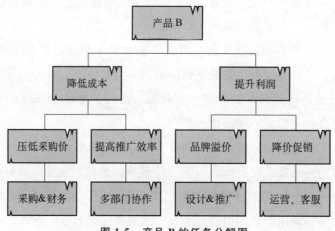

图 1-5　产品 B 的任务分解图

从图 1-5 中可见，各个部门职责有交叉，甚至某些工作方向还相反（一方面要提升品牌溢价，另一方面又在降价促销）。在工作中，需要任务聚焦，路径清晰，责任明确，属于哪个部门、哪个员工的事情，要明确责任归属。涉及跨部门协作的工作，也要设定牵头人，由他负责协调、组织各个部门联合行动，确保形成合力，避免由于各自为政形成的组织内耗。这样，即使最终的工作成果不令人满意，也可以顺藤摸瓜，在复盘时找出问题所在，进一步加以解决。

本章小结

本章从常见资产的结构入手，分析了资产的两个重要组成部分——负债和所有者权益，并通过案例，介绍了现金流的重要性。

本章基于公司经营中流动资产和流动负债的各种比例关系，计算了流动比率、速动比率、现金比率 3 个重要的健康评估指标。通过对前述指标的分析，能够初步发现经营中存在的问题和潜在的风险，可帮助 CEO 提前做好判断，防范经营风险。

通过分析资金周转率，将经营中的毛利润、净利润与资金周转率相结合，对产品进行初步筛选，按照"发现问题—分配任务—绩效检查—业绩反馈"的顺序，对存在的问题进行有效拆解，让团队成员有清晰、具体、可量化的责任，形成业务闭环。

第二章
成本分摊，精细核算单品利润

企业要想获得越来越多的盈利，就要在开源、节流两个方向上努力。在开源方面，很多CEO都有丰富的经验，可以通过获取更多用户关注，增强用户购买意愿，提升销售额。但是，随着销售额增大，企业的利润增长速度会变得非常缓慢，甚至出现"卖得越多，亏得越多"的问题。究其原因，往往是CEO缺少了成本意识，不能科学地计算成本，没有将成本有效地分摊到每一个订单中，过高地估计了盈利。

因此，掌握成本分摊的方法，有助于精细核算出每个产品的利润贡献，进而准确地算出整体盈利情况，为管理者科学决策打下基础。

第一节 核算指标概览

在计算企业利润时，常见的公式为

$$利润 = 收入 - 成本$$

这个公式容易理解，但是当企业有多个产品，且每个产品价格不同、销量不同时，进行计算就会有些难度了。因此，在上述公式基础上，以某个具体产品为统计口径，可以得出如下计算公式[①]：

---

① 严格的销售利润计算公式比较复杂，为了便于读者理解，这里去掉了其他业务收入、其他业务支出、资产变动损益等影响相对较小的指标。

$$销售利润＝销售单价×销量－变动成本×销量－固定成本$$

在这个公式中，变动成本包含了产品成本、推广费、耗材等成本，这些支出与产品销量密切相关，具有变动性。固定成本包含了薪资成本、房租、水电费、设备折旧等，这些成本支出与产品销量之间的关系较小，属于定期支出的成本。

为了更严谨地分析经营成本，核算利润，需要对上述指标进行详细阐述。

一、销售额

销售额是产品单价与产品销量之积。

（一）销售单价

产品的成交价受折扣、平台活动等因素的影响，会存在一定波动。因此，产品的销售单价，就是指一个周期内产品的平均销售单价。

假设，天璇公司销售的 K 牌运动鞋的零售价是 250 元，这个产品参加了平台满 300 元减 50 元的活动，同时还叠加了店铺满 200 元减 10 元的优惠券。用户凑单成交后，发现产品包装有点破损了，又索要了 5 元。请问：此笔交易中，产品的真实销售单价为多少元？

计算式为

$$销售单价=250×（1-50÷300）-10-5$$
$$\approx 208.33-10-5$$
$$\approx 193.33（元）$$

此笔交易销售单价为 193.33 元。

计算说明："（1－50÷300）"计算的是实际折扣比例，无论是满减、满送，还是第二件半价，本质都是产品不同形式的折扣。经计算，满 300 元减 50 元的实际折扣约为 8.3 折。

考虑到价格波动，可以按照月度将订单导出，统计产品月度总销售额，扣除退换货等未成交的订单额后，除以销量，得出产品平均销售单价。

在计算销售单价时，只考虑直接的价格折让。对于间接支出的推广费、佣金、售后等支出，计入变动成本中。

（二）销量

销量也叫销售量，指一定时间内真实的销售数量，包含已经确认收货的产品数量和已发货、未确认收货的产品数量。读者可以直接从电商平台获取数据，如果需要更加精细的统计，则需要自己订立标准，进行计算。

天璇公司于 8 月 1 日开始销售一款运动鞋，到了月底累计销售 1 500 双。其中已经确认收货 1 150 双，250 双已经发货但用户未确认收货，还有 100 双尚未发货，另外有 270 双要退货，则 8 月份该运动鞋的销量为 1 230 双（1 150＋250＋100－270）。

对于 100 双尚未发货的运动鞋，一般是产生在 8 月 31 日晚上的订单，要在 9 月 1 日发货，订单产生在 8 月，则计入 8 月销量。同理，在"250 双已经发货但用户未确认收货"和"100 双尚未发货"的产品中，仍然存在一定比例的退货，但是由于退货动作不在 8 月发生，可以结转到下一个月，扣减下一个月销量。

售后退货和虚假订单并不能带来真实的销售额增长，还会徒增成本，因此企业在制定销量统计标准时，不应将其统计到销量之内。

（三）销售额

企业一切的业务收入，都可以视为销售额。每个企业都有自己主要经营的产品和服务，由此获得的收入，叫主营业务收入。其他非核心业务的收入，一般计入其他业务收入。

天璇公司主要经营运动鞋、箱包之类的产品，销售这些产品带来的收入是主营业务收入，需要重点关注。公司每个月卖废纸箱，平均可收入 500 元，这不是公司的主业，相应的收入作为非主营业务收入，属于意外惊喜，不需要为此牵扯特别多精力。

如果随着业务发展，公司不仅自己卖货，还给同行提供代运营服务、代播服务，那么收入形态就会发生变化，当这些服务类收入成为主要收入来源的时候，就意味着公司的主营业务收入从销售产品变成了服务。

天璇公司自营的直播间，年销售额 100 万元。同时，为同行提供代运营服务，公司可实现销售额 1 000 万元，获得佣金收入 200 万元，则其总收入为 300 万元（100＋200）。

二、成本

（一）变动成本

变动成本是指随着业务量变动而变动的成本。销量越高，对应的成本支出也会越多。同时，销量上升也会带来规模效应，可以有效地降低变动成本。

1. 按照与销量的关联程度区分

常见的变动成本可分为刚性变动成本和弹性变动成本。

（1）刚性变动成本。这是与产品采购和销售直接相关的成本，包括产品成本、增值税费、运费、包装耗材等。这些成本随着销量的增加而增加。

8 月，天璇公司发货 5 000 件，单件运费 5 元，支付 25 000 元运费；9 月，天璇公司发货 8 000 件，由于业务量增加，快递公司单件运费优惠了 0.5 元，天璇公司实际支付了 36 000 元运费。

在上述案例中，单件运费随着业务量上升有所下降，而整体运费成本仍然随着发货量上升而上升。

（2）弹性变动成本。这是与产品采购和销售有深度关联，但并不完全呈现对应关系的成本。比如，为了产品能够销售得更快、更好，企业会追加一定的推广费，但推广的效率是不确定的。

天璇公司分别为 A、B 两款产品投入了 10 000 元推广费，最终，产品 A 销量上升了 20%，产品 B 销量上升了 50%。

在上述案例中，A、B 两款产品的成本投入是一样的，但是由于受推广技巧、产品特征等诸多因素限制，投入与最终销量增长之间呈现出一定的不可预测性。

2. 按照项目进行区分

常见的变动成本可分为积分、售后支出、杂费、税费等。

（1）积分。积分包含平台积分支出（如天猫积分、京东京豆等），平台扣点支出（天猫、京东、抖音等平台佣金）等成本。积分成本与全店销售额相关度比较高，可以用销售额作为分摊标准。

（2）售后支出。售后支出指产品销售后正常比例的退换货、折损、运费险等费用，不包含对应的人工成本。这部分成本是可以通过精益管理、严格品控、优质服务进行压缩的。

（3）杂费。杂费一般包括不太容易被定义的成本支出。比如，经营因为发货、投诉问题被平台罚款，被职业索赔人敲诈造成的一些意外损失等。与售后支出类似，杂费支出与销量存在一定的比例关系，但只要处理得当，也可以有效降低。

（4）税费。《中华人民共和国电子商务法》[①] 和《网络交易监督管理办法》[②] 生效之后，明确了电商需要进行主体注册和依法纳税义务，也出现了一些电商企业被稽查、补税的情况。

部分电商企业，对于税务问题，都比较茫然："我是做电商的，为什么要交税；我没有利润，为什么要交税；用户不要发票，为什么要交税；我是个人店铺，为什么要交税；电商要交什么税，是'电商税'吗？"

这些问题的产生说明部分电商从业者缺乏相应的财税经验。电商企业与传统商业零售企业所面临的财税问题都是一样的，相应的规则也是一样的。无论从交易公平的角度，还是从经营规范的角度上说，电商企业都应该规范内部管理，在产品采购和销售定价中，对税费进行事先规划，避免产生税务风险，影响经营信誉。

常见的税种[③]包括：增值税、企业所得税、个人所得税。

① 增值税。增值税是价外税，包含在产品采购和销售环节中，只要产品出现增值就需要缴纳，应当计入变动成本范畴，在计算销售利润的时候，要进行合理扣除。

天璇公司销售 K 牌运动鞋，进货价 200 元，销售价 250 元，增值 50 元。已知增值税税率为 13%，均开具了增值税专用发票。

$$进项税 = 200 \div 1.13 \times 13\%$$

[①] 2018 年 8 月 31 日第十三届全国人民代表大会常务委员会第五次会议通过。
[②] 国家市场监督管理局制定，于 2021 年 5 月实行。
[③] 常见税种还有少量附加的税费，部分黄金珠宝类目，还涉及消费税等。由于篇幅所限，本书不做详细阐述。

$$\approx 23.01（元）$$
$$销项税 = 250 \div 1.13 \times 13\%$$
$$\approx 28.76（元）$$
$$应交增值税 = 28.76 - 23.01$$
$$= 5.75（元）$$

根据企业性质不同，税率、抵扣形式都存在差异。

如果供销双方都按照标准流程开具发票，缴纳税款，那么实际税负并不高。只是当前普遍存在发票流程不健全的情况，导致某一方在销售中承担了较高的税负，相信随着经营环境的优化，这种情况会逐渐得到改善。

需要注意的是，增值税的缴纳与这笔交易是否赚钱无关，即使在这笔交易中，天璇公司支付了80元的人工费用，最终是亏损的，仍然要缴纳增值税以及相关的附加税费。

② 企业所得税。企业每一纳税年度的收入总额，减除不征税收入、免税收入、各项扣除以及允许弥补的以前年度亏损后的余额，即为应纳税所得额。我们可以将其简单理解成盈利之后才缴纳的税种。与增值税不同，企业所得税并不关注某一笔交易的盈利情况，而是关注企业在一定阶段内的整体盈利情况。如果盈利了，需要按照相关税率缴纳；如果不盈利，则不需要缴纳。非企业的经营主体，如个体经营者、个体工商户等，不需要缴纳企业所得税。

③ 个人所得税。对自然人取得的各类应税所得，为征税对象的税种，是政府利用税收对个人收入进行调节的手段。从税收设计理念上来讲，设置个人所得税有减少贫富分化、促进社会安定团结的作用。

以个体经营者、个体工商户、个人独资企业名义注册的店铺所获得的收入，属于经营性收入；薪资收入属于劳动型收入；公司股东利润分红属于财产性收入。凡是收入达到了一定标准，就要根据具体税率，缴纳个人所得税。

电商行业具有销售账目清晰、采购账目模糊的特点。由于账目电子化，销售收入容易被清晰统计，但是由于采购环节相对复杂，很多时候无法拿到进项发票，导致无法确认采购成本。在极端情况下，会出现"销售额等于利润额"的现象，造成税负畸高。因此，不管是什么形式的电商店铺、企业，都应该尽快、尽可能规范自己的内部财税、治理体系，避免出现税务风险。不同商事主体承担的主要税种如表2-1所示。

表 2-1 不同商事主体承担的主要税种

常见税种	有限责任公司	个人独资企业	个体工商户	个体经营者
增值税	承担	承担	承担	承担
企业所得税	承担	不承担	不承担	不承担
个人所得税	不承担①	承担	承担	承担

---

① 有限责任公司支付给员工的薪酬、股东的分红，由公司承担代扣代缴义务，税金由员工承担。

（二）固定成本

固定成本是指在一定时期和一定业务量范围内，不受业务量增减变动影响的成本。根据电商行业特点，固定成本可分为传统的固定成本和固定化的变动成本。

1. 传统的固定成本

传统的固定成本是指与直接业务量变化关系不密切，支出金额相对恒定，需要定期支付的成本，例如薪资成本、房租成本、水电费、设备折旧、日常管理费用等。

（1）薪资成本。按照传统的会计理论，与生产经营直接相关的工人薪酬、水电费应该计入变动成本。例如在客服、仓储部门，产品的销量越大，对应的人员需求、能耗支出也会越来越大。反之，当没有销量的时候，这些部门完全不需要人，就不需要计入这些成本。

实际上，哪怕业务量骤减，也不可能快速减少人员；业务量剧增，人员招聘补充也未必能够一步到位。因此，薪资类成本在一定时间内是相对恒定的。

（2）房租成本。如果企业没有自己的房产，就需要支付房租、物业费等成本。这些成本费用相对稳定。

（3）水电费。电商企业的主要业务是往来贸易，整体能耗比较少，水电支出也相对稳定。为了便于计算，此类成本相对恒定地算到固定成本中。

设备折旧、日常管理费用等成本支出比较少，在此不做赘述。

2. 固定化的变动成本

固定化的变动成本是指为了应对业务量上升而增加的成本。从业务角度上讲，它被认为是变动成本，但是在实际操作中变成了固定成本。

由于市场行情发生剧烈变化，天璇公司出现产品滞销、库存积压的情况，这些产品还占用了大量仓库资源，并随着时间推移产生折价、损耗。

所有的成本都与销售额成一定的比例关系，采购产品的成本属于传统意义上的变动成本，但是当产品大量积压时，会导致仓库资源被占用，产生损耗，客观上增加了每个月的固定成本支出，可以视为一种固定成本。

三、利润

（一）毛利润

毛利润是指商品销售收入（售价）减去商品采购价后的余额，即产品进销差价。

毛利润只关注产品的进销差价，不考虑经营中支付的其他成本，因此，仅有高额的毛利润，并不一定能让企业最终实现净利润。

电商行业在发展初期经历过只需看毛利润而不需考虑净利润的阶段。在 2016 年以前，流量成本低、流量增长快，人工成本、推广成本、管理成本都相对较少，除包装费、运费之外，没有更多的成本支出。老板居家创业，不需要支付仓储成本，凡事亲力亲为，也不需要支付人工费用。只要预估一下产品的毛利润能够覆盖各种成本，就可以进行销售，无非是赚得多与少的问题。

随着行业流量红利的结束，各种人工成本、管理成本、税务成本、监管成本快速上升，如果只计算毛利润，而不考虑其他成本，就会出现每单业务都在赚钱，账面上的资金却越来越少而导致亏损的情况。

（二）销售利润

销售利润是指在全部销售业务中实现的利润，又称营业利润、经营利润。在计算销售利润时，充分体现了各种成本支出。计算公式为

销售利润＝（主营业务收入＋其他业务收入）－（主营业务成本＋其他业务成本）－各种费用支出

由于其他业务收入、其他业务支出，以及投资损益等业务在电商业务场景中比较少，为了更直观地显示一个阶段内单品或者企业的盈利情况，仍然使用简化后的公式，即

销售利润＝销售单价×销量－变动成本×销量－固定成本

需要注意的是，在计算销售利润的时候，应当将增值税以及相关附加税计入其中。

（三）净利润

习惯上，人们将销售利润称为利润，这属于税前利润。净利润属于税后利润，是销售利润减除企业所得税后的金额。计算公式为

净利润＝销售利润－所得税

在缴纳了所有的税费之后，剩下的钱，才属于公司的净利润。

（四）利润率

利润率表示各种利润与销售额之间的比例关系，常见的有毛利润率、销售利润率、净利润率。

天璇公司当月实现销售收入200万元，毛利润50万元，各种人工、房租成本支出20万元，企业所得税率25%，在无其他营业外收支和损益的情况下，毛利润率、销售利润率、净利润率分别为

毛利润率＝50÷200
　　　　＝25%
销售利润率＝（50－20）÷200
　　　　＝15%
净利润率＝[（50－20）×（1－25%）]÷200
　　　＝11.25%

在上述案例中，毛利润率高，说明产品进销的差价比较高，这与公司经营水平关系不大。销售利润率高，说明不仅产品有较好的进销差价，而且成本控制比较好，经营管理水

平较高；净利润率高，说明公司投资回报好，能够给股东带来较好的收益。

第二节 | 围绕盈利分摊各种成本

分析企业经营状况时，常会用到三大报表：资产负债表、损益表、现金流量表。这些报表能够在一定程度上反映出企业的经营状况，但过于宏观的数据是没法对具体的经营提出指导性意见的。

天璇公司店铺有100个产品，某月经营数据如表2-2所示。

表 2-2　天璇公司财务报表简表

项目	销售额/万元	库存额/万元	应收账款/万元	应付账款/万元	账面资金/万元	净利润/万元	净利润率/%
金额	200	70	168	135	32	18	9

CEO认为现有的净利润率过低，希望从报表中找到下列问题的答案。

（1）究竟哪些产品在创造利润？

（2）赚钱的原因是销售能力强，还是产品采购成本低，或者是推广效率高？

（3）究竟哪些产品亏了钱？

（4）亏钱的原因是推广费太高，还是产品采购成本高，或者是售后成本太高？

（5）当前企业整体利润率过低，是由于盈利的产品销量太少而无法形成规模性贡献，还是由于低利润的产品销量太高而拉升了成本？

很遗憾，现有的报表体系中只有宏观数据，没有细节指标，只能展现综合结果，却不能体现存在的问题。更重要的是，在当下的商业环境中，大部分企业或者个人没有（真实的）财务报表，大部分电商企业CEO也看不懂复杂的财务报表。

正视现有财务报表体系的局限性，针对电商企业的特点，我们可以从更加简单务实的角度出发，设计一套适合电商企业的成本利润核算方法：**先评估每个产品的盈利能力，再核算其相应的成本，分析出产品盈利或者亏损的原因，继而为每一个产品设计优化方案。当每一个产品都能够实现盈利时，就能实现整体盈利。**

宋老师担任了某个成绩最差的班级的班主任，他的任务是提高全班的平均成绩。要解决班级成绩差的宏观问题，宋老师必须从微观入手，观察每一个同学的特点，因材施教。调整座位，让认真学习的同学免受调皮鬼干扰；帮助偏科的同学，掌握弱势学科的学习方法；给基础差的同学开小灶；多与调皮鬼谈心，提升他们对学习的兴趣；严肃课堂纪律和作业要求；等等。通过改变每一个个体的成绩，实现整体成绩的提升。

对于 CEO 来说，企业利润高或者低，只是一个结果、一个表象，只有从每一个产品的角度出发，深度剖析每一个产品的盈利能力、边际贡献、经营成本，科学地制定运营方案，才能实现利润提升。

一、分析产品的盈利能力

产品单笔订单的盈利能力由销售收入和成本两个方面构成。稻盛和夫先生倡导的"经营十二条"之一，就是"追求销售最大化和经费最小化"。销售金额非常高的订单（产品）并不能代表盈利能力高，当这个订单（产品）承担了与自身直接相关的变动成本，以及整个公司（店铺）对应的固定成本之后，才可以清晰地看出这个订单（产品）是表面上赚钱（有毛利润），还是真正意义上赚钱（净利润）。

结合上一章的数据和计算结果，现对天璇公司店铺主要产品的基本销售、采购、利润情况进行统计，如表 2-3 所示。

表 2-3 天璇公司重点产品基本数据统计表

产品	资金周转率	销售额/元	平均售价/元	销量	采购价格/元	毛利润/元	毛利润率/%
产品 A	4.47	380 000	190	2 000	80	220 000	57.89
产品 B	7	2 800 000	280	10 000	200	800 000	28.57
产品 C	3.57	250 000	125	2 000	100	50 000	20.00
产品 D	2.34	1 520 000	160	9 500	120	380 000	25.00
产品 E	10	2 600 000	320	8 125	240	650 000	25.00
产品 F	0.93	420 000	140	3 000	120	60 000	14.29
产品 G	2.96	2 000 000	400	5 000	220	900 000	45.00
产品 H	1.13	620 000	250	2 480	180	173 600	28.00
产品 I	1.16	320 000	200	1 600	155	72 000	22.50
产品 J	0.96	370 000	125	2 960	120	14 800	4.00
产品 K	2.1	420 000	120	3 500	100	70 000	16.67
产品 L	0.85	300 000	250	1 200	200	60 000	20.00
总计	2.76	12 000 000	—	51 365	—	3 450 400	28.75

已知公司店铺的平均资金周转率为 2.76。经计算，店铺整体的毛利润率为 28.75%。经过对比发现，产品 J 的资金周转率和毛利润率远远低于店铺的平均水平，是当前表现最差的产品。通俗地讲：它卖得又慢，赚得又少，占用了有效资金，拖累了全店的盈利能力，应当被列入清仓、清除的产品名单中。

产品 J 就像班组里的坏分子，自己不好好工作，还妨碍别人工作，其业绩拖累全班组。从效率上来说，把它赶出班组，是提升班组业绩最快的方法。

二、变动成本的分摊思路

去掉拖累后腿的产品后，其他产品的利润依然有高有低，要通过成本分摊，进一步分析其变动成本，寻找优化的方向。

(一) 成本分摊的意义

业务动作要围绕战略目标来开展。如果要追求规模增长，就要在无限接近成本上限的前提下，尽可能地做大规模；如果追求利润增长，就要在一定销售额情况下，尽可能压低成本。无论实现哪个目标，都需要精准地把控成本。

只有每个产品都科学地分摊了成本支出，才能知道究竟哪个产品赚钱、哪个产品亏钱，才能科学制定运营方案，掌握企业发展趋势[①]。

电商平台能够清晰地统计出产品销量和收入，只要减去每件产品的采购价格，就能算清楚毛利润额。但是，要搞清楚为了这个产品支付了多少经营成本，或者说，有哪些经营成本支出要算在这个产品上，往往是一笔糊涂账。

店铺里有10个产品，究竟给哪个产品多投一点推广费比较好？

产品A一个月花了8万元推广费，究竟是高了还是低了？其中6万元投在产品引流上，2万元用于请达人带货，这个比例是否合适？

产品A投了推广费，间接让产品B实现了12万元成交，这个成本该怎么算？

产品A每个快递包裹所需要的包材是多少钱？如果买了2件产品A、1件产品B，成本该怎么算？

运营团队为产品A投入了多少精力，背后的人力成本是多少？

仓库中平均发一件货的人工成本是多少？现在如果出现订单积压，未能及时发货，是人手不足还是效率太低？

更换自动化设备、包装设备需要一大笔资金投入，是否合算？

这些问题复杂而又具体，每一项都与产品盈利密切相关，通过掌握成本分摊的不同方法，可以帮助企业解决成本构成、成本管控、新品成本预估等问题。

1. 成本构成

产品的成本由多种要素构成，通过细化经营中的每一项成本支出，可帮助CEO掌握：每个产品在什么地方、为了什么目的、支出了哪些成本；与其他产品相比，钱花得多了还是少了；从成本使用效率角度上看，投产比是高还是低。总之，通过分析成本构成，可让CEO拿到每个产品的成本"化验单"。

2. 成本管控

CEO有了"化验单"，可将各种收入指标与相关成本做比较，算出经营效率，进行成

[①] 较大规模的公司，会采用预算制控制成本。主要方法是根据过去的经验，制定未来一年各个项目上成本支出的限额。这种方法可以有效地控制成本，但是也存在过于僵化的缺点。因为未来的经营状况不确定，经常出现需要钱的项目预算不足，而不需要钱的项目预算有结余的情况。预算有结余的部门为了避免未花完的预算被收回，就会突击花钱，造成浪费。

本管控,即给各部门"开药方"(制定优化方向)和"看药效"(进行业绩考核)。成本管控的目的并非削减支出,而是让支出更有效率。如果一项收益差,即使花 1 元钱也是浪费;如果收益好,投入越多,回报也就越大。

3. 新品成本预估

新品上架时,可以根据已有的分摊标准预估经营成本、预估销售价,评估产品是否有竞争力。

即使某个新产品出现了较高的账面盈利,CEO 也能清楚地了解该产品的高利润是否具有真实性,是否存在虚假繁荣,避免在中长期决策中出现严重误判。

不同企业的性质不同、产品不同,因此成本分摊公式只要遵循全成本覆盖(所有的成本都分摊入内)、统一标准(分摊标准相对稳定,不宜频繁变化)、兼顾效率(确定某个标准,对于模糊性、成因复杂的成本进行分摊)即可,如表 2-4 所示。

在表 2-4 中,列出 5 项主要成本:变动成本中的推广费、包装耗材、运费、积分、售后、增值税及杂费;固定成本中的薪资、房租、水电费等[①]。

不同成本的分摊计算,遵循不同的方法,包括:按照实际发生额进行分摊、按照销量进行分摊、按照销售额进行分摊。需要强调的是,每种方法都有其合理性和争议性,书中所展现的不同方法,是为了给出更多的选择,供读者在制定方案的时候参考、借鉴,能够起到抛砖引玉的作用。

(二)按照发生额进行成本分摊

1. 发生额分摊法的逻辑

此逻辑,即按照"谁的成本谁来承担"的方式来计算单品成本。以推广费为例,为哪个产品的销售产生的推广费用,就是哪个产品的推广成本。

为了销售产品付的广告费、佣金,都属于推广费。产品的价格折让(满减、优惠券等)、产品的售后等费用,不能计入推广费。

在表 2-4 中,为了销售产品 A 花费了 35 000 元推广费,至于这笔钱最终产生了多少成交额,让哪些产品产生了成交额,属于推广效率方面的问题,是运营部、推广部的责任。CEO 需要关注产品 A 在支付了推广费后的盈利状况,并依据盈利最大化的目标,给运营部和推广部提要求。

2. 发生额分摊法的解析

推广工具的数据一般包括直接成交和间接成交两种数据。

(1)直接成交。顾客因为看了广告,直接购买产品的金额,视为直接成交。

---

① 由于篇幅有限,这里只选取了经营中常见的成本,并没有涵盖例如管理费用、财务费用、固定资产采购以及折旧等项目。不同性质的店铺的所得税(个人所得税和企业所得税)情况差异较大,在这里只计算到销售利润。在计算过程中,由于存在四舍五入情况,最终数值会有轻微波动。

表2-4 店铺主要产品的概况及对应成本分摊明细

产品	资金周转率	销售额/元	平均售价/元	销量	变动成本/元 采购价格	毛利润/元		变动成本/元				固定成本/元 薪资、房租、水电费	销售利润/元
							推广费	包装耗材	运费	积分、增值税、售后、杂费			
产品A	4.47	380 000	190	2 000	80	220 000	35 000	4 672	7 009	7 600	58 406	107 313
产品B	7	2 800 000	280	10 000	200	800 000	75 000	23 362	35 043	56 000	292 028	318 567
产品C	3.57	250 000	125	2 000	100	50 000	30 000	4 672	7 009	5 000	58 406	−55 087
产品D	2.34	1 520 000	160	9 500	120	380 000	180 000	22 194	33 291	30 400	277 426	−163 312
产品E	10	2 600 000	320	8 125	240	650 000	220 000	18 982	28 473	52 000	237 272	93 273
产品F	0.93	420 000	140	3 000	120	60 000	0	7 009	10 513	8 400	87 608	−53 530
产品G	2.96	2 000 000	400	5 000	220	900 000	420 000	11 681	17 522	40 000	146 014	264 783
产品H	1.13	620 000	250	2 480	180	173 600	25 000	5 794	8 691	12 400	72 423	49 293
产品I	1.16	320 000	200	1 600	155	72 000	6 000	3 738	5 607	6 400	46 724	3 531
产品J	0.96	370 000	125	2 960	120	14 800	0	6 915	10 373	7 400	86 440	−96 328
产品K	2.1	420 000	120	3 500	100	70 000	20 000	8 177	12 265	8 400	102 210	−81 052
产品L	1.2	300 000	250	1 200	200	60 000	0	2 804	4 204	6 000	35 043	11 948
总计	2.76	12 000 000		51 365		3 450 400	1 011 000	120 000	180 000	240 000	1 500 000	399 400
分摊标准							按实际发生额计算	按销量分摊		按销售额分摊	按销量分摊	

产品 A 投放了广告费，访客通过产品 A 又看了产品 B，最终下单买了 1 件产品 A、1 件产品 B。此时，应当如何评估产品 A 的推广效果呢？

一笔推广费为两个产品带来了成交。如果完全由 A 承担成本，会拉低 A 的推广效率，只有精细核算才能最客观地展现推广成果。可是，如果店铺中参与推广的产品较多，试图将每一个推广动作、每一件产品成交都清晰地进行成本分摊，会带来巨大的工作量。这种刻意的精细化虽然严谨，但效率太低。因此应遵循"**给谁投放，谁承担成本**"的原则。

如果发现通过推广产品 A，给产品 B 带来的间接成交较多，说明推广部的工作存在问题：为什么推广了产品 A，成交了产品 B？要对产品 A 做哪些优化，才能实现"有耕耘才有收获"呢？既然产品 B 成交好，为什么不能直接推广产品 B 呢？

（2）间接成交。针对全店进行的推广，要按照在线情况分摊。

天璇公司在抖音的一场直播中，共计上架了 25 款商品，花费了 1 000 元推广费，则每个产品要承担的引流成本是 40 元。

这 1 000 元究竟吸引了多少人进入直播间，有多少人加了关注、有了互动，多少人浏览了产品，多少人成交，哪个产品成交得多，哪个产品成交得少，这些属于工作效率问题，是主播、直播运营、产品运营这几个岗位要解决的问题。而搞清楚成本，才是正确评估工作效率的前提。否则，仅凭直观感受，是无法客观评估直播期间推广引流效果的。

一场直播之后，有的产品卖得多，有的产品卖得少，平均承担推广成本会让某些产品亏损较多。但正是这些亏损，能够有效地警示运营团队：为什么要上亏损产品？为什么这款产品会亏损？怎样排品，怎样推荐，怎样搭配活动、设计价格，才能让它实现盈利？

天璇公司在线上有直营的天猫、京东、抖音、拼多多等店铺，还有加盟商开设的上百家店铺，线下也有直营店和加盟店。为了迎接"双 11"大促，该公司在电视台冠名了一场综艺节目，花费了 200 万元。

这类营销活动往往侧重于提升品牌知名度，提升产品溢价，并不直接与销售额绑定。但是成本是客观存在的，既然是为"双 11"服务，那么"双 11"期间所有的成交，都与其相关，可以考虑将这部分成本与"双 11"期间整个品牌的销售额绑定，进行摊销。

当店铺既有单品推广，又有全店推广时，就需要将单品推广费与分摊后的推广费累加，得出产品的推广费总和。

某月，产品 A 在淘宝店铺进行推广，共计花费 30 000 元；在抖音店铺投放广告 60 000 元，共计上架包括产品 A 在内的 12 款产品。计算可知：

产品 A 在淘宝的推广费为 30 000 元；

产品 A 在抖音的推广费为 5 000 元（60 000÷12）；

产品 A 当月总共的推广费为 35 000 元。

（三）按照销量进行成本分摊

以一定时期内的产品销量为参考基数，对应计算出全店每件产品应当承担的成本金额,再根据每个具体产品的销售数量,计算该产品需要承担的成本额。

按照销量分摊的计算方法是计算一定期间内产品的成本,其计算公式为

$$产品的成本 = 期间项目成本 \div 总销量 \times 单品销量$$

参考表 2-4,当月,总包装费为 120 000 元,产品总销量为 51 365 件,产品 A 的单品销量为 2 000 件,则产品 A 的包装费为

$$包装费 = 120\,000 \div 51\,365 \times 2\,000$$
$$\approx 4\,672(元)$$

1. 销量分摊法的逻辑

以销量为标准计算分摊成本,产品销售数量越多,承担的成本也就越多。因为销量高的产品,公司为其付出的时间和精力必然较多,客观上各种花费也多,多承担成本显得相对公平,参照"赚钱的孩子多养家"的习惯,可以帮助"没出息的弟弟妹妹"减轻负担。

2. 销量分摊法的解析

按照销量分摊,可能会出现一些混乱的情况。

某客户一次性买了 3 件产品 A。按照销量计算,其包装、运费成本以 3 件计。不过,对于大部分商品来说,买 3 件的包装运输成本不会是 1 件的 3 倍。

某客户同时购买了 2 件产品 A 和 1 件产品 B,其包装成本和运输成本未必会比 1 件产品 A 要高,因此按照销量计算分摊成本,也会造成不准确。

某客户同时买了一袋 25 千克的大米和 0.5 千克的木耳,分两个包裹发货,两个产品的运费、包装成本完全不同,但是按照销量统计下来,二者的费用是一样的。

既然按照销量分摊的方法存在不足,为什么不要用它呢?这是因为,**计算成本的工作本身,也是一种成本,需要在精确性和效率之间寻找平衡。按照销量分摊,只是一种计算成本的思路。基于这个思路,可以根据实际情况,衍生出不同的计算标准。一个不完美的标准,也好于没有标准。**

现代管理学之父德鲁克认为,管理就是激发员工的善意。

从另一个角度来理解,就是要通过制度,去遏制所有人潜在的邪恶念头。现实中,由于大量企业没有对应的分摊标准,造成虚报利润、错判竞争优势的情况屡见不鲜,甚至有人利用这方面的漏洞,奢靡浪费,中饱私囊。

针对标准中的瑕疵,可以根据表 2-4 的分摊方法,结合自己的实际情况进行调整。以运费为例,可以灵活调整为按照销售额、发货重量、实际发生额、季节变化等方法进行运费分摊计算。

(1) 按照销售额分摊。例如,甲店铺经营珠宝、玉石等饰品。此类产品重量轻,货值差异较大,两块同样重量的玉佩,价格可能相差十几倍。这类产品可以以销售额为标准进行分摊,让销售额较大的产品承担较高的成本,计算公式为

$$单品运费成本 = 总运费 \div 全店销售额 \times 单品销售额$$

（2）按照发货重量分摊。例如，乙店铺销售大米、杂粮等产品。产品种类较少，货值差异较小，重量较大。可以发货重量为标准进行分摊，计算公式为

$$单品运费成本 = 总运费 \div 总重量 \times 单品发货总重量$$

（3）按照实际发生额分摊。例如，丙店铺销售烤箱、保险柜、冰箱等大件商品。这类产品都有独立包装、独立发货的物流单号，每个产品的运费成本清晰，可以以实际发生额为标准进行分摊。

（4）按照季节调整分摊。例如，丁店铺经营服装，夏装主营T恤、POLO衫，重量小，货值差异小。用户购买多件，一个包裹也可以全部装下，且不超重，可以按照件数分摊，计算公式为

$$单品运费成本 = 总运费 \div 全店销售总销量 \times 单品销量$$

到了冬季，转营羽绒服、风衣等，货值差异大，则宜考虑采用销售额分摊，计算公式为

$$单品运费成本 = 总运费 \div 全店销售额 \times 单品销售额$$

总之，按照销量分摊产品的包装、储运等成本的时候，尽可能兼顾效率和准确性，对于可能存在的偏差要有足够认知，且在可控范围内即可。

（四）按照销售额进行分摊

1. 销售额分摊法的逻辑

按照销售额分摊，是针对随销售额变动而变动的成本分摊方法。计算公式为

$$当月产品费用 = 总费用 \div 销售额 \times 单品销售额$$

参考表2-4，以积分、售后和增值税及附加、杂费（以下简称"杂费"）为例，产品A的杂费计算如下：

$$杂费 = 240\,000 \div 12\,000\,000 \times 380\,000$$
$$= 7\,600（元）$$

2. 销售额分摊法的解析

按照销售额进行产品分摊，也会有一定的局限性，尤其是在货值、销量、重量三者有较大差异的行业中。

某店铺销售多款旅行箱包，A款铝合金的26寸旅行箱售价450元，包装重6千克，由于体积大，按照抛货10千克计重，计算运费。B款旅行挎包，售价1350元，包装后重量仅1千克，不计抛货。同时，还有C产品、D产品等很多产品。

假设运费为10元/千克。

同样销量下，A款的运费是B款的10倍，A款的销售额是B款的1/3；

同样销售额下，A款的运费是B款的30倍，A款的销量是B款的3倍。

如果产品数量变多，各个销量差异过大，情况会变得更加复杂。

对于这样的极端案例，我们仍然要在工作效率和业务准确中寻找平衡。对于大部分店铺来说，能够热卖的产品数量是相对少的，统计热卖产品相关的运费、包装等成本相对容易，可以根据运费账单，首先将销量大、销售额大、重量大的产品费用筛选出来，再根据实际发生额摊销，将剩下的再按照销量或者销售额分摊。

三、固定成本的分摊思路

（一）以销量为标准摊销固定成本

在表2-4中，以销量作为固定成本分摊的标准：先统计当期固定成本的总额，然后按照销量，对产品的固定成本进行摊销。

已知，当月店铺总固定成本为150万元，总销量为51 365件；产品H的销量为2 480件；按照销量，产品H承担的固定成本为72 423元。计算公式为

产品H承担的固定成本＝总固定成本支出÷店铺总销量×产品H的销量
$$=1\ 500\ 000\div 51\ 365\times 2\ 480$$
$$\approx 72\ 423（元）$$

以销量作为摊销固定成本的基础，是考虑到以下几种原因。

1. 销量直接与工作量相关

有很多工作是跟销量有密切关系的。例如，对于仓储部门来说，销量越大，工作就越忙。客服、主播的工作也与销量有密切关系，销量多代表他们的工作得到了用户的认可。

2. 提升销量是主要工作内容

运营团队的运营效率体现在产品价格和销量上。产品的售价受采购成本、品牌价值、竞争程度、稀缺程度等多重因素的影响，很难随意提升。在价格相对恒定的情况下，追求销量最大化是整个运营团队的任务。他们通过优化搜索技术，针对圈选人群输出内容，以提升销量，体现自身劳动价值。

3. 固定成本相对恒定

水电费、房租等成本相对稳定。与工业制造企业不同，电商行业属于商贸行业，水电费并不作为生产原料出现。销售1 000件与销售1 200件，带来的能耗差别很小。同样，房东也不会因为店铺这个月销售额下降了10万元，而减免房租。

综上所述，产品销量是运营中最大的变量，让卖得多的产品承担较多成本，也符合能者多劳的原则。

（二）以销售额为标准摊销固定成本

在产品的单价差距较大，且成交额差距悬殊的情况下，按销售额摊销会相对科学。

某店铺既卖手机，又卖手机贴膜；当手机产生的销售额较高，占整体销售额的比例较大的时候，即使手机膜的销量较高，按照销售额进行固定成本摊销也较为合理。

（三）固定成本摊销带来的管理启示

在摊销固定成本时，不仅要观察产品的运营成本，也要通过数据评估团队的效能。薪酬是固定成本中重要的组成部分。当销量或者销售额发生变化的时候，薪酬也会产生一定变化，但在总额上仍然呈现相对稳定的态势。

天璇公司销售手机壳、手机贴膜等产品。产品平均单价45元，日销量5 000件，月销量为150 000件，薪资总支出为120 000元，每件产品的人力成本为0.8元，即公司每完成1笔销售需要支付的薪酬成本为0.8元。

$$单件薪酬成本 = 薪资支出 \div 销量$$
$$= 120\ 000 \div 150\ 000$$
$$= 0.8（元）$$

假设，此时的工作量是相对饱和的。当日发货量上升到6 000件时，客服、直播、储运这些岗位的工作压力也会陡然上升，但是薪酬并不会随着销量增加而同比例增加，产生的差额成了公司的超额利润。此时，员工面对高强度工作下相对低的收入，就会产生不满，造成人员流失，影响业务完成。

于是0.8元就会成为一个成本控制线。如果对应的薪酬成本低于0.8元，CEO就要注意员工的劳动强度和收入之间的关系，给予奖金、补贴，或者增加人手；反之，如果薪酬成本在短期内迅速上升，则说明销量萎缩或者出现人浮于事的情况。**因此，当店铺产品平均单价较低时，可以将销量作为薪酬摊销的标准。**

龙腾公司主要销售专业打印机，产品单价均在1 500元左右，月发货量400件左右。薪资总支出为120 000元。对应的薪酬成本为0.2元，即公司每实现1元销售额需要支付的薪酬成本为0.2元。

$$单件薪酬成本 = 薪资支出 \div 销售额$$
$$= 120\ 000 \div (1\ 500 \times 400)$$
$$= 0.2（元）$$

由于产品货值较高，整体销量的基数较小，即使短期内销售额大幅度增长，给客服、直播、仓储等劳动密集型的岗位带来的工作量变化也不大，而对运营、推广、设计等智力密集型岗位的工作量影响却较大。用销售额来分摊薪酬类成本，更能体现智力因素对销售额的贡献。因此，当店铺产品平均单价较高时，以销售额作为薪酬摊销的标准比较合适。

薪酬成本具有易涨难跌的特点：当业务上升时，薪酬成本会对应增加；当业务下降时，薪酬成本很难对应下降。通过计算单品成本，掌握薪酬与销量（销售额）之间的对比数据，对于未来优化内部管理、提高人均效率，具有重要意义。

四、成本分析辅助运营决策

通过细化成本，能够清晰地看出每个产品的销售额贡献和销售利润贡献，为科学运营决策打下基础。对于盈利的产品，要思考业务重心如何分配的问题，如表 2-5 所示；对于亏损的产品，也要分析哪些能够扭亏为盈，哪些需要及时止损，如表 2-6 所示。

表 2-5 盈利产品对比表

产品	资金周转率	销售额/元	平均售价/元	销量	毛利润/元	销售利润/元	思 考
产品 H	1.13	620 000	250	2 480	173 600	49 293	两款盈利产品谁更有成长性
产品 I	1.16	320 000	200	1 600	72 000	3 531	

产品 H 与产品 I，两个产品资金周转率接近，产品 H 的销售额是产品 I 的 1.9 倍，销售利润是产品 I 的 13.9 倍。这两个产品应该如何优化呢？

产品 H 的商业价值是否被充分挖掘？能否继续创造更多的销售额和利润？

产品 I 当前盈利较少，说明其潜力无穷，还是希望渺茫？当前 3 531 元的盈利是产品 I 扭亏为盈的契机，还是走向亏损的开始？

表 2-6 亏损产品对比表

产品	资金周转率	销售额/元	平均售价/元	销量	毛利润/元	销售利润/元	思 考
产品 J	0.96	370 000	125	2 960	14 800	−96 328	是否要停止运营
产品 K	2.1	420 000	120	3 500	70 000	−81 052	

如表 2-6 所示，产品 K 和产品 J 两款产品的销售额、售价乃至亏损数额都比较接近。资金周转率相差约 2.19 倍，应当如何优化这两款亏损产品？需要立即清仓哪一款，着力挽救哪一款？如果要清仓，如何定清仓价最合适；如果挽救，投入资源的上限又是多少？

只有好的问题，才能有好的答案。

公司里，所有员工每天（看起来）都忙忙碌碌的，偶尔还能看到员工深夜在朋友圈里"晒加班"的。这些忙碌背后，有多少人能够提出上述问题，并寻找答案呢？

他们知道店铺里哪个产品在赚钱（亏钱）吗？

他们知道当前哪个环节成本过高吗？

他们知道哪个产品该压低采购价，哪个产品该做降价竞争，哪个产品要立刻清仓吗？

……

如果既提不出问题，又找不到答案，忙碌的意义又何在？

一些企业在经营中总结了很多经营经验，甚至通过标准化形式，制作了流程手册，将经营动作固定化。对于稚嫩的团队、初始期的产品，标准化的业务流程可以起到保驾护航的作用。但是，对于有经验的团队、相对成熟的产品来说，依靠过去数据、经验积累出来的流程手册进行经营，就有刻舟求剑的嫌疑了。

作为 CEO，可以将成本分摊作为切入点，对产品采购、推广效率等多方面的工作提出具体的、量化的要求，杜绝形式主义的工作。明确产品的成本结构，就相当于给产品做了详细的"化验"，让运营团队拿着"化验单"，采用"你有啥病，我有啥药，药费多少钱"的思考方式，针对每个产品的情况，做出不同的"治疗"动作。

通过成本分摊还可以发现，并非所有的产品都值得优化，要做到有舍有得，把优势资源放到最能见到效果的产品上。这样就可以围绕竞争态势，在一定的预算情况下，针对不同的产品，以及同一个产品的不同阶段，采用不同的优化方案（让强者恒强，让弱者有力；及时淘汰不适宜的产品，让产品结构历久弥新），才是正确的、负责任的运营策略。

第三节 | 分析边际贡献

在企业经营中，我们经常会听到一种说法：这个产品虽然不赚钱，但是仍然要继续生产（经营），因为一旦停下来，损失会更大。这就是边际贡献的价值。

一、边际贡献的基本含义

细致分摊成本后我们会发现，一些曾经看起来赚钱的产品，实际上并没有赚钱，而是给公司造成了亏损。以产品 C 为例，如表 2-7 所示。

表 2-7 产品 C 的基本营收情况

产品	资金周转率	销售额/元	平均售价/元	销量	采购价/元	毛利润/元	其他变动成本/元	固定成本/元	销售利润/元
产品C	3.57	250 000	125	2 000	100	50 000	46 681	58 406	−55 087

产品 C 毛利润为 50 000 元，承担了变动成本和固定成本后，销售利润为 −55 087 元，如果让产品 C 不分摊固定成本，是不是产品就可以盈利了？

产品 C 如果持续亏损，是否可以清仓停止运营？但是清仓完毕后，当前产品 C 承担的固定成本由谁来承担呢？

为了回答上述两个问题，可以将产品的销售额分成两部分：一部分是养活自己所支付的成本，另一部分是给企业做的贡献。

一个农民每年吃饭所需要的口粮是 600 斤。如果他辛苦劳作一年，收获的粮食也是 600 斤，那么他只承担了自己劳动的变动成本，仅仅能够吃饱。因为他需要住房子挡风御寒，需要购置农具、种子，需要适当的储蓄应付灾病，经计算发现还需要 800 斤粮食的

（固定）成本，因此他的劳作收获只有达到 1 400 斤，才能够保障自己的基本生存。当年，他收获了 1 800 斤粮食，其中 600 斤用来养活自己，1 200 斤可以视为他的边际贡献，其中包含了承担固定成本的 800 斤粮食和给家里做出贡献（利润）的 400 斤粮食。

边际贡献是指每一个产品或服务增加一份销售额所产生的利润或收入。评估产品的贡献，不仅可以看盈利指标，也可以通过对比边际贡献，来衡量其价值。

二、边际贡献的计算方法

边际贡献的计算公式为

$$边际贡献 = 销售额 - 变动成本$$

根据表 2-7，产品 C 的边际贡献为

$$\begin{aligned}产品 C 的边际贡献 &= 销售额 - 变动成本 \\ &= 销售额 - （产品成本 + 其他变动成本） \\ &= 250\ 000 - （100 \times 2\ 000 + 46\ 681） \\ &= 250\ 000 - 246\ 681 \\ &= 3\ 319（元）\end{aligned}$$

这个数值越大，代表利润贡献情况越好，分担企业整体经营成本的能力越强。通俗地理解，边际贡献值大的产品，不仅能赚钱养活自己，还能帮其他产品承担更多的固定成本，使其他产品实现更好的盈利。

三、边际贡献率的计算方法

边际贡献率是指边际贡献与销售额之间的比例关系。

单纯地看边际贡献值，不足以表现这个产品在店铺中的贡献情况。通过计算这个产品的边际贡献率，可以分析边际贡献在销售额中的占比。边际贡献率数值越大，产品对店铺的利润贡献就越大，帮助店铺承担的成本也就越多；这个值越小，说明其自身耗费越多，帮助店铺承担的成本就越少，甚至还需要别人养着自己。计算公式为

$$边际贡献率 = 边际贡献 \div 销售额$$

产品 C 的边际贡献率为

$$\begin{aligned}边际贡献率 &= 边际贡献 \div 销售额 \\ &= 3\ 319 \div 250\ 000 \\ &\approx 1.33\%\end{aligned}$$

产品 C 的销售利润为负数，边际贡献为正数。这说明它能够通过自身销售帮助店铺承担相当一部分成本，且资金周转率较快，能够快速回笼资金。如果当前没有更好的优化方法，没有更好的替代产品，那么可以谨慎维持现状。建议企业管理者把优化资源放在边际

贡献高的产品上,以增加收益;或者将其放在边际贡献为负值的产品上,以减少亏损。

分析多个产品的边际贡献率,可以对产品是否值得优化、需要进行哪方面的优化等,做出基本推论,帮助决策者快速聚焦业务核心,推动业务进行。边际贡献也可以用于对全店综合经营情况进行判断。

由表2-4可知,全店当前销售额为12 000 000元,变动成本合计10 100 600元(产品成本[①]8 549 600元,推广费等成本1 551 000元),计算公式为

$$
\begin{aligned}
\text{全店的边际贡献率} &= \text{边际贡献额} \div \text{销售额} \\
&= (\text{销售额} - \text{变动成本}) \div \text{销售额} \\
&= (12\,000\,000 - 10\,100\,600) \div 12\,000\,000 \\
&\approx 15.83\%
\end{aligned}
$$

根据一般经验,边际贡献率分为5个区间,如表2-8所示。

表2-8 边际贡献率安全性评估

安全边际贡献率	10%以下	10%～20%	20%～30%	30%～40%	40%以上
安全程度	危险	要注意	较安全	安全	很安全

表2-8可以作为一般参考。对于电商企业来说,边际贡献率低,往往是为了增加产品销量而增加了太多的推广成本。高昂的推广成本又与销售利润呈此消彼长的关系。因此,进行决策时,某个数据的良好表现并不能代表产品的发展趋势,作为CEO不仅要有根据数据做判断的能力,还要有企业家精神,能够对行业趋势、市场热点、季节因素、重大话题事件等方面的影响进行多维度判断。

四、计算盈亏平衡点

如何在经营中设定相对科学的目标呢?假设此产品要卖10 000件才能保本(边际贡献为正数),卖到10 001件才能赚钱,但是运营团队凭借过去的经验,制定了一个5 000件的销售目标。即使实现了目标,完成了任务,团队成员得到了奖金,这个产品实际上还是在亏损。因此,制定目标时估算出的保本销售额,也叫作盈亏平衡点,如图2-1所示。

一个产品刚开始销售时,要承担一定比例的固定成本,因此前期一定是亏损的。随着产品销量的上升,利润逐渐开始弥补固定成本,到达A点;然后销量继续上升,此时,固定成本波动较小,产品只需要承担产品自身的成本和必要的推广费用。当销量达到B点时,利润总额超过了产品的变动成本总额。B点就是盈亏平衡点,也叫保本点。

---

① 这里只将销售的产品采购成本计算在内,未考虑库存情况。如果一个产品的库存量大,周转率非常低,但边际贡献较高,则说明这个产品的利润高,对店铺贡献较大,但是销售速度慢。该产品一旦在竞争中丧失利润价值,就容易陷入高库存滞销风险。

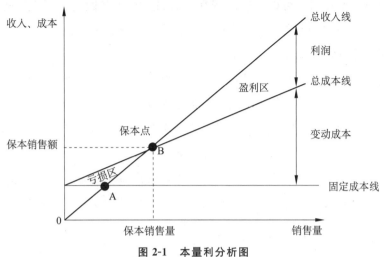

图 2-1 本量利分析图

每个产品的成本、毛利、推广费都不同,只有预算出盈亏平衡点,才能制定正确的销售目标,科学地分解任务;才能预估采购量,准备采购资金,进行价格谈判;才能制定合理的推广预算,制定推广效率的绩效指标;才能有效地进行工作分工,明确每项工作由哪个部门、哪个人来负责,明确考评工作效果的目标,以及完成工作的时间节点。

盈亏平衡点的计算公式为

$$盈亏平衡点=固定成本÷边际贡献率$$

当前产品C的销售单价为125元,固定成本为58 406元,销售利润为-55 087元,边际贡献为3 319元,边际贡献率为1.33%。结合前文,以上数据可以简单地理解为:如果不考虑固定成本,产品C是赚钱的,如果计算固定成本,产品C就是亏钱的。按照现在的成本比例,产品C做到多少销售额,才能弥补固定成本的亏损,实现盈亏平衡?

$$盈亏平衡点=固定成本÷边际贡献率$$

产品C的盈亏平衡点=58 406÷1.33%

≈4 391 429(元)

产品C盈亏平衡的销量=4 391 429÷125

≈35 131(件)

按照现有的销售价格,在各项成本都稳定的情况下,产品C要实现4 391 429元的销售额、35 131件的销量,才能实现盈亏平衡。此时,产品C的累计销售额为250 000元,销量为2 000件,需要增长约17.6倍,才能勉强达到盈亏平衡的目标,继续增长才能实现盈利。

CEO可以根据这个数据,对产品C是否继续运营做出分析;也可以用这样的方法,对所有产品是否达到盈亏平衡点,是否能够对盈利有贡献做出系统性分析,从而有效地指导各部门,调整工作重点,最大化发挥工作价值。

通过计算盈亏平衡点，可以迅速对所有产品的盈亏状况做出分析，帮助 CEO 做出选择：哪个产品可以挽救，容易挽救；哪些产品必须立即停止资源投入，进行清仓；哪些产品需要继续增加投入，以期获得更大的收益。

某产品的销售旺季为 7 月和 8 月，在 4 月的时候，计算盈亏平衡点的销售额为 100 万元，那么在制订运营计划时，要做好进度分配。例如，5 月开始加大推广力度，6 月通过产品销量累计产生影响力，吸引自然流量，力争在 7 月初达到 100 万元的销售额，实现盈亏平衡。在 7 月到 8 月旺季期间，实现产品利润最大化。

如果到了 8 月上旬，还没有达到盈亏平衡点，该产品亏损的可能性就大大增加，需要对产品从盈利预期调整到保本预期，甚至考虑为了早日回笼资金，是否及时降价，以减少最终的亏损。

五、边际贡献辅助运营决策

边际贡献分析可以帮助企业在产品运营中进行决策。以推广费为例，在变动成本中，推广成本是为数不多的可以由经营者主动掌控的成本支出。通过分析每个产品的推广成本，可以直观地看出每个产品的推广效率与盈利之间的关系，如表 2-9 所示。

表 2-9 产品的推广费与主要经营指标之间的关系

产品	资金周转率	销售额/元	平均售价/元	销量	采购价/元	毛利润/元	毛利率/%	销售利润/元	边际贡献	边际贡献率/%	推广费/元	盈亏平衡销售额/元	推广费与销售额对比/%	推广费与毛利润对比/%
产品 A	4.47	380 000	190	2 000	80	220 000	57.89	107 313	165 719	43.60	35 000	133 959	9.21	15.91
产品 B	7	2 800 000	280	10 000	200	800 000	28.57	318 567	610 594	21.81	75 000	1 338 964	2.68	9.38
产品 C	3.57	250 000	125	2 000	100	50 000	20.00	−55 087	3 319	1.33	30 000	4 391 429	12.00	60.00
产品 D	2.34	1 520 000	160	9 500	120	380 000	25.00	−163 312	114 115	7.51	180 000	3 694 088	11.84	47.37
产品 E	10	2 600 000	320	8 125	240	650 000	25.00	93 273	330 546	12.71	220 000	1 866 814	8.46	33.85
……	…	…	…	…	…	…	…	…	…	…	…	…	…	…

这个表格，不仅统计了产品的盈利情况，还单独计算了推广费与销售额和毛利润之间的关系，比较直观地体现了推广效率，分析了产品的推广价值。

已知，店铺平均的毛利率为 28.75%，平均资金周转率为 2.76。

产品 A 的毛利率为 57.89%，资金周转率为 4.47。它的边际贡献率为 43.60%，说明能够帮助店铺分摊较多的成本，产品销售额已经超过盈亏平衡销售额，已经开始贡献利润。推广费占销售额的 9.21%，占毛利润的 15.91%，处于较低的水平，说明产品处于良性经营状态。下一步需要考虑如何继续发挥产品优势，扩大销售额。

产品 B 的毛利率为 28.57%，略低于全店平均值；资金周转率为 7，大大高于全店平均值。其边际贡献大，推广费占比低，已经超越盈亏平衡点，是难得的销售额高、推广费低的好产品，甚至可以考虑适当增加推广预算，进一步扩大优势地位。

产品 C 的毛利率为 20%，低于全店平均值；资金周转率为 3.57，高于全店平均值。如果薄利多销也可以有很好的收益。但是从推广角度看，推广费只占了销售额的 12%，却消耗了 60% 的毛利润，说明产品毛利额过低，少量的推广费也会"吃掉"有限的利润。产品 C 的边际贡献率只有 1.33%，当前销售额为 250 000 元，需要达到 4 391 429 元才能盈利，几乎是一个不可能的任务。

产品 D 的情况与产品 C 类似，但是产品 D 的整体销售额更高，当前已经实现 1 520 000 元的销售额，距离 3 694 088 元的盈亏平衡点比较接近。产品 D 推广费支出 180 000 元，亏损 163 312 元，推广费支出约等于亏损额。

产品 E 的毛利率为 25.00%，资金周转率为 10，推广费占了销售额的 8.46%，却占了销售额的 33.85%。虽然产品的销售额已经超过盈亏平衡点，处于盈利状态，但是边际贡献率为 12.71%，处于偏低水平。

在办公会上，公司讨论产品 D 和 E 的优化方案，产生如下对话。

CEO："你们运营部在做什么？产品 D 花了 180 000 元推广费，不仅没赚钱，还赔了 163 312 元，花钱推广是为了亏损的吗？"

运营："这个产品虽然亏损，但是边际贡献是 7.51%，说明起码帮公司分担了成本。"

CEO："搞什么？我们卖产品不是为了摊成本的，而是为了赚钱的。花了钱，还赔钱，这不是开国际玩笑吗？"

运营："这个产品不推广更卖不掉，仓库里压了一堆货，总不能扔了吧？"

CEO："我知道，产品采购价有些高，现在竞争激烈，不是不能降价，但是你要告诉我降多少才能卖得掉，而且要算清楚，同样一笔钱，用在补贴降价合算，还是用于推广合算。如果可以直接降价，起码还能节省一些精力，投入到其他产品的推广工作中。"

采购："产品 D 已经不进货了，所以现在谈采购价也没什么意义了。"

CEO："我现在不跟你说产品 D 的事情。你看看产品 E，它的销售额已经达到了 2 600 000 元，占全公司销售额的 21.6%，推广费占销售比例只有 8.46%，很低了，说明运营推广同事搞得不错，但是为什么占了毛利润的 33.85%？这可不是推广费太高，只能是毛利额太低了。"

采购："这个产品价格已经很低了，而且还有 2 个月账期。"

CEO："别跟我谈价格低，每次说采购价格，你都说价格很低了。产品 E 这么大销量，我就不信只能从一家供应商进货，你现在去谈其他供应商，咱们可以不要账期，只要价格能再降 10%，现款现货都可以。"

从上面的对话可以看出，CEO 依据数据给团队提出了具体要求，并对每一款产品、每一个部门都提出不同的任务，最终都指向了优化产品。

由此，产品 D 的优化方向是：测算降价、推广两种模式的效率，由运营部牵头，财务部配合。

产品 E 的优化方向是：**降低采购价，由采购部牵头，财务部配合。**

在制定上述任务的时候，要考虑实际可执行情况和团队自身的能力，不能贪多求快。上午提要求，下午就要结果，**瞬间改变的数据，一定是作弊的结果。**

以上述两个产品为参考，CEO 为进一步决策找到了抓手。当下企业面临着产品多样化、市场无限化、团队能力有限化、可用资源局限化的经营环境，**边际贡献及其相关指标就像一把刻度尺，它能帮助 CEO 在投入同等精力、资源的前提下，找到回报更高、更快的产品。**

需要注意，这里的产品分析示例仅供参考，并不意味着在工作中，类似数据的产品一定要按照书中所述的方式进行优化，要统筹分析产品阶段、竞争态势等因素，进行综合分析。

产品没有最好，只有更好。如果认为这个产品好，但是突然发现了其他更好的产品，也可以立刻更换；如果认为这个产品不好，很难做，应当停止运作，但是当下实在没有更好的产品可以替换，也只能维持现状。进行产品分析时，必须将产品放到全店中进行比较，根据其在全店中的表现情况，结合产品所处的阶段做出整体判断。

本章小结

本章明确了经营中常用指标的定义，根据不同的标准对产品进行了成本分摊测算，计算出每个产品的实际盈利能力和盈亏平衡点，为进一步决策打下了基础。

第三章
分层优化，确定经营的立足点

一个企业的盈利情况与团队成员的努力密切相关，也与该企业所处的行业发展阶段、在行业发展中选择的角色密切相关。

在美国西部淘金热中，发财的并非那些疯狂的淘金者，而是为淘金者提供产品和服务的商人，他们通过销售平底锅、铲子、手推车、牛仔裤以及金融贷款，真正享受到了淘金热的红利。

在电商行业中，很多平台都可以入驻，每个平台都有自己独特的运营规则和扶助对象，入驻之后的收益各不相同；对于电商企业来说，以不同的身份入驻，经营的模式也各有不同，同一个品类的产品，知名品牌和普通品牌、旗舰店和个人店铺在经营中遇到的机遇和挑战各不相同；对于一家经营中的店铺来说，每个产品的访客量不同，每个产品的销售额贡献和利润贡献也各不相同。

无论平台规则、行业地位、竞争方式、产品运营存在多少差异，所有的企业经营目标都会指向长期盈利。因此，CEO必须带领团队，通过对平台规则进行逐层分析，明确自身定位，拆分流量结构，最终让每一款产品都能实现流量成本低、推广效率高、资金周转快，以及产品盈利多。

第一节 | 平台与店铺分层

一、电商平台分层

（一）淘天平台

淘宝和天猫是标准的巨无霸型平台。2023年，淘宝和天猫在组织架构上做了合并，组成了淘天集团。它们是国内较早发展、较为成熟的平台，其设定的诸多搜索、推荐、视频、服务的规则也被其他电商平台所借鉴。企业开始入驻该平台时要学习一定的规则，但是一旦掌握相关规则之后，在其他平台运营也就游刃有余了。

淘宝具有强烈的个人店铺色彩，产品类目的灵活性高。天猫具有品牌影响力，在整个电商领域，无论是搜索、推广、直播、品牌都有巨大的号召力。一个销量良好的天猫店铺，天然具有招商功能，会带动大量的专营店、专卖店、个人淘宝店，甚至线下店铺的集合。

淘宝和天猫较早地开通了直播平台，成交属性较强。利用AI智能技术，依托阿里巴巴的智能模型，淘天集团推出了"淘宝问问"等一系列产品。

（二）京东平台

京东平台上男性用户比例略高，比较适合数码、3C、电器类的产品，只要保证质量和服务，售后纠纷相对较少。近几年，京东在女性的服饰、化妆品领域也有了长足发展。如果产品有足够的溢价空间、较好的协调能力，入驻京东，并选择京东物流进行产品配送，会极大地降低运营成本。

（三）拼多多平台

拼多多是分享电商的佼佼者，以生鲜农产品和"百亿补贴"杀入市场，低价是流量的核心法宝。价格低、发货快、售后有保证，是平台对商家的基本要求。商家需要有第一手的货源，才能在价格竞争中获得优势；要掌控发货能力，避免发货不及时导致平台违规处罚；要做好精细化的成本核算，在低价竞争中保持盈利。

（四）抖音平台

抖音是率先提出"兴趣电商"概念的电商平台。"在逛的时候买，在买的同时逛"，通过视频手段触达消费者，能直观体现产品的价值感。该平台弱化了产品之间的比较，强化了用户的兴趣因素，别人卖多少钱不重要，重要的是你喜不喜欢。只要有讲好故事的能力，打造足够黏性的IP，就能让产品卖得好，有溢价。抖音平台入驻门槛比较低，但是当前竞争激烈，无论是主播还是视频内容，都需要有足够的特色才能吸引用户，有所成交。

抖音在智能算法、用户垂直性上做了较多的努力，母公司推出的AI大模型——"豆包"，其使用效能也比较高。

（五）其他平台

视频号、快手、得物、小红书、唯品会等平台也各有自己的特色，由于篇幅所限，此处不再赘述。未来，一定还会有更多优秀的平台出现。

综合分析各个平台，我们可以发现，虽然各个电商平台在市场份额、经营思路、组织架构、盈利模式上存在差异，但是在面向终端消费者的时候，都特别重视用户画像和用户标签。对于电商企业来说，只有围绕用户需求，做垂直的内容，才有可能获得顾客的青睐。实际上，研究用户的过程就是研究自己的过程，用户是无法改变的，平台只能为了迎合用户去改变自己。

男女相亲之前，哪怕仅仅出于礼貌，也要穿着整齐、稍事装扮，这是对别人的尊重，也是为别人留下好印象的方法。男士绅士一些，女士优雅一些，也有助于双方的持续交往。

店铺（企业）经营也应该如此，电商行业造就了很多财富神话，也造成了一些错误认知：开店→学技巧→暴富。即使是在电商行业经营多年的商家，也无比迷信推广技巧。岂不知，方向对了，路才近；如果方向错了，越努力，风险越大。

现在，有关电商运营技巧、技法的培训非常多，但是能把培训知识应用到实践中的商家并不多，难道培训老师都在忽悠吗？

镰刀可以割草，砍不了树；斧头可以砍树，却不能挖坑；铁锹能够挖坑，却不能敲铁钉；再好的锤子，也造不了火箭。每件工具都其适用之处。

同理，要想取得好的业绩，必须要考虑平台、角色、产品、方法等多个因素，正确运用工具，才能达到预想的效果。

同样一笔推广经费，对于知名品牌旗舰店来说，会有专门的小二负责对接，给出推广方案，只要相互配合就可以取得不错的成绩；对于知名品牌的专卖店来说，做推广就是花钱给别人的品牌打广告，需要考虑性价比；对于品类专营店以及个人C店来说，就要精打细算，仔细分析推广效率，力求事半功倍。

如果企业只有一个店铺，更要找到独特的市场定位，从行业竞争的薄弱环节撕开一个口子，在细分领域实现业务增长；如果企业有多个店铺，除了寻找市场切入点，还要找出不同店铺在不同平台上的差异，用不同的经营方式和技巧进行运营，从不同的角度去抢夺外部市场空间，避免出现自我竞争消耗有限的内部资源的情况。

只有正确地理解了平台的价值，洞察了自己的优势，才能更好地经营产品。

二、店铺经营差异

企业往往会在不同的平台上开设自己的旗舰店，如天猫旗舰店、京东旗舰店等；也会有自己或者经销商的专卖店、个人店铺（C店）；或者本身就是一个主播平台，自己准备产品，通过直播实现销售。以对产品的把控力为维度，经营模式可分为主动式、协同式、跟随式，如表3-1所示。

表3-1　3种店铺的经营模式

店铺性质	经营模式	上新标准	定价方式
旗舰店	主动式	自主选品	根据品牌力和行业情况定价
专卖店（含C店）	协同式	按照供货方要求上架	根据供货方要求定价
专营店（含C店）	跟随式	根据行业热点和同行变化情况进行产品更新	参考成本价和同行销售价格定价

这3种形式在实际经营中并非泾渭分明，会根据不同产品、不同场景、不同时段有所交叉，三者都有自身的优势和劣势，并不存在绝对意义上的好与坏。

天璇公司为知名品牌F做代工，同时也拥有自己的品牌K。一款材质相似、工艺相似，只是外表式样和Logo不同的运动鞋，成本约为400元，知名品牌F售价为1 500元，自有品牌K售价为850元。这两个品牌都有自己的电商销售渠道，如表3-2所示。

表3-2 两个品牌的经销渠道对比

品　　牌	店铺形式	授权形式	定价模式	价格管控	经营产品	对品牌方的服从性
知名品牌F	品牌旗舰店	自有权利	品牌价值 市场竞争 产品成本 ……	强	F	强
知名品牌F	品牌专卖店	品牌授权	品牌规定 利润空间 采购成本 ……	较强	F	较强
知名品牌F	品类专营店	授权或者 进货凭证	利润空间 采购成本 用户认可度 ……	适中	多品牌	适中
普通品牌K	品牌旗舰店	自有权利	市场竞争 产品成本 品牌价值 ……	强	K	强
普通品牌K	品牌专卖店	品牌授权	利润空间 品牌规定 采购成本 ……	适中	K	适中
普通品牌K	品类专营店	授权或者 进货凭证	利润空间 销量规模 用户认可度 ……	弱	多品牌	无

大品牌的旗舰店有品牌优势，甚至可以要求电商平台提供一定的活动资源和推广费折让，但是它们的经营灵活度受限，价格不能随便调整，经营策略要服从品牌统一要求。

普通品牌的品类专卖店和专营店（个人C店）缺乏流量扶持，但是自身经营灵活，能更快地响应市场需求，也可以在激烈竞争中找到自己的优势地位。

CEO只有明确店铺（企业）在整个供应链中的角色，掌握店铺在市场中的定位，才能做出专业的决策，并根据不同的情况制定不同的运营思路。

（一）品牌旗舰店分析

1. 知名品牌旗舰店

（1）优势。强势品牌，往往自带流量。各类媒体广告、新闻宣传、行业热点都会增加品牌知名度，为店铺带来流量。

强势品牌旗舰店盈利压力较低。为了保证价格统一性和市场号召力，定价往往较高，以便给经销商、渠道商留出足够的利润空间。因此，企业一般对旗舰店的销售额有要求，但是盈利方面的压力比较小。

推广预算相对充足。出于品牌形象考虑，其往往有较高的推广预算，曝光需求大于转化需求。

（2）劣势。品牌旗舰店不能自由地选品、定价。对于卖什么产品、产品卖什么价格，可以做哪些折扣等事项，往往没有多少自由决策的余地。即使电商板块的CEO，也只是公司的高管之一，其经营动作必须服从整个公司的产品策略。

营销创新受限。知名品牌，需要考虑品牌线上、线下的统一性，产品宣传都需要由公司品牌部门设计，产品详情页都不能独立完成，甚至主播的话术都要经过品牌、公关、法务几个部门的审核，缺少自由发挥的空间，也缺乏在内容上的个性表达。

内部关系复杂。由于品牌旗舰店承担了价格标杆的作用，过高的价格会影响产品销售，贸然降价又会引起经销商、渠道商的抱怨。

（3）经营视角。稳中求进是知名品牌旗舰店的运营核心理念。由于有品牌加持和平台资源倾斜，这类店铺实现一定规模的销售额并不是难事。销售额和利润并不是它要追求的唯一目标，而要通过各种活动，帮助经销商消化滞销产品，配合公司整体的营销活动，做好新品发布，提升品牌形象。

另外，从多个渠道进行数据收集和消费者分析，通过销售反馈市场声音，也是其非常重要的工作。

2. 普通品牌旗舰店

（1）优势。经营方式灵活。品牌影响力小，经销商、代理商相对少，在经营中没有特别多的负担和掣肘，可以灵活地调整价格、报活动、产品优化等。

决策权相对独立。公司最高领导往往直接过问电商业务，甚至很多公司的绝大部分收入来自互联网平台，能够及时调整业务重点。

内部关系简单。企业规模小，没有复杂的内部流程，利益比较容易统一，可以把增长放在第一位。

（2）劣势。品牌拉力不足。品牌影响力弱，产品溢价能力差，不能带来多少直接访客，获取流量的成本相对较高。

推广预算有限。由于业务规模小，虽然为了提升品牌影响力，愿意支出较高比例的推广费，但是由于整体业务规模所限，推广资金总是捉襟见肘。

活动资源有限。相对于知名品牌，普通品牌获得的平台资源较少，得到的扶持也相对较少。既要市场份额，又要利润增加，运营难度较大。

(3) 经营视角。根据渠道商的情况，进行差异分析。

如果有较多分销渠道，要考虑各个渠道的利益。如果没有较多渠道，那么灵活性就是最大法宝。尽可能打破各种羁绊，在产品、运营、渠道方面持续创新。可以锚定一个比自己略强的竞争对手，采用跟随的策略。如果产品相同，就从价格找突破口；如果价格相同，就从体验上做差异化；如果前两者都相同，那么就在内容营销和销售平台上多下功夫。

（二）品牌专卖店分析

1. 知名品牌专卖店

（1）优势。有品牌流量加持。在有知名品牌背书的情况下，其在产品搜索端具有天然流量优势；在直播场景下，知名品牌的转化也相对较高。

利益来源多元化。除了产品的进销差价，品牌方也会给予账期、返利、培训等支持。很多优秀的经销商在直播电商、私域运营中取得了很好的经验。

（2）劣势。流量上升空间有限。由于产品被上游品牌锁定，核心的品牌词、品类词都被品牌方垄断，同品牌的经销者成了最大的竞争对手。

缺乏产品创新力。所有的产品由品牌方提供，产品的详情页、主播的话术都被上游严格标准化。对产品的改进意见、对产品营销的创新理解都容易被直接扼杀。

销售价被锁定。品牌方为了统一产品形象，对产品销售价都有统一要求。线下经销商偶尔还可以悄悄打折搞促销，但是线上经销商价格非常透明，随意降价容易被平台处罚。专卖店就像大树下面的蘑菇，乘着阴凉能快速生长，却永远要依附着大树，没法长高。

（3）经营视角。对于品牌专卖店来说，品牌方往往是运营中最大的掣肘力量：订货量要增长，销售价要稳定，配货要听安排。经营者虽然不是品牌方的员工，却要比员工更加听话，这也是吃品牌红利所付出的代价。

随着市场竞争的加剧，以及品牌旗舰店特有的虹吸效应①，专卖店的角色会变得非常尴尬：品牌权威性不如旗舰店；价格灵活性不如专营店和 C 店。利用消费者端的信息不透明、物流不通畅，所获得的利润差被透明的互联网所吞噬。

要想持续发展，就必须向上游要利润。既然销售产品难以赚钱，那么就利用品牌势能，积累营销经验和运营能力，反哺品牌方。**将销售能力变成服务能力，将卖货的能力变成帮助别人卖货的能力，通过提供直播服务、私域运营等服务来实现利润。**

2. 普通品牌专卖店

（1）优势。价格灵活。K 品牌作为一个普通品牌，无法直接给专卖店带来流量。用户会搜"运动鞋"，但是很少会搜"K 牌运动鞋"。因此，品牌方以能实现产品销售为第一要

---

① 原指物理学中由于压力差，产生的液体流动现象。现在泛指某个领域或行为一旦形成一定的优势或规模，就会对周围的人才和资源产生强大的吸引力，进一步增强该领域或行为的竞争力和规模。

务，不会对专卖店的价格做过多的限制。

账期优惠。由于品牌方依赖各个专卖店帮助其拓展市场，愿意用较长的结算周期巩固合作关系，会减轻专卖店的资金压力。

（2）劣势。品牌限制。受行业规则的限制，单品牌的专卖店很难转型经营其他产品，业务发展空间受限。

推广资源有限。专卖店经营者与品牌方是不同的利益主体，双方在推广投入方面都担心对方获益，导致在推广方面投入不足。

（3）经营视角。普通品牌的市场影响力有限，需要在专卖店帮助下，扩大市场份额，会在选品、售价、账期等方面给出较宽松的条件。作为专卖店，要尽快提升销售规模，以获得更多的谈判筹码，获得更低的采购价，增强盈利能力；同时，用自己积累的行业经验和团队能力，可以承接更多的品牌合作，也可以为更多的品牌提供销售服务。

（三）品类专营店分析

品类专营店是数量最多的一类店铺，包含很多小品牌的旗舰店、小型的企业店铺，以及个人店铺（C店）等。这些店铺广泛地存在于天猫、淘宝平台，以及京东POP店、拼多多、快手、抖音、微店等平台。虽然这些店铺选择的平台不同，但是经营方式和面对的挑战情况是非常相似的。

1. 产品端分析

（1）优势。产品选择范围大，可以与多品牌、品类合作。正所谓"船小好调头"，能够紧跟时代热点；可以根据行业变化，及时调整产品结构，获取行业红利。没有各种条框限制，可以大胆尝试各种创新的营销方法。

（2）劣势。由于资金以及合作深度的限制，其采购价格和账期往往缺乏竞争力，较长的产品线和推广压力也导致资金链相对紧张。

2. 内容端分析

（1）优势。无论是平面视觉还是视频直播，都更加灵活，宣传中限制较少。

（2）劣势。产品比较多，工作量比较大。以短视频、直播为主的内容输出形式，对于个人创意、表现力都有特别高的要求，对应的内容制造成本也较高。

3. 品牌端分析

（1）优势。没有品牌负担，什么产品有利润就卖什么产品，选择范围大，经营灵活。

（2）劣势。用户忠于品类，不会忠于店铺，粉丝运营成本高。

4. 推广端分析

（1）优势。只关心推广结果，不考虑手段，对于新的运营技巧接受度高，只要能够提高销量和利润，各种推广手段都可以尝试。

（2）劣势。推广预算不充裕，某些急功近利的经营手段涉嫌违法违规，容易受到平台处罚。

5. 运营端分析

（1）优势。运营模式简单化，产品经营不需要平衡其他渠道的利益关系，可以聚焦盈利，店铺（企业）规模小，内部协作效率高。

（2）劣势。由于资金、资源有限，凡事都要经营者亲力亲为，学习成本较高，容错能力较差。

6. 经营视角分析

品类专营店对品牌方没有忠诚度，谁的产品好卖就卖谁的。因此，它得不到品牌背书和流量支持；由于业务规模相对小，也很难得到平台的特别支持。

因此，要关注所有新的推广手段、新的行业热点，随时寻找风口，争取借势发展的机会。当然，天上不会掉馅饼。新技术、新玩法往往也代表着风险不可控，成本不可预估，因此，要统筹规划销量、产品毛利与运营成本之间的关系，实现销售额持续增加，成本持续减少。

第二节 │ 按访客量分层产品

CEO都希望每一款产品都能销量暴涨、利润长红。可惜，由于复杂的竞争、营销、季节因素，不同产品的最终表现会千差万别。有的引流能力强，但是利润相对微薄；有的利润较好，但是销量总是不尽如人意；有的产品利润高、销量高，但是货源不足，无法获得持续优势；还有的产品，只要做推广，销量就有起色，一旦停止推广，销量就归于平淡。

经过一段时间的经营，店铺中的产品会形成分层。产品按照流量贡献可分为流量款、潜力款、滞销款，按照利润贡献可分为高利润款、中利润款、亏损款等。

一、按照访客量进行分层

以访客量为标准，对照访客量、转化率、利润额、利润率4个指标，形成了流量款、潜力款、滞销款的分层模式，如图3-1所示。

（1）访客量：由于付费流量和免费流量的叠加，流量款的访客量最高，滞销款的自主访客量最低，潜力款居中。

（2）转化率：流量款由于访客基数大，对应的转化率相对较低；滞销款由于访客数量

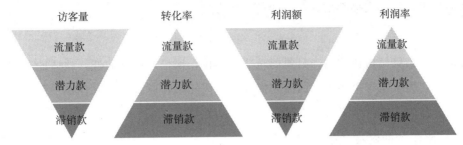

图 3-1 以不同标准进行分层

少,一旦有成交,转化率数据就会非常高;潜力款转化率居中。

(3)利润额:虽然流量款的单品利润贡献额较小,但基于较高的成交量,最终的利润额也比较大(对应的销售额也较高);滞销款利润额较小;潜力款居中。

(4)利润率:一般来说,流量款之所以能够脱颖而出,往往是商家以低利润率体现了价格竞争力;滞销款看起来是资产,但长期占用资金,从现金流的角度分析,实际上是负资产,一旦有成交,利润率贡献就显得特别高。

二、流量款的分析与运营

流量款,一般指店铺中访客量较大、成交量较高的产品,能给店铺带来较多的访客和较高的销售额。

(一)流量款的基本分析

1. 流量款的价值

(1)访客量:较高。通过叠加付费流量和免费流量,呈现出访客量高、流量成本低的特征。

(2)转化率:在实际销量相对稳定的情况下,访客量大会导致转化率相对较低。

(3)利润额:较大。即使单件产品的利润额较低,但由于整体成交量较高,所以总利润额较高。

(4)利润率:通常较低。因为价格低,所以利润少,但价格低才能吸引更多访客关注。

2. 流量款的搜索贡献

流量款产品符合当季的市场需求,成为用户在内容电商平台上关注和购买的热门产品。这些产品能够引发用户的兴趣和购买欲望,从而吸引更多流量到店铺或者直播间。

在传统搜索电商中,流量款产品吸引用户在搜索过程中产生点击、浏览、收藏、购买等动作,这些动作被系统记录、识别,从而提升店铺的权重,增加店铺获取更多曝光的可能性。

在直播电商中,流量产品也是吸引用户的主要产品。通过产品快速成交,会快速提升直播间的权重，帮助直播间积累更多的粉丝和人气。

3. 流量款的利润贡献

流量款的销售额占比较高。只要周转速度够快，哪怕单件利润低，整体的利润额也会偏高。因此，为了实现更多资金回流和提升资金周转率，商家应采取各种手段来维持其热度，以确保其为店铺带来更多的贡献。

（二）流量款的潜在风险

1. 行业竞争风险

正所谓"木秀于林，风必摧之"。流量类产品容易引起同行和职业索赔人的注意，他们会采取各种手段对其进行狙击。如果店铺流量贡献最大的优秀产品被投诉下架，就会让业务陷入停滞的境地。因此，商家除了在产品质量、宣传内容、服务标准上尽可能做到无可挑剔，还要尽快培养出更多的流量款产品，形成产品梯队，做好业务备份。

2. 低利润的风险

由于高销量与低价格互为因果，流量款的价格弹性比较低，处于想提价但用户不允许，想降价但成本不允许的尴尬境地。此时，经营者要充分发挥产品高销量的优势，一方面要继续巩固其优势地位，另一方面要计算其边际贡献情况，评估其分摊其他产品的推广费、运费的比例，帮助其他产品轻松盈利。

3. 掩盖团队问题

流量款产品具有高销售额、高销量的特征，容易让团队陷入一种"迷之自信"，却忽视了低利润率的现实。如果管理不当，这类产品会出现销售额持续增长，利润却越来越少的情况。

好产品往往有较强的引流能力，可以盘活整个店铺的业务。但这不是运营的结果，而是运气使然。既然好产品能够自带流量，那就不需要运营；既然是好产品在哪里都能卖，就未必只有我能卖，如果同行开始复制这个产品，就意味着好运气用完了。

如果对选品、运营不形成可复制的流程和方法论，不能复制成功经验，即使把产品卖得再好，团队也是不合格的。CEO要特别注重带领团队发现问题，总结经验，不能被眼前的胜利迷住眼睛。

（三）流量款的优化方向

1. 提升流量效率

热销产品会自带流量势能。推广工具往往只起到锦上添花的作用。能以较小的成本撬动较大的销量，推广动作才有价值。这类产品销量高、利润低，为了更好地实现流量价值，要有意识地通过主播引导、客服推荐等形式，扩大用户的需求，提升客单价，提升流量效率，实现流量价值最大化。

2. 用户沉淀和分析

流量款产品体现了消费者的需求。通过认真分析店铺的人群特征和消费喜好，可以为后续经营的选品、营销、引流提供有力支持。

分析用户数据，需要较大的访客量基数，类比"6·18"和"双11"大促，可以为店铺带来较大流量，其数据也有参考价值。

根据2023年天猫"双11"官方推出的诸多活动规则，可以做以下分析。

强化价格力。同样的产品，低价格的竞争力强，可获取额外流量奖励。

强化站外引流能力。从站外引流高的店铺获取额外流量奖励。

强化私域运营能力。推出"限时内购"店铺的私域粉丝在店铺成交。

强化店铺直播能力。通过"商家超级直播"推动成交，排名靠前者能获取额外流量奖励。

总结上述规则的路径：用有价格优势的产品吸引用户访问，实现直接成交。通过对外曝光有竞争力的产品，实现站外引流，站内成交。

从天猫角度看，"双11"就是一个流量款产品。要想让这个产品发挥较大的价值，就不能只关注这个产品产生了多少直接成交额，还要分析这一次活动增加了多少天猫平台的活跃用户，为未来发展奠定基础。

从商家角度看，既然流量款产品的利润有限，就要研究如何将流量价值发挥到最大。这种价值，不仅体现在"双11"期间的销售额和利润上，还有用户沉淀、二次购买等价值。

3. 降低采购成本

经营者可以将流量款产品的高销量作为抓手，向供货商展现实力，争取到更低的采购价格；争取更长的结算周期，充足自身现金流，并为其他产品获得更低的价格打下基础。

需要注意的是，虽然对于采购方来说，价格越低，结算周期越长，对经营越有利。但是，考虑到大部分商业企业缺乏严谨的财务管理体系，如果结算周期过长，反而容易出现集中兑付、资金链断裂的风险。因此，**压低价格比延长结算周期更有价值**。

4. 防范"慢出血"

如果一个店铺的流量款产品无法实现收支平衡，出现亏损，说明店铺处于"慢出血"状态，这是一种非常大的经营风险。流量最大的产品不能盈利，完全指望流量较少的潜力款和滞销款的利润支撑经营，那么只要任何一个产品出现问题，都可能导致整个业务陷入崩溃。

（1）评估风险。如果这种亏损状态是经过计划的，试图通过少量的亏损快速占领市场，通过扩大产品和品牌的市场影响力来改善亏损局面，那么只要计算好维持经营的储备资金和融资能力即可，其风险相对较小。

近十几年以来，市场上出现过非常多的投资热点，例如创业咖啡屋、共享单车等。如果仅从一个企业的视角出发，可以制定出清晰的以价格换市场、以规模换利润的路线。但是，如果整个行业的创业者都希望以价格换市场，那么价格一定会低到无可再低；如果大家都希望以规模换利润，在竞争对手不断增加的市场里，又很难轻易形成规模效应。

有些创业者希望通过上述方式包装出一个创业新概念，通过资本市场融资维持经营，一直熬到盈利的那一天。虽然这样做不乏成功的案例，但是失败的比率远远比成功的要多。

无论是产品市场，还是融资市场，都存在诸多的变量，如果完全把经营的期望放在自己不能把控的环节中，经营风险也是客观存在的。

（2）要么改，要么换。对于严重亏损的产品，CEO马上就可以做出明确的判断：或停止运营，或寻找合作支持。对于"慢出血"的产品很难给出明确的信号，其销量忽高忽低，利润时有时无，想放弃的时候，销售情况又有了好转，想加码的时候，投入的资金又石沉大海。

太阳下面没有新鲜事。对于如何应对亏损的流量款产品，下面的历史穿越剧给出了答案。

你是一家企业的CEO，某天突然穿越到了清朝，成为皇帝。此时，你的二儿子已经被封为太子（流量款）。太子作为王朝的希望，受到了极大的宠爱和支持（拥有最多的流量、推广费用和活动资源），你希望他能对弟弟、妹妹（其他产品）承担更多的责任（承担成本），并承担治理国家的重任（固定成本）。

可惜，太子表现顽劣，沉迷于享乐，消耗了大量的自身资源（亏损），对公务处理也不负责任（不能承担固定成本），甚至拉帮结派（售后较多）。作为皇帝，你面临着一个困境：废黜太子，并寻找新的接班人（寻找新的流量款产品）。

然而，新的接班人不一定能立即找到（孵化新流量款需要时间），而且废黜的太子一党仍然具有一定的势力（仍然拥有流量和销量，还有相当数量的库存）。因此，你尝试通过严厉申斥（产品优化、详情优化、推广优化）和百般规劝（寻求降低采购价格、寻求新增销售渠道）来挽回太子，让他重新站稳脚跟。

太子重新归位后，你发现他的表现仍然不堪大用（无法自给自足，更无法分摊其他成本）。在这种情况下，太子最终不可避免地被废黜。虽然太子更替是一个重大的损失，但是由于早发现、早处理，并没有对王朝的延续产生影响。

在挽回太子的同时，你要抓紧实现寻找新的产品，作为替补，在条件允许的时候，将其尽快扶上马，承担起为店铺引流的重任。主动出击，把优化产品的主动权抓在自己手里，远比被动地迎接同行和市场挑战要好很多。

（3）当断则断。一个销量非常大的产品，无论其是否有利润，都需要配备客服、运营、设计，还需要配备足够的场地、打包发货人员等。如果这个产品不存在了，成本就会一下凸显出来。很多CEO因惧怕这种成本拖累，而不敢裁掉亏损的爆款，毕竟"慢出血"

还可以维持表面的繁华,说不定在这个缓冲期内,还有其他产品可以顶上,危机就过去了。

此时,要认真计算产品的边际贡献,分析产品是否能够在短时间内达到盈亏平衡点。如果一个产品长期没有利润贡献,甚至没有边际贡献,就一定要将其立刻砍掉;如果发现一个店铺或者公司赚钱无望,那就趁早清仓,关店大吉,以避免陷入"发了工资→富了行业→穷了自己"的怪圈。

从来没有一本讲经营管理的书会告诉你,或许你当下的最佳选择就是关门大吉。不是所有的创业都能成功,甚至可以说,大部分的创业者终归要失败。既然已经发现无力回天,立即停业可以减少大量成本支出;剩余产品无论是用来低价清仓,还是抵扣欠款,都会减少损失;快速回笼的资金,也可以为东山再起打下基础。

在亏损的道路上走下去,你会借遍身边亲友的钱,拖欠供货商的货款,拖欠员工的工资。本来他们有很多致富的机会,却基于对你的信任,基于虚幻的爆款梦想,与你一起背负着亏损的苦涩和不安。

三、潜力款的分析与运营

潜力款是店铺中销售额和销量处于中游水平的产品。一方面潜力款由于销量有限,并未受到较多的关注;另一方面,又实实在在地为店铺贡献力量。此时,可以将它看作是未来的流量款,但它也可能是即将变成滞销款的流量款。因此,分析潜力款的时候,我们经常会将其与流量款做比较。

(一)潜力款的基本分析

1. 潜力款的价值

潜力款能给店铺带来一定利润,也有一定的引流能力,是重要的配角。

(1)访客量:虽然自身具有一定的引流能力,但相对于流量款而言,访客量较低。

(2)转化率:因访客量适中,转化率在一定程度上要高于流量款。

(3)销售额:较流量款小,但有潜力实现快速增长。

(4)利润率:一般具有一定的利润空间。

从店铺经营角度分析,经营者当然希望每一款产品都能够成为爆款。但大多数产品由于受到推广预算、产品与市场需求契合度、搜索规则,甚至运气等因素所限未能成功,以至于其销量和销售额贡献都处于店铺的中游水平。

2. 适中利润贡献

潜力款的利润率一般高于流量款,在价格透明和竞争激烈的市场环境中,由于受到同行店铺的竞争压力,限制了销量提升。它们的推广费用比较少,产品的利润率和利润额贡献比较明显,并在内容端和直播间场景中有稳定的表现,因此成为店铺重要的利润贡献来源。

同样，在没有过多推广费的前提下，潜力款能够给店铺带来一定数量的访客和成交额，并保持一定销量，说明其在细分用户群中具有吸引力，如果能够放大其竞争力，潜力款仍然有希望成为具有优势的产品。

3. 管理成本高

由于推广费少，潜力款的销售利润相对较高。但是这类产品数量较多，款式、尺码复杂，导致占用资金较多，运营和管理等成本也比较高，又影响了销售利润。

总结一下，潜力款虽然销量相对较少，但其适中的毛利率、利润额贡献以及在细分领域的竞争力，使其成为店铺的重要组成部分。由于其自主引流能力有限，仍需要依赖流量款的支持。

（二）潜力款的测试价值

潜力款在运营中承担着重要的测试角色，是新运营技巧的"试验田"。

商家在学习到新方法和技巧后，不应直接将其应用于流量款产品，而要将其应用于潜力款。因为，潜力款拥有一定的流量和自然销量，可以避免小概率事件对结果的影响，也能清晰地看出产品优化后数据的变化。如果测试成功，可以在店铺中全面应用新方法和技巧；如果失败，损失也不会特别大，并且有机会从中发现问题、总结经验。

如果某爆款产品的日销量为 1 000 件左右。经过优化后，销量增加了 50 件，很难证明这 5% 的增长属于优化成果，还是正常波动；同理，如果一款滞销产品日均销量只有 2 件，经过优化后，某日销售了 4 件，也很难确定这属于优化效果明显，还是碰到了好运气。如果日销量 200 件的潜力款产品经优化后销量变为 220 件，且这 10% 的销售增量变化能够持续一周，则说明优化方法是有效的。

相对于流量款，潜力款的产品数量多，即使操作失误，导致产品下架，损失也可控；同理，如果测试成功，销量快速上升，由于之前的基数较小，也不会忙到措手不及。

（三）潜力款的优化方向

1. 提升转化率

转化率代表对产品的流量利用效率。如果一款产品转化率高，说明它在流量有限的情况下创造了高价值。电商平台也会对这类产品给予最大的支持。因此，快速提升转化率是提升单品和全店（直播间）的重要任务。

当产品有 100 位访客时，成交 5 单，转化率为 5%，如果能成交 8 单，则转化率增幅达到 60%。当一款产品的转化率快速增高时，意味着消费者喜欢该产品，系统也会给予更多的流量倾斜。

如果潜力款能够通过卖点互补、产品推荐等形式，承接从流量款跳转过来的访客，不仅能够快速提升客单价，还可以拉升潜力款的转化率；当转化率提升之后，不仅潜力款有机会获得更多的访客，整个店铺（直播间）也会获得更多的访客。

2. 围绕场景优化

从流量价值角度思考，若每天有100位访客，最终只有5人下单，则意味着其他95位访客的价值被浪费了。通过深度解析5位消费者的特点、喜好，经营者要思考自己做对了哪些细节让他们下单购买，思考如何复制成功经验有针对性地吸引类似的用户；思考哪些细节做得不好，让另外95个人没有下单，应当如何改正。

线下与线上在用户运营方面有一个明显的差异，即线下重视覆盖人群的宽度，而线上要重视特定人群的深度。以视觉呈现为例：在线下购物中，用户通常要先看到店铺，走进店铺，再选择产品。为此，品牌方需要对店铺进行统一性装修设计，以增强品牌符号对用户的冲击力和信任度。考虑到线下店铺辐射人群的数量有限，在风格上须考虑大众接受度，要做到既有个性，又合中庸。

可是，这种统一风格模式并不完全适用于线上店铺。线上购物，用户通常先看到的是产品或主播，如果没兴趣，就会离开，至于店铺是什么风格，产品是不是统一风格，并不重要。如果在同一个店铺中，99元的产品和999元的产品都用同一套装修模板，而且产品看起来都同样优秀，本身就是矛盾的。不同价格的产品所定位的顾客不同，理应个性化地输出内容才对。

出差的人经常有充电焦虑。按照有关规定，飞机能够携带的充电宝容量最大为20 000 mAh，且清晰标注容量。对于经常飞行出差的人来说，对充电宝的首要需求是：明确标识20 000 mAh的电容量（见图3-2，图片来自品胜数码旗舰店）。

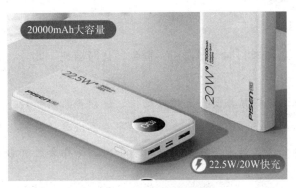

图3-2　清晰说明产品性能的图片

因此，经营者必须标注清楚前述内容后，再考虑后续的款式、服务等内容。如果不能在一开始就把核心诉求讲清楚，用户就会一滑而过，选择其他产品。

围绕不同用户的购物场景、产品的使用场景进行优化，是潜力款需要发力的方向。

3. 注意库存量

潜力款产品种类较多，库存数量差异大，内部的尺码、规格、颜色可能也非常多，这给产品优化带来了很大的挑战。在产品优化之初，要根据库存情况进行梳理，尽量从尺码、规格、颜色相对统一的产品入手，避免出现产品销量爬升，但是库存规格不符，又需要再进货的尴尬情形。对于库存较少或规格较复杂的产品，应优先考虑进行清仓处理。

四、滞销款的分析与运营

滞销款产品销量少、存货数量多、种类杂乱，是占用资金较多的一类产品，影响店铺的资金周转率和投资回报率。

当然，店铺经营者不希望任何一款产品成为滞销款。每款产品在上架的时候，经营者都希望它能够成为热卖的产品。可惜天往往不遂人愿，准备上的不足、营销资源的匮乏、同行甚至同店铺产品之间的竞争，都可能导致产品最终无法热卖。

（一）滞销款的基本分析

（1）访客量：最少。低销量与低权重互为因果，最终导致访客数量少。

（2）转化率：较高。由于访客数量少，每一次成交带来的相对转化率较高。

（3）销售额：较低。虽然有较高转化率，但由于访客量有限，销售额相对较低。

（4）利润率：具有不确定性。有的产品滞销，其原因是款式、型号、季节因素与市场需求背离，如果进行降价，有可能会撬动销量；有的产品滞销，是因为其不符合市场需求，或者有严重的产品缺陷，降价也很难卖出去。

（二）滞销款的主要风险

1. 长期占用成本

滞销款无法为企业带来利润，却占用了资金、仓储场地，此外，还可能面临自然损耗和产品贬值。

食品类产品一旦临近保质期就会大幅度贬值，过期食品的销毁、处置还会增加额外成本；电子产品随着新品推出，旧款会快速贬值；即使是应季的服饰、鞋靴类商品，理论上可以在下一季继续销售，但若大笔资金被占用半年以上，也会严重影响资金周转。

2. 引流能力差

滞销款既不能自带流量，也不能主动成交。在搜索电商的场景下，它会影响店铺动销率；在直播场景下，它也影响直播间的转化率。

3. 批量清仓难

滞销款可能因为产品过期、规格不全、尺码不全、库存有限而被淘汰，复杂的产品结构使批量清仓变得困难。

(三) 滞销款的优化方向

1. 分析滞销原因

产品滞销大多是由产品品质不稳定、运营能力欠缺、超量囤货、市场形势变化等原因造成的。分析滞销原因并不能改变当前产品滞销的事实，但是可以避免类似情况继续发生。

（1）产品品质不稳定。前期运营手法得当，产品销量快速上升，但是由于产品质量不稳定，带来了很多售后问题和中差评，再好的营销手段也无法掩盖产品的拙劣，导致产品滞销。

（2）运营能力欠缺。很多滞销产品并非一开始就滞销，曾经还可能是店铺中的流量款。但随着竞争加剧，已有的营销方式变得落后，产品价格又不具备足够的竞争力，最终，凭运气赚来的钱，又全部凭"本事"亏掉了。

（3）超量囤货。有时候，供应商会开出一些令人意想不到的低价，只要商家的进货量足够大，价格还可以更优惠。殊不知，命运馈赠的礼物，早已暗中标好价格。低价的诱惑，只是供应商基于多年经验的积累和对行情的深度理解而向商家撒出的"香饵"。低价订单成交后，供应商拿走了真金白银，而商家如果没有足够的销售能力，就会掉入超量囤货的陷阱。

（4）市场形势变化。当前市场发生了超过预期的变化。比如，商家为冬季市场准备了大量羽绒服，但是当年冬天气温较高，产品出现了滞销；所在行业出现了重大的负面舆论，消费者对这一品类的品质产生怀疑而拒绝消费，导致滞销；所在地由于受疫情或者重大社会活动影响实行了交通管制，产品虽然能卖，但是无法实现发货，导致滞销。

综上所述，产品滞销既有内部原因，也有外部原因。只有广开思路，才能解决当下的问题。滞销的产品只是放错地方的宝贝。如果当前电商平台不行，不妨换另外一个平台，说不定有很多机会；店铺靠搜索不行，可以尝试在直播间进行销售，在直播场景下，当前的淘宝直播、抖音、视频号、小红书各有不同的用户群体；还可以通过线下市场，以批量折价、组合销售的形式，尽快实现产品清仓，回笼资金。

2. 控制资金的比例

一般认为，**滞销产品的货值占到流动资金的20%以上，就需要提高警惕，要花费较多精力进行清理**。从财务角度分析，库存是资产；但是从经营角度分析，库存是负债，毕竟产品只有卖出去，钱才能赚回来。需要注意，滞销产品的安全值没有绝对的标准答案，行业不同，季节不同，都会产生差异，总体来看，数据越少越安全。

3. 利润贡献分析

从利润贡献角度分析，由于流量款和潜力款已经将滞销产品的大部分成本分摊了，滞销产品偶尔产生一单交易，也能为利润和现金流带来显著的贡献。

在打扫卫生时，某企业家从床下找到一张500元的加油卡。从理论上讲，这并没有增加财富总量，但这500元给他带来的幸福感和获得感是非常强烈的。

滞销款产品的利润贡献很低，只能从回笼资金和现金流的角度来分析其价值和意义。经营者只有快速盘活资源，将回收的资金投入到收益更好的产品上，才能实现"堤内损失堤外补"的效果。

某滞销产品的进货价是800元，已经滞销两年。现在市场成交价是600元，最终以580元卖掉。从利润表分析，该产品亏损了220元；从现金流角度分析，该产品为店铺盘活资金580元。如果将这笔钱用在一款毛利润率为10%、年资金周转率为4次的产品上，其年度产生的毛利润回报就是232元（580×10%×4），不仅能够弥补店铺亏损，甚至还略有盈余。

第三节 | 按照利润分层产品

以流量作为产品分层标准时，会有一个局限性，即流量与利润之间并不能形成比例关系：流量高的产品，利润未必高；而流量低的产品，可能利润贡献很大。因此，**需要再增加"利润"为新的维度，给产品分层。**

一、产品的初步分层

根据表2-3、表2-4和表2-9，制作了天璇公司产品的贡献情况，如表3-3所示。这个表格呈现了产品的资金周转率、销售利润、边际贡献率这3个指标。

表3-3 各产品的贡献情况

产品	资金周转率	销售额/元	销售利润/元	固定成本/元	边际贡献率/%	盈亏平衡销售额/元	是否超过盈亏平衡销售额	推广费/元
产品A	4.47	380 000	107 313	58 406	43.60	133 959	是	35 000
产品B	7	2 800 000	318 567	292 028	21.81	1 338 964	是	75 000
产品C	3.57	250 000	−55 087	58 406	1.33	4 391 429	否	30 000
产品D	2.34	1 520 000	−163 312	277 426	7.51	3 694 088	否	180 000
产品E	10	2 600 000	93 273	237 272	12.71	1 866 814	是	220 000
产品F	0.93	420 000	−53 530	87 608	8.11	1 080 247	否	0
产品G	2.96	2 000 000	264 783	146 014	20.54	710 876	是	420 000

续表

产品	资金周转率	销售额/元	销售利润/元	固定成本/元	边际贡献率/%	盈亏平衡销售额/元	是否超过盈亏平衡销售额	推广费/元
产品 H	1.13	620 000	49 293	72 423	19.63	368 940	是	25 000
产品 I	1.16	320 000	3 531	46 724	15.70	297 605	是	6 000
产品 J	0.96	370 000	−96 328	86 440	−2.67	—	否	0
产品 K	2.1	420 000	−81 052	102 210	5.04	2 027 976	否	20 000
产品 L	0.85	300 000	11 949	35 043	15.66	223 774	是	0

资金周转率高，意味产品卖的速度足够快；销售利润高，表示当前销售额能够超过盈亏平衡点；边际贡献高，意味着产品能够帮助店铺承担的成本比较多。

通过对比分析可以得出如下结论：产品 A、B、E、G 的周转率均高于店铺平均周转率 2.76，销售额已经超过盈亏平衡点，且有较高的边际贡献率，说明这些产品卖得速度快，有利润贡献，还能够承担较多成本，可以放入较好产品区间；产品 C、D、F、H、I、K、L，或者周转率太低，或者未达到盈亏平衡点，或者边际贡献太低，可以放入中等产品区间；产品 J，周转率低且严重亏损，边际贡献为负值，可以放入较差产品区间，如表 3-4 所示。

表 3-4 产品分类运营方向

产品区间	产品名称	运营策略
较好产品	A、B、E、G	稳健操作
中等产品	C、D、F、H、I、K、L	精细优化
较差产品	J	清仓淘汰

表 3-4 呈现了不同产品的差异化，CEO 要根据每个产品的具体特征，评估产品的价值和短板，有针对性地指导运营部门制定不同的运营策略，优化不同的产品。切忌平均用力，方法单一，要集中优势能力解决可以解决的事项，用有限的资源实现最大的突破。

二、根据分层优化产品

在安排产品优化任务时，首先要处理较差产品。它们是店铺的"出血点"，不仅没有创造任何价值，反而在消耗店铺资源。其次，优化中等产品，这些产品有优点也有缺点，要扬长避短；最后，对于较好产品，往往只需要维持现状，或者谨慎优化即可。

（一）如何处理较差产品

当产品没有竞争力的时候，果断放弃也是一种智慧。产品 J 的边际贡献为负值，亏损额较大，已经成为负资产，必须停止采购，取消付费推广，进行清仓。在清仓过程中产生的亏损，是一个坏结果中的好选择，虽然亏损令人不安，但是毕竟能够回笼资金，通过其他高效率产品的运营，弥补之前的损失。

产品差，不等于没有价值，可以将其用于直播间的抽奖、引流、赠品活动，拉升直播间转化率和停留时间，吸引用户，积累粉丝，顺便冲击一下竞争对手，这也是一种竞争策略。

在甄别较差产品时，不能完全依赖数据表现，也要看这个产品是否承担着盈利任务。

卖背包的商铺也销售背包带、挂扣之类的产品，卖自行车的店铺也会提供运动水壶、头盔之类的产品。

配套类产品是为了解决用户一站式购物的需要而存在的，对其并没有盈利需求，不可以因为数据表现不好就进行一刀切式淘汰。

（二）如何优化中等产品

中等产品的数量多，每款产品需要精细优化的方向也有所不同。可以将产品按照销售额、周转率、利润贡献、边际贡献等指标进行进一步细分，如表3-5、表3-6所示。

表3-5 中等产品优化表1

产品	资金周转率	销售额/元	平均售价/元	销售量/个	变动成本之采购价/元	毛利润/元	变动成本之推广费①/元	变动成本之其他②/元	固定成本③/元
产品C	3.57	250 000	125	2 000	100	50 000	30 000	16 681	58 406
产品D	2.34	1 520 000	160	9 500	120	380 000	180 000	85 885	277 426
产品F	0.93	420 000	140	3 000	120	60 000	0	25 922	87 608
产品H	1.13	620 000	250	2 480	180	173 600	25 000	26 885	72 423
产品C	−55 087	3 319	1.33	4 391 429	5.68	12.00	60.00	清仓	
产品D	−163 311	114 115	7.51	3 694 088	41.13	11.84	47.37	提升推广效率	
产品F	−53 530	34 078	8.11	1 080 247	38.90	0.00	0.00	维持现状	
产品H	49 292	121 715	19.63	368 940	168.06	4.03	14.40	继续观察	

（1）产品C，停止推广，迅速清仓。赚得少，花得多。该产品毛利5万元，推广费3万元，高额的推广费消耗掉了有限的利润，而停止推广，该产品又很难获得流量，无法产生销售。虽然产品C的边际贡献为正值，但是在销售条件不变的情况下，只有达到约439万元的销售额之后才能盈利，显然这是一个非常难达到的目标。

经查，该产品当前库存额只有2万元，为了如此低的库存额的产品，并不值得付出过多的推广费和精力，恐怕直接把货扔了，也比继续运营合算。因此，如果产品C是新品，可以观察一段成长空间；如果不是新品，应当立即终止推广，将其归类到较差产品区间

---

① 该推广费为年度累计推广费，下同。
② 对变动成本中的包装、运输、售后、积分、佣金、增值税进行了合并，为年度累计数据，下同。
③ 将薪资、房租等直接以固定成本来表示，为年度累计数据，下同。

中,清仓淘汰。

(2)产品D,寻求多渠道推广效率。推广效率低。推广费为18万元,毛利润为38万元,推广费占毛利润的47.37%,销售利润为-16万元。推广费消耗了太多产品利润。推广比例合理。当前推广费占销售额的11.84%,属于合理的范畴。销售额占比高。当前销售额为152万元,占全店销售额的12.6%;当前资金周转率为2.34,在全店范围内属于中等水平。

产品D与产品C有相似之处,两个产品都在亏损,推广费占销售额比例都在12%左右,但两个产品的处理方式有所不同。产品D的销售额为152万元,是产品C的6倍多。如果把这个产品砍掉,可能导致店铺销售额大幅度下降,影响整个店铺的权重和业务规模。因此,在处理产品C时,侧重点放在利润考量上;在优化产品D时,侧重点放在保持现有规模上,在推广渠道、推广方法、推广技能方面做全面提升。

产品D存在着毛利较低的局限性。用有限的毛利润支付了推广费后,销售利润就陷入亏损的境地。如果短时间内无法降低采购价,就需要分析产品降价和产品推广哪个效率更高。如果二者成本相同,降价还可以节省推广方面的人力投入,也是合算的。

(3)产品F,维持现状。毛利润额低。当前毛利润额只有6万元,无力承担相应的各种成本,导致产品亏损。周转率低。当前周转率为0.93,且没有推广费支出,说明完全靠自然流量进行销售。

经查,该产品库存为50万元。销售速度慢,没有推广费,应该处于清仓阶段,只要保证边际贡献率大于0,即使自身不赚钱,也能够给店铺分担固定成本。维持现状是相对稳妥的经营方式。

(4)产品H,谨慎改动。毛利润较高。该产品销售价格较高,毛利润率为28%(173 600÷620 000),在全店都属于毛利润较高的产品。周转率较低。当前周转率仅为1.13。盈亏平衡达成率已经达到了168.06%,在全店属于高水平。

高价格,高毛利润,低销售速度,盈亏平衡达成率高,说明产品利润贡献较大,触达了一些非价格敏感型的客户。这些客户更在意产品带来的价值感和体验感。对这类产品不要随意改动,要将注意力放在销售渠道、成交来源上,从源头分析究竟做对了什么事情,才打动了这些用户。根据用户画像,谨慎地进行推广测试,切不可盲目推广,破坏了用户的标签属性。

表3-6 中等产品优化表2

产品	资金周转率	销售额/元	平均售价/元	销售量/个	变动成本之采购价/元	毛利润/元	变动成本之推广费/元	变动成本之其他/元	固定成本/元
产品I	1.16	320 000	200	1 600	155	72 000	6 000	15 745	46 724
产品K	2.1	420 000	120	3 500	100	70 000	20 000	28 842	102 210
产品L	0.85	300 000	250	1 200	200	60 000	0	13 008	35 043

续表

产品	销售利润/元	边际贡献/元	边际贡献率/%	盈亏平衡销售额/元	盈亏平衡达成率/%	推广费与销售额对比/%	推广费与毛利润额对比/%	优化方案
产品 I	3 531	50 255	15.70	297 605	107.52	1.88	8.33	全面优化
产品 K	−81 052	21 158	5.04%	2 027 976	20.71	4.76	28.57	停止推广，清仓
产品 L	11 949	46 992	15.66%	223 774	134.10	0	0	压低采购价格

（5）产品 I，优化采购，开拓渠道。涨价空间小。该产品销售单价较高，且毛利润率较高，达到 22.5%（72 000÷320 000），很难通过涨价来提升利润空间。销售利润低。产品销售额为 32 万元，销售利润仅为 3 531 元；边际贡献率也较低，仅为 15.70%，说明继续增加变动成本的空间较小（增加推广费就会亏损）。

推广费占销售额比例为 1.88%，占毛利润额的比例为 8.33%，说明推广效率较高。通过排除法，可以发现由于产品利润较低，无法继续增加推广费，较高的推广效率也难有进一步优化的空间。经查，该产品的期末库存额为 28 万元，平均存货余额是 27.5 万元，当前资金周转率为 1.16，说明产品的问题出在：进货价格高，进货量大，销售速度慢。如果产品 I 好卖，不应该有如此低的周转率；如果产品 I 不好卖，那么为什么要进这么多货？

所以，要通过两个路径优化产品 I。一方面供货商进行艰难的谈判，压低采购价格，保持产品较高的毛利率；另一方面，全员行动，重新定义产品、设计产品、开拓新的销售渠道，提升推广效率，加快产品销售速度，以盘活当前资源。

（6）对产品 K，停止推广，自然清仓。毛利润低。当前单品毛利润只有 20 元，仅够维持基本的储运费用和售后费用，无法承担推广费以及固定成本。周转率尚可。当前周转率为 2.1。推广费占比较低。推广费占销售额的 4.76%，说明产品的推广效率比较好。

经查，该产品当前库存余额为 2 万元，完全可以停止推广，缓慢销售，自然清仓即可。

（7）对产品 L，压低采购价格，加大推广。毛利润高。当前单品毛利润有 50 元，处于较高水平。盈亏平衡达成率高。在没有进行推广的情况下，盈亏平衡达成率达到了 134.10%。周转率较低，当前周转率为 0.85。

经查，该产品是今年的新品，期初库存额为 53 万元，当前库存额有 17 万元，说明前期进货量较大，拉低了周转率。能有较高的利润贡献，说明产品符合当前市场需求。

如果产品 L 属于应季需求类产品，则具有赚快钱的特征。

重大运动会的吉祥物，由于媒体宣传的作用，需求量在短期内会迅速放大，一旦运动会结束，这种需求就会戛然而止。

这类产品的运营手段必须快、准、狠。一旦热点产生，应快速备货，快速销售；根据热度，准确调整价格；热度上升时，逐渐涨价，热度下降时，相应降价。只有这样才能实现产品的利润最大化。

如果产品 L 不属于应季需求的产品，则需要压低采购价格，减少单次进货量，减少资金占用，提升产品的周转率。只要资金能够快速周转起来，其利润贡献还是非常值得夸耀的。合理的利润空间又为持续推广，撬动更大的销售额提供了资金保障。

（三）如何优化优秀产品

较好产品的优化方向如下。

卖得更贵。短期内，需要在内容、视觉、服务上增强能力；长期上，则需要在品牌建设上付出更多精力。

成本更低。要压低产品采购价格。

销量更高。要全面增强运营能力，保持合理的推广预算，保证推广效率和各种活动资源。

为了实现这 3 个方向突破，需要有更优秀的团队成员，分头努力，将各自的劳动成果通过产品的数据提升体现出来。在这个过程中，公司要提供足够的时间和学习成本，让大家在战斗中学习战斗，在每个产品上找到优化的杠杆，实现最少投入，最多产出。

根据表 2-3、表 2-4 和表 3-4 的产品基本数据，得出了表 3-7。

表 3-7 稳健优化区产品数据统计表

产品	去年销售额/元	今年销售额/元	期初库存额/元	期末库存额/元	资金周转率	平均售价/元	销售量/个	采购价/元	毛利润/元	变动成本之推广费/元
产品 A	570 000	380 000	100 000	70 000	4.47	190	2 000	80	220 000	35 000
产品 B	1 800 000	2 800 000	350 000	450 000	7	280	10 000	200	800 000	75 000
产品 E	2 200 000	2 600 000	420 000	100 000	10	320	8 125	240	650 000	220 000
产品 G	200 000	2 000 000	980 000	370 000	2.96	400	5 000	220	900 000	420 000

产品	变动成本之其他/元	固定成本/元	销售利润/元	边际贡献/元	边际贡献率/%	盈亏平衡销售额/元	盈亏平衡达成率/%	推广费与销售额对比/%	推广费与毛利润额对比/%	解决方案
产品 A	19 281	58 406	107 313	165 719	43.60	133 959	283.67	9.21	15.91	增加销售额
产品 B	114 405	292 028	318 567	610 594	21.81	1 338 964	209.12	2.68	9.38	防范恶意竞争
产品 E	99 455	237 272	93 273	330 546	12.71	1 866 814	139.27	8.46	33.85	提高推广效率
产品 G	69 203	146 014	264 783	410 797	20.54	710 876	281.34	21.00	46.67	复制成功经验

（1）产品 A，增加销售额。销售额萎缩。该产品去年同期销售额为 57 万元，今年同期只有 38 万元，且期末库存比期初库存下降了 3 万元，说明这个产品整体销售处于萎缩状态。推广占比低。推广费占销售额的 9.21%，占毛利润 15.91%，均属于较低水平。

如果产品 A 不存在过季淘汰的因素，可以考虑加大推广力度，适当动用价格杠杆，用价格换销量，形成一个新的销售额增长点。否则，即使利润率的贡献比较大，但是整体产品销售规模太小，纵使数据好看，其市场价值也非常有限。

（2）产品 B，防范恶性竞争。销售额增幅大。销售额从去年同期的 180 万元增加到今年的 280 万元。推广费占比低。推广费占销售额的 2.68%，占毛利润 9.38%，属于店铺内最低水平。

产品 B 的销售额和利润额都比较高，是全店的支柱型产品，可以适当增加推广预算，以扩大销售规模。考虑到当前全店的盈利情况并不乐观，如果要加大这个产品的推广力度，一定要从其他产品中节省出推广费。如果盲目增加推广预算，可能导致单品盈利能力增强，而全店陷入亏损。

一款销售额高、利润高的产品必然会引起同行的注意，市场上很快就会出现仿款，企业应当尽快就产品的设计、版权方面做出防范性预案；有效地通过账期、买断、股权、人际关系等因素，巩固与上游供应商的关系，降低产品采购成本和风险。

（3）对产品 E，提高推广效率。销售额增幅大。销售额从去年同期的 220 万元增加到今年 260 万元。销售额占比高。根据表 2-3 可知，全店销售额为 1 200 万元，该产品销售额达 260 万元，占比约为 22%。推广费占比高。推广费占毛利润额的 33.85%。资金周转率高。资金周转率达到了 10。

销售额高、销售速度快的产品，一定要保持库存稳定，一旦断货，就会导致整个店铺的流量、销售额出现大幅度下滑，也会影响其他产品的销售。如果发现补货不顺利，需要立即停止推广，适当涨价，在实现利润最大化的同时，控制销售速度，给补货留出时间。

产品 E 属于流量款，市场对该类产品认可度高，需求量大，同时竞争度也高，如果想脱颖而出，就必须有较高的推广效率。由于该产品利润较低，高额的推广费导致产品 E 的销售规模是产品 A 的 6.8 倍，但是销售利润还要略低于产品 A。这种现状必须加以改变。

（4）对产品 G，复制成功经验。销售额增幅高。销售额从去年同期的 20 万元上涨到今年同期的 200 万元。推广费占比高。当前推广费占销售额的 21%，占毛利润的 46.67%，相对较高。

当前的销售额增幅，说明产品符合应季需求，经营抓住了市场脉搏，这里也有优秀的推广方案的功劳。但这些优势都容易被同行抄袭，经营者需要深度分析用户画像，萃取已有的成功经验，才能持续掌握先机。同时，好的经验可以与产品 A 等互相印证，共同发展。

总结：对于优秀产品的优化，要遵循谨慎原则。其实，大部分店铺，说不清楚自己是如何把某个产品做好的。所谓出色的运营能力，只是接住了橄榄枝、碰上了好运气而已。既然如此，就不要自作聪明地优化。腾出精力，把功夫做在产品之外，保持供应链的稳定，通过产品沉淀粉丝，提升运营粉丝的能力，尽可能将客户资源盘活，也是非常稳妥的方法。

三、分层优化提高运营效率

(一) 产品优化的思考路径

1. 分析产品所处阶段

在分析产品时,要充分考虑产品所处的销售阶段。如果是爬升期,必然需要一定投入,就要容忍短期的低利润、低周转率(参考产品 L);如果是衰退期,要考虑如何快速回笼资金,避免造成产品积压,即使出现亏损也要快速清仓(参考产品 K)。

2. 分析产品的毛利水平

如果产品毛利润率很低,意味着很难养活自己,低价可以换来销量,却没有利润。如果整体销售额较低,就要认真思考,后续是否要继续运作(参考产品 C);如果该产品利润低,但是规模大,那么继续优化也是有价值的(参考产品 D)。

3. 分析目标达成难度

如果盈亏平衡达成率特别低,说明这个产品需要付出艰辛的努力才能实现盈利,要评估继续努力深耕这个产品的效费比(即投入费用和产出效益的比值,参考产品 C 和产品 F)。

4. 确定产品优化方向

有的产品毛利润较高,盈亏平衡达成率也好,推广费占比低,但销售速度慢,就需要多渠道、有效引流(参考产品 H、产品 I);有的产品毛利较低,就需要压低采购价格,或者减少进货数量,减少资金占用(参考产品 L),腾出预算用于推广。

(二) 定期评估优化效果

产品优化工作,可以聚焦在怎么买、在哪卖、卖给谁、多少钱这 4 件事情上。怎么买,要解决采购价、采购数量、结算周期的最佳搭配等问题;在哪卖,要解决在哪里开店、在哪些销售渠道卖产品等问题;卖给谁,要解决如何设计产品、满足用户预期,用哪些推广手段触达用户等问题;多少钱,要解决在合理价格上,既能实现销售,也能实现利润等问题。这 4 个问题互相交织,牵一发而动全身。

在衡量产品优化效果的问题上,公司的管理层和执行层有着天然的矛盾。以 CEO 为代表的管理层要对企业利润负责、对公司的持续发展负责,会制定较高的业绩目标,将压力分解到公司各部门;作为执行层的业务团队,为了达成业绩目标,承受了较大的压力,极端情况下会产生用钱买销售额的行为,即通过加大付费推广、支付高佣金、产品降价等形式,拉升销售额。

为了解决这个矛盾,更好地体现优化效果,可以将盈亏平衡达成率[①]指标作为一个标

[①] 累计销售额与盈亏平衡销售额之间的比例关系,当累计销售额超过盈亏平衡销售额时,说明达成了目标。

杆。一个产品的优化效果，首先体现在销售额增长上，其次体现在成本相对下降，利润持续增长上。如果盈亏平衡达成率在提升，说明优化方向是正确的。如果盈亏平衡达成率出现下降，意味着亏损面在增加，这时候，即使销售额再怎么增长，最终的亏损也会持续增加。

CEO在评估优化效果时，不能拘泥于某个产品的利润、销售额、推广效率，而是要从宏观视角看产品：某些产品的价值就是贡献销售额，某些产品的价值就是打压竞争对手，某些产品的价值就是做市场测试……要统筹好规模与利润之间的关系。

要将产品的力量和团队的能力结合起来。例如某些阶段，将侧重点放在维持现有产品的规模上，给有利润贡献、有规模贡献的产品（主播）更多的推广支持；某些阶段，要将侧重点放在促进新品（新主播）孵化上。通过资源的调配，从全店视角，实现整体的最优效果。

（三）适时调整优化重心

不是所有的产品都要优化，也许维持现状就是最好的优化；也不是所有的产品都用一种方式优化，一招鲜吃遍天是偷懒的做法；有的优化工作，要放在营销、推广之外，比如供应链的稳定性，店铺粉丝的增量和运营；有的优化工作可以短平快，直接降价，用价格战撕开市场缺口；有的要从优化推广方案、制定营销内容、讲好品牌故事入手。对产品进行分层优化时，需要通盘考虑产品所处阶段、毛利水平，分析优化工作达成的难度等因素，最终才能确定优化方向。

一个班级有40个学生，宋老师在精力有限的情况下，要想快速提升全班的成绩，必须做出取舍。10个好学生不用操心，5个坏学生没法操心，只要抓好中间区域25个学生，全班成绩就能提升。

这25个学生中，有的英语不好，有的数学不好，有的学习努力，但基础知识不牢，有的天资聪颖，但是做题浮躁。老师要根据不同科目、不同学生的特点，进行因材施教。这个过程，也是筛选的过程。有的学生虚心受教，成了好学生；也有的冥顽不灵，成了差学生。也许这些差学生，在另外一个环境、另外一个老师的督促下，也能发挥出了不起的实力，但这就不是宋老师能够操心的事情了，与其在这些差学生身上耗神费力，不如在其他同学身上加油使劲。

产品优化也是如此，不同产品有不同的优化方向，不可千篇一律。有的产品搭配合适的资源、正确的方法，能够焕发青春；也有的产品由于实力、方法、竞争环境等因素，力有不逮。只有集中资源，解决能解决的问题，才是聪明的做法。

在优化过程中，要非常警惕那些不分析市场竞争格局，盲目对标同行，随意改变店铺视觉、直播间装修风格的新晋管理者。这些人会在很短的时间内，通过一系列眼花缭乱的操作，把整个团队折腾得人仰马翻。装修折腾半个月，测试数据又过去半个月，最终发现并没有什么效果。即使让他马上离职，公司也要为此浪费宝贵的时间和金钱。

由此,也就可以理解,为什么电商平台的界面会频繁改版,页面越来越花哨,功能越来越鸡肋。每次改版的背后可能都是更换业务负责人的结果,依靠改版来引起上级的关注。

第四节 | 影响产品分层的内部因素

对产品进行分层,是为了便于高效率地运营产品。每个店铺在不同的电商平台、在不同的时间、不同的产品状态下,都试图用不同的方法追求利润最大化。

今天,我们看到的产品分层都是选品之后的结果。一棵小草,无论怎么精心培育,也无法成为参天大树;一棵大树,即使初期成长缓慢,也不能拔苗助长。现在电商的运营手段、技巧越来越透明,AI智能技术也在很大程度上降低了经营的门槛。唯独选品工作,仍然要高度依赖运营团队对自己店铺、当前产品结构、用户标签的深度理解。

通过分析现有的选品、测款模式的局限性,补充新的选款思维,才能帮助产品更好地实现盈利目标。

一、选品测款的局限性

选品是产品运营的起点。在平台流量增长时,选品模式可以简单粗暴:先看一下行业数据,再看同行情况,如果这个产品的行业数据在增长,只要有利润空间,就可以果断进货。

进货之后,拍照、拍视频,然后进行推广,请直播达人带货。积累一定销量之后,观察点击率、转化率、收藏量(率)、加购量(率),如果数据整体反馈可以,就开始批量进货,进行规模化销售。

从表面看,整个操作环节参考了行业数据、同行的销售数据以及自身店铺的数据,应该有很高的成功率。可是现实中真的如此吗?

为什么有的产品在同行店铺中销量很高,但是到了自己的店铺,却要不断通过产品推广维持销量?有推广就有销售,没有推广就没有销售;卖一单,亏一单,全是在为平台打工。

为什么这款产品销量高,但是利润都被带货达人赚走了,甚至快递公司都比店铺赚得多?

为什么这款产品销量高、利润好、各种费用也低,店铺里的爆款是它,流量款也是它,活动款还是它,有成功案例,却没有新品可以复制的成功经验?

这种选款(测款)模式是围绕流量进行思考的。随着市场的复杂性和技术升级,现在已经增加了太多的变量。传统模式受流量红利消失、数据解读能力不足和资本实力碾压等因素的影响,其滞后性已经越来越明显。

(一)流量红利消失

1. 没有流量红利

有产品推广经验的人都知道,同样一款产品的同一推广词,放到不同推广计划中,呈现出来的数据反馈是不一样的;同一款产品,同一个主播,不同的时间段,不同的引流计划,最终的数据反馈也是不一样的。怎么能确保测款的结果是科学准确、具有参考意义的呢?

无论测款时条件多么苛刻,店铺中能够热销的产品永远只是一小部分。其他的产品为什么无法热卖?甚至那些热销产品的利润贡献是多少,也没有多少商家能说得清楚。因为传统的测款方式是基于流量红利进行产品筛选,哪怕产品差一些,在流量红利中,也能够分一杯羹。

当平台整体的流量池较大、商家数量较少时,测款就像抽奖。100张奖券里面有5个一等奖,10个二等奖,20个三等奖,30个鼓励奖。高达65%的中奖率,让大部分人都能享受到中奖的快乐,都可以感叹自己高超的运营水平和深刻的市场洞察。

在全网平台流量告别持续增长、进入存量时代的同时,商家数量增加了几千倍,产品数量增加了几万倍。平台展示产品的空间,由原来计算机界面的几十个,变为手机界面的几个,甚至是直播场景中的一个,竞争难度相当于从"家庭趣味运动会"瞬间上升到"奥运会",最终测款成功率必然大幅度下降。

2. 流量碎片化

测款的本质是迎合搜索系统。在流量持续增长时,电商平台的搜索系统掌握了流量的分配权,如果迎合系统需要,就能获得系统的流量扶持。

曾经有一段时间,某商家发现"访问深度"和"页面停留时间"两项指标对提升流量特别有效。于是,他就在产品的详情页中藏了几个谜语。一旦有用户咨询产品,客服就让用户去产品详情页中找谜语、猜谜语,猜对的会获得优惠券奖励。

用户为了获得优惠,在各个产品详情页中浏览产品,增加了"访问深度";猜谜语的过程又增加了"页面停留时间"。当这两项指标飙升之后,搜索系统认为其产品受用户喜欢,就会分配更多流量到店铺。

现在各大电商平台的竞争,已经让流量碎片化。即使迎合了搜索系统的喜好,也没有那么多流量可以分配了。何况现在强调用户标签的垂直化,搜索系统再喜欢这个产品,但是它跟店铺的人群标签不匹配,也难获得更多的资源。

(二)数据解读能力不足

1. 数据信息量有限

所有的电商平台都会给商家提供各种行业趋势、访客变化等数据。这些外部数据可以对经营起到重要的参考作用。需要注意的是，你可以看到的数据，都是别人允许你看到的数据：同行的产品、销量、视觉表达是可以直接看到的，但你无法了解对方真实的采购成本、推广渠道，甚至有多少销量是真实的，有多少销量是虚假的。

2023 年，某生产电暖气的企业积压了大量产品未能销售，于是邀请了多个行业头部主播，进行带货，并集中宣传力量，对产品的某个特点进行特别夸耀，使产品的热度迅速提高。其间恰逢几次寒潮来袭，温度骤降，该产品的关注度一路飙升。众多商家希望搭上这个产品热卖的便车，便纷纷下单订货，导致其库存一扫而光。但实际上，这款产品与其他竞品相比，并无任何优势。

某些大盘数据上看到的所谓新产品、新趋势、新热点都是行业头部企业故意制造出来的，目的就是吸引普通商家跟热点，以便头部企业"割韭菜"。

2. 头部商家的优势

由于处于行业领先地位的商家、主播能够产生巨大的销量，所以他们与供应商谈判的能力较强，可以获得更低的采购价。供应商通过与这些头部商家合作，不仅解决了资金流的问题，在与其他采购方谈价格时也更有底气，报价可能会更高，交货周期还未必及时。

在销售环节中，头部商家也有更好的活动资源，更好的排名优势、展现优势，有更多的资金去做各种营销推广活动，品牌溢价能力也更强。同样的产品，可以卖得更贵，卖得更好。

最终，同一款商品，普通商家进货价高，销售价低，销量不足，与头部商家相比，从一开始就输在了起跑线上。

3. 标签化算法不确定性

所有的电商平台都在强调标签。例如，淘系平台把人群分为八大标签，抖音平台则是给创作者提供了 19 个大类、191 个标签的细分领域。可以确定的是，当前公布出来的只是一小部分标签，各种标签经过相互叠加组合，实际数量是一个惊人的数字。

无论是给买家打标签，还是给卖家打标签，都是希望商家在有限的流量中深挖潜力，增强用户黏性，可以在短时间内匹配用户需求。但是，清晰的规则未必能带来明确的结果，有些行业的用户属性非常清晰，有的则比较模糊。

男装的用户有相当一部分是女性，包含女士买给老公或者孩子的。还有一些类目，如烤箱、大米的用户性别，男女各占一半。

对于这些行业的商家来说，标签的算法在一开始就遇到了挑战，这件产品卖给男性还是女性呢？无论是运营，还是推广，这都是截然不同的两个方向。

即使标签的针对性很强，对于标签的理解也会千差万别。

某个女装店铺的用户标签是：女性，31～35 岁，白领，二线城市，喜爱美食和健身主播。

这样的标签信息该如何解读？甚至美食和健身本身就是存在一定矛盾的标签信息。难道需要主播穿着新款羊绒衫，在跑步机上吃火锅，才算符合标签需求吗？

当解读标签成为一种玄学，需要进行各种高成本的测试之后，才能得出模糊的结论，那么标签本身的指导意义也就不存在了。同样的产品，竞品店铺可能在细分人群上做得更好，两个店铺的细分人群可能完全不一样，如果只知道简单模仿，岂不是邯郸学步？

同理，商家希望在标签算法的不确定性中，寻找出自己的确定性，也是刻舟求剑。

（三）资本实力碾压

测款准确与否，有技术成分，也有运气的成分。如果是技术型成功，那么测款应该能得出确定性的方法论，但是店铺中的每一款产品几乎都通过了测款，为什么大部分都不好卖呢？

小谢同学练习了 10 年的乒乓球。某天他参加了一个比赛，选手一共 20 人，其中两个人是刘国梁和马龙。如果小谢运气好，在初赛、复赛的时候，一直没有遇到这两个绝顶高手，那么最好的成绩就是第三名。如果第一场碰到的就是刘国梁，复活赛又遭遇马龙，他们获胜也就是几分钟的事情。那么对小谢来说，这种所谓的成败，与技术有关吗？其实并没有。

在竞争激烈的市场上，面对体量是你十倍甚至几百倍的对手，测款只是一种自我陶醉而已。随着时间的流逝，当年红极一时的电商品牌，如今大多销声匿迹。即使在当前火热的直播界，几年都没有出现过现象级的优秀主播，偶尔有几个能够名噪一时，但往往如流星划过，转瞬即逝。占据市场主流的，仍然是一些耳熟能详的大品牌，它们通过资金、技术、运营、管理上的积累，在行业中挖掘了深深的护城河，让后来者难以超越。

二、产品热销的主要因素

传统的选款模式已经使用了近二十年，商家从中积累了非常多的成功经验。谈论这个模式的缺点并非要彻底否定它，而是通过分析其局限性，帮助商家在选款工作中更进一步。

在分析一款产品的时候，传统的数据可以体现出其销售额、增长趋势。商家要结合自己的采购能力、运营能力去分析产品的特点。

如果产品销量增长快，又符合应季的需求，但是利润较低，那么它属于规模型增长的产品，能帮助店铺把规模做大，但是未必能提供多少利润。同样，如果一个产品边际贡献高，预估的销售利润也高，但是销量不大，那就属于利润型增长的产品，能赚钱，但是规模效应有限，如图 3-3 所示。

（1）销售规模。高销量和高销售额，可以拉升店铺的搜索权重。

（2）特定季节需求。服饰有季节性；体育产品受重大热点事件（奥运会、世界杯等）

图 3-3　产品四象限分析

影响。

（3）边际贡献率。即使没有销售利润，也要能够分摊固定成本。

（4）销售利润。只有持续盈利，才能保持店铺健康有序经营。

（一）产品有销售规模

下面以"苹果"为例，分析销售规模的影响。

作为水果的苹果，营养成分均衡，老少咸宜，销量巨大。从生产角度看，北到辽宁，南到云南，东到山东烟台，西到新疆阿克苏，都有大规模种植，且苹果非常容易储存，供应稳定。这个产品的特点是：产量大、销量大，季节性不明显，现金流稳定，但是整个行业的边际贡献和利润率都低。

作为电子产品的苹果。供货渠道非常严格，供应链端也几乎是无可优化，加上价格限制、产品标准化等特点，大部分渠道商都在为上游打工。产品单价高，营业额高，但边际贡献率和利润比较低。

两种"苹果"虽然品类不同，在经营上却有异曲同工之妙。要快速做大，可以通过规模效应，实现墙内开花墙外香的效果。

首先，要尽可能提升资金周转率。电商行业与消费者结算的账期短，回款确定性高。利用账期时间差，积累资金规模，用资金优势寻找相关投资机会，获取更大收益。可以通过购买苹果期货，或者苹果公司的股票，通过投资形式分享销售红利，或者购买竞争对手的股票，对冲经营风险[①]。

其次，要尽可能向产业链上游靠拢，成为一级批发商，用规模优势来降低成本，获得在整个产业链中的话语权。只要业务能够做大，无论是水果批发商，还是电子产品销售

---

① 此处不作为投资建议，下同。

商,都是相关领域其他产品拉拢的对象,可以通过某些形式,获得其他品牌的红利。

(二)产品符合应季需求

大部分产品都有明显的季节属性,到了特定时间会有销售高峰期,为了迎合季节属性,需要提前布局,准备产品、营销素材、店铺活动等。

月饼是典型的应季商品,且以公司发放福利、朋友间相互馈赠为主要消费目的。每年临近中秋节,销量都会快速攀升,考虑到货时间等因素,在临近中秋节前一周会达到销量顶峰,此后,销售会断崖式下跌,如图3-4所示。

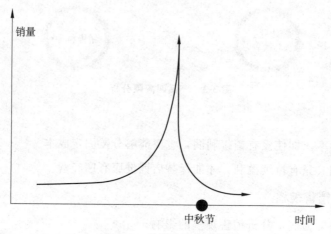

图 3-4 月饼的销售走势图

为了能够跟上销售热潮,必须盯紧产品节奏,必要时候要提前抢跑,提早销售,以获得销量优势,摆脱同行的竞争。在销售过程中,要严格控制运营成本,随着销售旺季的到来,借力产品上升趋势,减少推广费支出,控制变动成本;严格控制采购价格,增加利润空间;根据销量和库存调整推广策略和售价,在销售高峰来临之前要果断清仓。

销售周期短是这类产品的缺点。商家如果需要在每个季节推出新品,就会像西西弗斯诅咒[①]般,给自己带来巨大的工作量。为了减轻压力,需要考虑打造IP,沉淀粉丝,逐渐追求品牌效应,实现流量价值最大化。

(三)产品有边际贡献

一个产品如果没有销售利润,但仍然有一定的库存量[②],就要观察其是否有较大的边际贡献;一个产品如果销售规模小,销售利润低,通过计算边际贡献,可以查看这个产品是否能够分担较多的固定成本,为其他产品的盈利创造条件。对于没有保质期的产品,可以安心等待,在下一个销售旺季到来之前,提前布局,就像滞销的春装可以放到秋天继续

[①] 希腊神话故事。西西弗斯触犯众神,被惩罚把巨石推到山顶,每次快到山顶时巨石就会滚落下来,于是他的一生都在重复这永无止境的惩罚。

[②] 某些特殊的类目,比如手机充值、文玩收藏,其商品价值、交易成本比较复杂,不在本书讨论范围之内。

售卖一样。

如果边际贡献是负数，且不是新产品，那就本着减少亏损、清仓为主的原则进行优化。

（四）产品有销售利润

产品有销售利润是店铺和公司盈利的前提。经营中当然能够接受有一部分产品出现亏损，但是大面积、普遍性的亏损就不合理了。

很多店铺中，赚钱的产品比较少，滞销或者亏损的产品比较多。仔细分析赚钱的产品，其流量来源比较单一：要么运气好，平台给流量；要么"人品"好，拿到了低进货价；要么技术好，在推广上能够点石成金；要么主播好，能把普通产品夸得老树开花。

这些赚钱的产品最大的问题在于成功经验不能复制。一旦产品失去了当前优势，整个店铺就会陷入死局。

美国通用电气的前CEO韦尔奇，曾被称为全球第一CEO。当时的通用电气公司是一家业务非常广泛的巨无霸企业，从工程塑料到医疗器械，从飞机发动机到核电站，几乎无所不能，无所不造。业务多元化也给企业带来了沉重的负担，大量的业务没有利润。韦尔奇在成为CEO之后，为每个业务部订立了目标，要求他们在自己的行业里做到数一数二的位置，否则就解散。10年时间，他将40多个业务事业部精简为不到20个事业部，累计出售了超过200项业务，释放了超过110亿美元，让轻装上阵的通用电气有能力在更优秀的业务中聚焦资源，达到顶峰。

如果产品没有合理的销售利润，就没有存在的价值。这里的销售利润包含直接的产品差价，也包含由于达到一定销售额而获得的品牌方返点、销售奖励、财政补贴、出口退税等。

三、产品特性与经营策略

如果一款产品能够同时具备销售规模大、符合应季需求、边际贡献率高、销售利润高这4个特性，那就犹如"战神"一般，只要不犯夸大宣传、胡乱优化等低级错误，基本上可以在市场上所向披靡。

这样的好产品是可遇不可求的。能具备上述4个条件中的3个，就可以让人心满意足，经过适当的优化即可让产品成为拉动整个店铺快速发展的引擎。

如果不具备上述特性中的任何一项，说明这个产品要么面临高度激烈的竞争，要么已经完全丧失市场认可度，没有继续存在的价值。

大部分时候，产品只符合上述4个特性中的一到两项，属于需要进行深度优化才有机会获得成就的产品。根据产品的规模和利润贡献，将其特征分成4个象限，如图3-5所示。

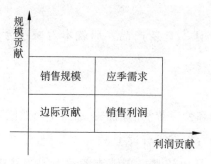

图 3-5 产品规模利润四象限

（一）产品有销售规模和应季需求

产品具有一定市场规模，符合市场的应季需求，但是边际贡献小，利润也比较低。以上说明这类产品往往是网红级，甚至现象级的产品。其特点是推出了新概念，创造了新需求，引发了新潮流，使大量同行涌入，共同宣传造势，形成热卖。此类产品如果能够快速做大销售规模，打通产业上下游，形成行业壁垒优势，就可以掩盖发展中利润不足的缺憾，甚至得到投资人的青睐，通过融资的形式，让业务更上一层楼。

这类产品像一艘渡河的充气船，航速快，也抗风浪，但是有点漏气，且充气机的动力不足，充气速度赶不上漏气的速度。这时，只要速度够快，只要有人去帮助充气，在资金用完之前，能抵达盈利的彼岸就是胜利。

此类产品的盈利点往往不在产品本身，而是通过热卖产品形成的品牌、资源、供应链、市场知名度等价值，并通过这些价值进行市场变现。

（二）产品有边际贡献和销售利润

产品有边际贡献和销售利润说明为店铺分摊了成本，贡献了利润。这类产品越多，店铺的盈利情况就越好。但是这类产品往往销售规模有限，季节性不明显，存在着单品成长缓慢，容易被同行复制抄袭的风险。因此，要将有限的资金用在扩大规模、增大自身体量中，在同行觉醒之前，巩固自身实力。

这类产品就像一艘小船，负担轻，航向灵活，船体也结实，但是毕竟抗风浪能力弱，如果遇到风暴，或者面临同行的大船掀起的风浪，就可能让小船倾覆。这时，快速壮大自己，或者与上下游形成同盟关系，就显得尤为重要。

虽然店铺有几款这类产品就可以实现小富即安，但是，当同行携带较大的资本进入这个行业的时候，就没有翻身的机会了。一旦遇到这种情况，可以选择"打不过你，就加入你"的策略，在产品情况最好的时候，将店铺转手卖掉，资金落袋为安也是一个不错的选择。

（三）产品有销售规模和销售利润

产品销售规模大，销售利润也较大，季节性弱，边际贡献较少。这类产品往往出现在知名品牌旗舰店中。产品、品牌、服务都具有难以逾越的壁垒。产品限价和官方直营，保证了店铺最高的销售额和利润，四季可卖，并无明显淡旺季，也是一种优势。

作为品牌旗舰店，需要承担非常重的品牌宣导、市场培育的工作，推广支出较高，导致边际贡献减少。

很多机电、电子、3C 类产品的旗舰店具有这种特征。"一花独放不是春，百花齐放春满园"，如果能够用旗舰店的高销售额、高利润额吸引更多的合作伙伴一起拓展市场，当前的价值才能真正发挥出来。

（四）产品有销售规模和边际贡献

产品销售规模大，边际贡献大，但是产品季节性弱，利润贡献有限。这类产品属于传统意义上的爆款，卖得多，赚得少，虽然高销量帮助店铺分摊了固定成本，为其他产品提供了流量支持，但利润贡献少是其普遍的痛点。

利润低的产品，最怕同行打价格战。销售价格一旦被压低，会蚕食边际贡献，导致其分摊成本的能力下降，如果店铺里没有其他产品贡献利润，就会出现全店亏损。

因此，这类产品要"挟销量以压采购价"，降低采购成本，或者以这个产品为抓手，打通上下游供应链，掌握同行无法掌握的特殊优势，形成新的产品护城河，实现"东方不亮西方亮"。

（五）产品有应季需求和销售利润

产品符合应季需求，销售利润较高，但是销售规模小，边际贡献小。这类产品属于能赚快钱的类型，必须速战速决，没有长期发展的可能性。

一个奥运纪念品，成本价 20 元，在奥运期间销售价可以达到 500 元。但比赛结束后，热潮退去，市场会迅速冰封。因此，绝不可存货较多。

这类产品是时代的红利，没有深耕的价值，也很难制造出一个新的行业增长点，对其逢高卖出，锁定收益即可。

（六）产品的应季需求和边际贡献

产品符合应季需求，边际贡献率也较高，但是销售规模小，利润贡献小，这是典型的成本分摊型产品。

滞销的春装可以在秋季当秋装卖；去年滞销的夏装，今年夏天可以接着销售。虽然到了销售季节这些滞销品总能卖出去一些，但是由于款式过时、储存破损等原因，很难卖得特别贵、特别多。

这类产品，可以帮助店铺分担成本，但是很难提供比较理想的销售利润，不必花费太多精力，也不能抱有太高期望。

本章小结

同样的产品，在不同性质的店铺中，所体现的价值不同，运营的方法和策略也有所不同。本章根据不同性质店铺的优势和劣势，结合不同的电商平台，从策略层面分析了产品销售的不同架构。

产品分层是重要的运营手段。本章从流量和利润贡献两个维度，对产品进行了分层，充分兼顾了规模发展和盈利增长的双向需求；通过分析传统测款的局限性，探索根据产品的特性为产品制定经营策略的模式。

第四章
运筹帷幄,如何赢得价格竞争

市场竞争愈演愈烈,每个品类都有大量不同的产品可以满足消费者需求。很多企业希望通过打价格战获取市场份额。电商平台也对有价格优势的产品给予一定的扶持。低价是一把双刃剑,既能通过薄利多销的方式抢夺市场份额,增加利润总额;也有可能入不敷出,陷入赔本赚吆喝的窘境。因此,在价格竞争中,要了解影响价格的因素,控制产品的成本,选择适合进行价格战的产品参与竞争,并通过计算资产回报率,分析经营策略的得失。

价格战是企业经营的一个缩影。通过分析价格战的各个环节,可以帮助 CEO 理解经营管理中哪些是需要真正关注、把控的核心环节,并形成团队在工作中的业绩标准。

第一节 | 如何在价格战中获得优势

对于企业来说,低价是手段,不是目的。通过低价策略,拓展市场份额,降低经营成本,增强品牌影响力,实现持续盈利才是目的。即使出现短期亏损,也必须有明确的盈利曲线和预期,否则单纯的低价是毫无意义的。

既然要实现持续盈利,就必须了解价格是如何形成的,了解影响价格的成本因素,才能在竞争中获得系统性、制度性的优势,才能达到盈利的目标。

一、影响产品价格的因素

(一) 产品价值决定产品价格

产品的价格由价值决定。通常包含资产价值、功能价值和情绪价值这几个方面。

1. 资产价值

资产价值是指产品作为一种资产,凝结了人类无差别劳动的成果。体现资产价值的过程中,包含了产品的成本、投资回报、市场价值等许多方面。

松茸是一种主要生长在云南地区的野生菌类。由于在自然条件下生长,没有凝结人类劳动,可以说并没有价值。但是,当某位村民凌晨起床,去山上采摘,回家后晾晒,再进行贩卖的时候,为此付出的劳动成本,以及加工贩卖时付出的原材料成本、时间成本等,构成了松茸的基本成本。随着松茸数量日渐稀少,为每一棵松茸付出的劳动就相应变多,成本也越来越高,价格就变得越来越贵。

2. 功能价值

功能价值是指产品应该满足消费者的需求和期望,提供所承诺的功能和效果。功能价值与产品的实用性、性能、功能等相关。随着信息量越来越多,消费者对产品的功能价值的要求也在不断提高。这也是商家倾注的注意力最多的环节。

在日本,松茸被认为是一种能够抗癌、提高免疫力的健康食材。产品的功能价值一旦与生命、健康绑定,其身价会成倍上升。

3. 情绪价值

情绪价值是指产品给予消费者的情感体验和满足感,能激发积极的情绪体验,例如快乐、满足、自信等。情绪价值可以通过产品的设计、品牌形象、用户体验等方面来营造,它使消费者与产品产生情感连接,并增加对产品的忠诚度和满意度。

在一场商务宴请中,主人将松茸作为一道主菜奉上。松茸价格昂贵,体现了主人对宾客的重视程度。

综上所述,这3个方面的价值相互关联,共同构成产品的全面价值。对于企业来说,了解并满足消费者在资产、功能和情绪层面上的价值需求,有助于建立有竞争力的产品,提高市场份额和客户忠诚度。

(二) 供需关系决定产品的成交价

供需关系最终决定了产品的成交价格。

1. 销售场景的影响

产品没有变化,而销售场景发生了变化。

对于日本客户来说,松茸是一种高档食材,而在欧洲,松露才是大餐中的王者。产品没有变化而销售场景发生了变化，价格也就有所不同。

2. 产品认知的影响

产品价值没有发生变化，但是对价值的认知发生了扭曲，其成交价格也会发生变化。

假设多国科学家联合对松茸的抗癌效果进行了论证，认为松茸没有抗癌的效果。这个消息扩散之后，松茸的抗癌价值被否定，其成交价格会受到影响。

几年之后，这个科研小组又发现，松茸虽然不具备抗癌效果，但是对抑制高血压和动脉硬化有明显作用，松茸的价值又会从另一个角度被肯定，其成交价格也会有所上升。

产品本身没有变化，价格却由于认知的变化而发生变化。

3. 博弈关系影响成交价格

产品成交价是博弈的结果，并非由某个人来决定。市场这只"无形的手"，会判断这个产品的价值、品牌、供需矛盾、销售趋势、同行竞争等因素，形成一个相对公允的价格，再通过消费者的接受程度进行判断，由决策者通过填写售价和设定折扣的形式表达出来。

同样的一斤松茸，放在普通的个人店铺中，即使价格很低，也难以成交；放到一个大品牌的旗舰店中，标价高，却能卖掉。产品的价值没有变化，但是不同的店铺背书，不同的装修、历史信誉、品牌却影响了产品的成交。

电商店铺千方百计地优化视觉，提升直播间设计，请明星代言，找漂亮主播，无非是想提升溢价，把产品卖得贵一点。这一切努力，最终都体现在产品的成交量和成交价格上。

甚至，替代品的价格也会影响产品的供需关系，进而影响价格，比如当松茸价格昂贵的时候，一部分消费就会转移到其他菌菇上。从广义的角度来说，国际油价、汇率、重大事件都会影响产品的价格。甚至可以说，几乎谁都可以对价格指手画脚，唯独商家对价格说了不算。

(三) 常见的产品定价方法

定价策略中，有3种常见的方法：成本导向定价法、市场导向定价法、竞争导向定价法。

1. 成本导向定价法

以进货成本为基数，加上期望得到的利润，确定所售商品的价格。

1元钱进货的矿泉水，考虑到各种成本以及合理的利润，决定加价100%，定价为2元。

2. 市场导向定价法

按照顾客的接受能力来确定价格。

一瓶矿泉水，在社区零售店中的售价一般为2元；在火车站的便利店里，由于成本提升，且来买水的大多是匆匆赶车的乘客，没有人太计较价格，因此可以卖到3～4元；在景区深处的商店中,5~6元的价格也会有人接受。

从表面上看,不同地方的定价各不相同,但是考虑到不同店铺的运营成本差异,最终的平均利润率还是趋向一致的。

3. 竞争导向定价法

以同类卖家的定价,来确定自己的定价。

某个新品牌矿泉水厂家,打算拓展当地市场。该厂家了解到经销商进货价约为1元/瓶,于是定0.95元/瓶的价格,吸引经销商进货。同时厂家经营者还发现,自己的成本约为0.9元/瓶,利润太低,只有全面调研自己生产流程和采购环节的成本,通过提高效率,压低成本,才能盈利。

参考同行定价时,经营者往往需要在成本控制上花较多精力,如果没有成本优势,就很难制定出具有竞争力的价格。

二、根据定价预估销量

如果产品具有稀缺性,缺少同行竞争,定价就具有相当的自主权。可以留出足够的利润空间,用于产品推广,让用户认知、认可、信任新产品和新品牌。

如果产品不具有稀缺性,存在大量的竞品和替代品,在定价的时候,就需要参考同类产品,预估出产品的基本成本①,计算出保本价格。如果目标是收回投资,则可使收入与成本平衡,利润为零即可。

天璇公司计划开一家新店销售产品。产品进货成本价为200元,市场成交价在250元左右,新店各种直播设备总投入为20 000元,每月工资等开支为6 000元。预计推广、物流成本每件25元(暂不考虑折旧、税费等)。

希望在一年内通过这些产品收回投资,请问售价多少合适?

分析:整体投入20 000元,12个月要收回投资,则每月要收回1 666.7元,工资成本每月6 000元,合计7 666.7元。由于产品还没有开始销售,参考多个同水平的店铺,类似产品的月销量为250件;如果希望一年内收回成本,产品的售价应为256元。

销售利润＝销售单价×销量－变动成本×销量－固定成本

销售单价＝(利润＋每月固定成本)÷销量＋变动成本

销售单价＝(0＋7 666.7)÷250＋200＋25

≈256(元)

由此可知,在售价256元时,销量达到250件,产品才能实现盈亏平衡。如果希望有利润,售价(或者销量)必须在此基础上有较大幅度提升。

---

① 参考本书第二章。

如果发现市场内同类产品的价格为250元，而自己店铺卖256元才能保本，这样的产品还能做吗？或者说，受进货渠道和运营能力的限制，销量很难快速突破250件，又该怎么办？

此时，CEO就要分析是否可以通过小幅度降价，换来销量大幅度提升，用高销量带来的收益弥补低价格的损失，这种决策就是价格战。

价格竞争是一种非常高明的竞争策略。哪怕是沃尔玛、特斯拉、华为这些优秀的企业，也从不回避使用价格战形式开拓市场份额。但是价格战从来不是任性胡来的，而是有目的、有预估、有节奏地进行，事先运筹得当，实现先胜后战。

（一）明确价格战的目标

通过低价打开产品销路、抢占市场份额是价格战的目标之一。除此之外，增加利润、打造热销产品、增加店铺权重、增加粉丝数量、产品快速清仓、狙击对手等都可以成为价格战的目标。只有明确目标，才能有效评估价格战的最终效果。

通常来说，售价和销量之间存在着杠杆关系：售价高了，销量会下降；售价低了，销量会上升。然而，产品的竞争力并不完全取决于价格的优势，为了追求销量的增长，进行盲目降价，会带来新的风险。因此降价之前要有明确目标，围绕目标进行计算和预估；降价之后，根据销量和推广费的变化等要素评估降价效果，分析成绩与不足，积累经验，实现良性循环。

如果以扩大利润为目标进行价格战，可以进行如下分析，如表4-1所示。

表4-1 价格战的结果分析

核心指标	最佳结果	次佳结果	糟糕结果	最坏结果
价格	下降	下降	下降	下降
销量	快速上升	上升	稳定	下降
推广费	稳中有降	稳定	稳定	上升
结果	利润增加	利润持平，资金回笼	利润下降，资金回笼慢	资金回笼慢，造成亏损

（二）价格战的销量预估

如果确定了以价格换销量的目标，需要算出降多少价格，换来多少销量增长，利润才能保持稳定不下降。同理，如果希望通过价格战实现利润总额上升，也要事先计算出销量增加多少，才能弥补由于降价带来的利润损失，谋定而后战。

天璇公司的某款产品进货成本价为200元，市场成交价在250元左右。当前产品的月销量为250件左右，新店各种直播设备总投入为20 000元，每月工资等开支为6 000元。预计推广、物流成本每件25元（暂不考虑折旧、税费等）。

在其他条件不变的情况下，如果产品降价到240元，销量需要上升到多少件，才能继续保持盈亏平衡？实现多少销量，才能实现2 000元的利润呢？

当盈亏平衡时，意味着销售利润为0。假设产品降价到240元后，销量为A，计算公

式为

$$销售利润 = 销售单价 \times 销量 - 变动成本 \times 销量 - 固定成本$$

则

$$0 = 240 \times A - (200 + 25) \times A - (20\,000/12 + 6\,000)$$

$$A \approx 511 \text{（件）}$$

产品降价到240元后，销量达到511件才能保持盈亏平衡，销量超过511件时，就开始盈利。

假设产品降价到240元，要实现2 000元利润，设销量为B，计算公式为

$$销售利润 = 销售单价 \times 销量 - 变动成本 \times 销量 - 固定成本$$

则

$$2\,000 = 240 \times B - (200 + 25) \times B - (20\,000/12 + 6\,000)$$

$$B \approx 644 \text{（件）}$$

由此可知，降价约4%（从250元降价到240元），销量需要增加约104%（从250件涨到511件）才能保持盈亏平衡；如果希望实现2 000元利润，则销量需要涨到约644件。

通过类似计算，有助于事先定好业务目标，如果最终的销量结果大于预测数值，说明价格战是积极有效、符合预期的。

（三）制定科学销量目标

一个新产品上架之后，电商平台会根据产品的销量、销售速度、售后反馈等数据来判断产品的好坏。如果产品成交量少，即使反馈再好，系统也无法给出评价。只有达到了一定销量，系统才能通过计算各种数据，得出产品的权重分。评分越高的产品，排名越靠前，被系统推荐的概率也越大，这样的销量，往往被叫作基础销量[①]。

有时，新产品上架后，商家会采取先用低价换销量的策略，以期快速完成基础销量，早日得到系统的推荐。当完成基础销量，获得电商平台流量支持后，商家再逐渐涨价，实现最终盈利。可是，得到系统的推荐，产品能卖得更好，不意味着能够赚钱。多年以来，由于缺乏利润意识，很多商家在亏损的道路上越走越远，而盈利却遥遥无期。

假设，某产品达到100件销量，才能获得平台推荐。A店铺以亏损的代价，将销量冲到120件，随着搜索权重上升，A店铺打算涨价，以弥补之前的亏损。此时，B店铺的同款产品又开始了低价冲量，A店铺就陷入两难境地：如果涨价，会失去后续销量；如果不涨价，则持续亏损。如此往复，C店铺、D店铺也加入了价格混战，最终大家都没赚钱，而且流量基础销量的门槛也越来越高，整个行业陷入内卷，虽然销量增加，销售额提升，但几乎没有利润。

为了避免混淆，必须对基础销量的定义做延伸：**给系统判断的叫作流量基础销量**，达

---

① 直播间的推荐机制，也参考了类似的逻辑。

到这个销量,意味着能够得到流量推荐;给商家作盈利判断的叫作盈利基础销量,超过这个销量,意味着商家在这个产品上开始盈利,如表 4-2 所示。

表 4-2 两种不同基础销量的差异

概念和定义	核心价值	数值意义	相关指标
流量基础销量	单品的引流价	是否能获取平台推荐的分界线	产品权重和搜索流量
盈利基础销量	单品的盈利价	是否能盈利的分界线	毛利润和销售利润

这两个指标好比硬币的两面,相辅相成地帮助商家通过获得平台认可而获得流量,通过获得市场认可而获得利润。

天璇公司某款产品的进货成本价为 200 元,市场成交价在 250 元左右。通过调研发现,同行业中相同等级店铺的同类产品月销量为 250 件左右,新店各种直播设备总投入为 20 000 元,每月工资等开支为 6 000 元。预计推广、物流成本每件 25 元(暂不考虑折旧、税费等)。

问题 1:在暂不考虑直播设备投入的情况下,希望当月实现盈亏平衡,那么卖多少件才能实现这个目标呢?

计算公式为

销售利润=销售单价×销量-变动成本×销量-固定成本

若销售利润为 0,则

0=销售单价×销量-变动成本×销量-固定成本

销量=(销售利润+固定成本)÷(销售单价-变动成本)

=(0+6 000)÷(250-200-25)

=240(件)

在不计算前期直播设备投入的情况下,单品月销量做到 240 件,利润为 0,当月销量小于 240 件,销售利润为负值,就产生了亏损;销量大于 240 件,则产生利润。因此,可以认为销量 240 件是产品的盈利基础销量。

问题 2:在暂时不计算直播设备投入的情况下月度实现 5 000 元盈利,需销售多少件?

计算公式为

销售利润=销售单价×销量-变动成本×销量-固定成本

若销售利润为 5 000 元,则

5 000=销售单价×销量-变动成本×销量-固定成本

销量=(销售利润+固定成本)÷(销售单价-变动成本)

=(5 000+6 000)÷(250-200-25)

=440(件)

根据不同的盈利目标,会确定出不同的销量目标。注意,当前的销量是一个未计算直播设备等固定成本支出的乐观结果。

基于上述案例的计算方法，可以根据不同的盈利预期，准确计算出销量任务，也可以根据需求，合理摊销前期的设备投入等成本，较精确地算出一定周期内盈利所需要的销量。

相对于流量基础销量，盈利基础销量的目标更加明确具体，对于运营团队的指导性也更强：在特定时间内，必须达到多少销量，产品才能够盈利。

三、围绕价格战控制成本

（一）价格战本质是成本控制

不计算成本，不分析自己的能力，即使通过低价把销售额做大，也没办法让企业实现盈利。**价格战不是比挥霍能力，而是比较双方的策略规划、严格的成本控制和巧妙地掌握运营节奏的能力。**

关于价格战，小米公司的雷军说过："要打价格战，那就往死了打，我直接不要钱了，价格战我奉陪到底！我的手机就挣5%的综合利润，多了我赔给你们。"

没有合理的利润，公司是无法生存的。小米公司并非不赚钱，而是通过"堤内损失堤外补"的形式，在流量渠道上节约了成本。

传统手机零售行业，从厂家到省级代理、市级代理、商超终端促销，层层加码之下，渠道成本占了手机零售价的40%左右。小米公司率先利用互联网开始直营手机，节省了大量的渠道成本，形成较强的价格竞争优势。曾几何时，小米公司的官网是国内仅次于阿里巴巴和京东的第三大电商网站。

当其他的品牌手机纷纷转入线上销售的时候，小米又打造了自己的"米家"军团，通过品牌授权、交叉持股等形式，整合了大量的制造企业，提供了电池、插线板、平衡车、笔记本式计算机、电视、空调、床垫、音箱、服饰等一系列产品。虽然单品利润额低，但是胜在产品丰富，更多的产品选择让顾客每次来都能找到心仪产品。基于手机形成的品牌效应，通过多种产品去满足用户需求，使小米的门店坪效①达到了惊人的27万元，仅次于苹果专卖店的40万元，居于行业亚军。

从另外一个侧面也可以看出，凡事预则立，不预则废。这些企业敢打价格战，背后是有底气的。它们通过渠道优化，降低成本，提高效率，形成盈利，并将其中的一部分盈利，以价格补贴的形式回馈出来，构筑价格壁垒，防止新晋竞争者进入。更直白地说，它们降价并不是切割自己的利润，而是切割整个产业链中的成本。

（二）根据售价拆解变动成本

对于新产品来说，销量未知，销售价也在测试中，而对应的固定成本是客观存在的，

---

① 商业企业中，单位面积可以产出多少营业额。这个数值越大，说明其销售能力越强。

唯一可控的就是变动成本，需要通过有效控制变动成本，增强盈利能力。

天璇公司的某款产品进货成本价为 200 元，市场成交价在 250 元左右，新店各种直播设备总投入为 20 000 元，每月工资等开支为 6 000 元。预计推广、物流成本为每件 25 元。（暂不考虑折旧、税费等）

已知，参考同行业同水平店铺，该产品的销量为 250 件。

公司希望在一年内通过这些产品收回投资，这个产品变动成本定多少合适？

计算公式为

销售利润＝销售单价×销量－变动成本×销量－固定成本

则

变动成本＝销售单价－（固定成本＋销售利润）÷销量
＝250－（20 000÷12＋6 000＋0）÷250
≈219（元）

经过计算得出，当前变动成本底线为 219 元，只有所有变动成本（产品成本、推广费、运费、包装费以及售后等费用）低于此数值，才能够盈利。

当零售价被市场竞争锁死的时候，就必须通过压低成本，商家才能盈利。变动成本主要由产品成本（采购部）、推广成本（推广部）、物流成本（储运部）构成。

通过根据市场售价要求，各个部门必须就单一产品协调完成共同的降本目标。各个部门从个人利益出发，一定会以各种各样的理由推脱。此时，CEO 要充分发挥民主集中原则，既让相关人员充分表达意见，以便更多地了解实际情况；也要乾纲独断，强制性地安排一些具体任务。

CEO 召集相关部门来开会，经过激烈的讨论，初步达成了如下意见。

（1）采购部需要将进货成本由 200 元压缩到 185 元。

（2）储运部要将快递费、包装费由 10 元压缩到 9 元/件。

（3）推广部要将推广费由 15 元/件压缩到 12 元/件。

此时，变动成本合计为 206 元（185＋9＋12）。如果每个部门都能够完成目标，每件产品还可以有 13 元的销售利润，如果有个别部门没完成压缩成本的目标，多出来的利润空间也可以对这个不利结果有所缓冲。

基于分解价格战的大目标，每个部门都领到了具体的任务，有了明确的目标，即可开始一系列的优化动作。

推广部门也有了制定推广预算的标准。基于销量预估，该产品有累计 3 000 元的预算（12 元×250 件），可以此来衡量在特定条件下某款产品的推广效率和推广责任。

（三）如何降低产品采购端成本

产品成本是店铺最大的一项成本支出，如果能够压低采购价，不仅能直接增加毛利润，还可以让价格战更有底气。

从供应商角度来说，面对多个零散客户时，他们会根据不同客户，给出尽可能高的报价，以追求最高利润；同时，面对单一客户的大宗采购时，为了追求规模效应，对利润的要求就会有所下降。

同样，如果供应商数量有限，采购方即使掌握真实成本，议价能力也很弱，只能主观地凭着感情、口才，甚至酒桌上的豪言壮语去砍价，让工作陷入被动。尤其是对一些强势品牌，采购方的地位反而非常卑微，在产品价格、数量、规格上都没有足够的发言权。

虽然困难重重，但是每一次采购，**采购方仍要以盈利为核心，从自己的数据出发，通过销量情况，结合自己的利润预期、资金充裕程度，确定采购数量，进而推算出合适的采购价格**。无论对方是否能够接受，采购方都要以此作为一个谈判的基础，寻找出合理的采购量和合理采购价的平衡点。

1. 实力决定了谈判地位

与供应商的价格谈判，本质上是实力的博弈。这里包含了产品、品牌、渠道影响力等很多基础因素，也包含采购量、付款形式等业务因素。如果在整个供应链处于强势地位，无论是买方还是卖方，都会有强大的定价权。

苹果公司在整个供应链中处于强势地位，对其下游经销商店铺，无论是装修还是销售额，都有严格的要求；同时，对上游供应商也有严格的要求，必须按照苹果公司的规范，保证质量、交货期等。苹果公司之所以能够如此强势，本质在于能给钱！通过与苹果品牌的合作，能够实现相对可观的收益。2023年，某苹果代工厂，由于被暂停了某个部件的合作合同，导致股价大跌，一周内几千名工人被迫离厂。

小米手机刚刚走向市场的时候，其设计、价格非常有竞争力，唯独供货严重不足。坊间传闻是小米公司在搞饥饿营销，后来才知道，完全是因为资金和账期的问题，导致产能严重不足。

供需双方经过一个阶段的磨合，就交货品质、数量、周期、结算方式达成一定的平衡之后，一些市场变化的外力因素，也会打破这样的平衡。

2. 厘清采购中的价量关系

在采购过程中，知道成本和以成本价进货，完全是两回事。实力决定了谈判地位。采购方认为，有足够的低价，就可以有足够的采购量；供货商认为，有足够的采购量，才可以给真正的低价。

为了使产品降价，采购经理仔细比较了各个供货商的报价，并且通过各种渠道了解了同行的实际采购价，再经过反复谈判，终于与对方达成了一个初步意向。

方案一，维持当前起订量10件，采购价是200元/件。

方案二，一次采购200件，采购价可以降低到185元/件。

方案三，一次采购1 000件以上，采购价降到170元/件。

采购经理非常兴奋，因为原计划能够降低到185元，现在能够降到170元，简直是意外之喜。他通过财务部门得知公司近期资金比较充足,就高兴地把这个消息汇报给CEO。

针对3种不同的价格和采购量,CEO要根据当前的行业销售价、自身的各种成本进行分析。

已知行业销售价为250元,每月固定成本约为7 666元,储运成本已经降到9元/件,推广费已经降到12元/件。月度销量为250件,对3种报价进行模拟计算后,基本情况如表4-3所示。

表4-3 不同采购价、采购量的对比分析

方案	采购价/元	采购量/件·次$^{-1}$	单次采购资金/元	月末库存额/元	销售利润/元	关注方向
方案一	200	10	2 000	0	−416	采购价高,亏损
方案二	185	200	37 000	27 750	3 334	利润额与资金占用
方案三	170	1 000	160 000	127 500	7 084	资金周转率过低的风险

方案一,采购价为200元,一次进10件,售罄之后立即补货,每月补货25次,共计250件,全部售罄,销售利润为−416元[①]。

方案二,采购价为185元,一次进200件,首次售罄之后再补货,累计进货两次,共400件,月末库存150件,库存货值27 750元(185×150),销售利润为3 334元。

方案三,采购价为170元,一次进1 000件,当月销售250件,月末库存750件,库存货值127 500元(170×750),销售利润为7 084元。

从当前情况来看,如果公司资金充裕,方案三的收益最高。适当增加库存,并不会带来经营风险,甚至可以通过降价,加快销售速度,减少库存风险和推广成本。如果公司资金不充裕,方案三就未必合适,单一产品占用了大量资金,意味着其他产品的采购资金会被挤压,从而增加经营风险。当产品季节性较强的时候,CEO也要对低价的销量进行理性预估,如果产品需求旺盛,低价格可能会损失一部分利润。

3. 计算最优采购价和采购量

(1)对比采购方案。如果采购量小,供货商不会降低价格;大规模采购又会占用资金,形成较高库存,产生潜在的经营风险。其实,硬币从来不是只有两面,还要关注到另外一种可能性:当采购价足够低时,意味着商家在保持自身利润额不变的情况下,通过压低售价,降低利润率,赢得价格竞争力,实现销量倍增,从而扩大市场份额。因此必须在采购价格、采购量、利润额三者中间找到一个平衡。

对比方案一和方案二,采购量从10件上升到200件,采购量增加到20倍,产品售价从200元/件降低到185元/件,降低了15元/件,降幅为7.5%。

---

① 为了计算简便,此处暂不考虑进货产生的运费、税费、损耗等。在实际决策中,高频次、低数量的采购行为,一定会推升相应的运输成本以及损耗等;低频次、高数量的采购行为,又会占用资金,增加库存风险。

对比方案二和方案三，采购量从 200 件上升到 1 000 件，采购量增加到 5 倍，产品售价从 185 元/件降低到 170 元/件，降低了 15 元/件，降幅为 8.1%。

可以看出，采购量的上升与价格的降幅严重不成比例。由此，**CEO** 要思考：当前的降幅是否合理；采购价和采购量之间，是不是最佳搭配。需要围绕产品利润率（确保产品不亏损），来决定合理采购量（减少资金占用）和合理采购价格（降低采购价格）。

（2）计算产品利润率。在采购过程中，所有的优惠都围绕一定的利润率和利润额来计算，商家在降价的时候，也大多应当锁定利润率或者利润额。这样无论价格和销量怎么变化，至少能够守住利润底线，在价格战中立于不败之地。

参考方案二，销售单价为 250 元，销量为 250 件，若采购价为 185 元/件，销售利润为 3 334 元，那么销售利润率是多少？

计算公式为

$$销售利润率 = 销售利润 \div 销售额$$
$$= 3\ 334 \div (250 \times 250)$$
$$\approx 5\%。$$

如果选择方案二，采购价降低到 185 元时，销售利润率约为 5%。此时，供应商的要求是每次进货 200 件，当前月销量为 250 件，显然也可以满足采购需求。

（3）计算最佳采购量。当方案二可以接受之后，再评估方案三的可接受程度。CEO 认为，如果采购价下降，销售价也可以大幅下降，这样可以刺激销量快速提升，但是利润不能无限下降。于是提出要求：在降低利润率、不降利润额的前提下，预估销量。

参考方案三，已知，每月固定成本约为 7 666 元，单件产品采购价为 170 元，储运费 9 元，推广费 12 元。

可以将产品的利润率从 5% 降到 2.5%[①]，以薄利多销的方式拉动产品销量，销售利润额要维持在 3 334 元。那么商品销量是多少[②]？

计算公式为

$$销售额 = 销售利润 \div 销售利润率$$
$$= 3\ 334 \div 2.5\%$$
$$= 133\ 360（元）$$

$$销售额 = 销售利润 + 成本$$

$$133\ 360 = 销售利润 + [（产品成本 + 单件储运费 + 单件推广费）\times 销量 + 固定成本]$$

$$133\ 360 = 3\ 334 + [(170 + 9 + 12) \times 销量 + 7\ 666]$$

$$销量 \approx 641（件）$$

---

① 考虑到一定的售后成本等因素，2.5% 的销售利润率仅仅是一个保本的数值。
② 为了计算简便，暂时不考虑由于销量上升带来的附带成本变化。

当把利润率压到最低2.5%的情况下，为了维持住3 334元的利润，销量要达到641件。从采购角度上说，170元采购价，一次性采购641件，可以当月售罄，不会过多占用资金，是比较合理的采购量。此时，最大的变量在于当产品降价之后，能不能实现每月641件的销量。如果能够实现，或者超过，方案三就是可以接受的；如果达不到，就可能带来较高的风险。

单月销量641件，这个数据给CEO带来两个方面的启示。一方面，确定了合理的谈判基础。传统采购，往往凭着直观经验定采购数量，进货数量不科学，影响了经营效率。现在，店铺可根据这个算法得出的数据与供应商谈判，可用最少的资金、最合理的价格实现最佳进货量。另外，虽然供应商期望的采购量是1 000件，双方的预期存在一定差距，但由于商家用低价拉动了销量，节省了推广费，一升一降之间，销量还可能继续增加，对应的采购量也会上升，双方的分歧是可以弥合的。另一方面，CEO可以依据计算出来的641件销量，给整个运营团队明确任务，在产品价格下降、推广预算没降的前提下，这个任务应当可以轻松完成，甚至可以说，超额完成是理所应当的。这就是通过对一个产品进行经营规划，发现内部问题，寻找解决问题的方法。

4. 店铺特性决定采购策略

在压低采购价后，通过压低利润率，压低产品售价，可以使销量上升，压低产品的售价，撬动销量，获得更多销售额，进而压低各个环节的经营成本，最终保持甚至提升利润额。店铺（企业）实力增强了，又有了新的谈判筹码，可以进一步压低采购价格，形成采购价正向飞轮，如图4-1所示。

图4-1 采购价正向飞轮

对于服饰、鞋靴、母婴、食品等类目来说，由于品牌众多，可以选择的供应商也较多，当某个店铺有优秀的运营和销售能力，以及对店铺忠诚的粉丝基数时，就比较容易获得采购谈判中的优势地位。如果供应商的范围很窄，率先以价换市场的方式，就会有风险。

A店铺是某品牌的旗舰店。该品牌还有线上、线下多家渠道商。A店铺在"双11"搞了一场促销，销售额创造了历史新高。但是，A店铺在活动预热期就接到了大量渠道商的投诉，认为这个促销价格破坏了价格体系，伤害了他们的利益。虽然A店铺可以认为是完全的自产自销，但是在价格调整上仍然没有绝对的自由。

B店铺是某手机品牌的经销商，为了扩大销量，擅自降低了产品售价，随即销量快速上升，但是很快品牌方就以"违反价格协议，扰乱市场"为由，终止供货，并提出索赔。B店铺的低价策略虽然在短期内提高了销量，但是用户是出于对手机品牌的忠诚，而不是对店铺的忠诚。因此，低价促销并不能形成用户集聚效应，也就不具备以销量与其他品牌谈合作的筹码，反而给自己带来麻烦。

C店铺是一家个人店铺，每次现款订货，在定价、推广方面有丰富的自由度。某次，C店铺进了一批蓝牙音箱，通过价格活动和个性的推广，快速打造了一个现象级的热点产品。待该批产品临近售罄，需要再订货时，生产厂家反而大幅度提价了。背后的原因是，产品热卖引起了厂家的嫉妒，厂家打算自己亲自销售。对于这个C店铺来说，此时另寻替代品，各方面未必能符合要求，于是产品断货，浪费了大好资源。

上述3个案例，提示CEO在做采购价和采购量决策时，需要考虑诸多因素，短期收益要与长期发展结合起来，才能保证业务的稳定性。

（四）控制储运环节的成本

储运业务是在电商公司中不太受重视的业务，也是问题爆发最多的环节。储运部门是一个既对内也对外的部门，如果监管不当，就会出现各种问题。

店铺与两家快递公司合作，哪一家发得多一点，打单员就可以说了算。

包装一个纸箱应当缠2圈胶带还是缠3圈，打包员说了算。

送货的车同时到达，优先安排哪家的货先卸车，让谁家的司机慢慢等，业务现场主管说了算。

装车发货的时候，如果随便堆砌，需要3卡车装完，如果仔细码放，2卡车就够，到底怎么装车最方便，司机说了算。

处理的废纸箱，究竟是500公斤还是300公斤，究竟是真的不能用了还是有人为了私利故意废弃，储运部经理说了算。

每一个"说了算"的背后，都存在着利益，只要有阳光照不到的地方，就会有各种"跑冒滴漏"。这些看起来细微的差异，累积起来就是很大漏洞，最终会成为公司的成本黑洞。

芜湖市弋江区人民法院 2021 皖 0203 刑初 28 号判决书显示：某电商企业配送仓经理蒋某，利用公司漏洞，大肆销售公司废旧纸箱，并将其中收入截留，侵吞公司财产 68 万元，同时利用职务上的便利受贿 70 万元，最终获刑一年零十个月。

需要强调一下，引用上述案例并不意味着作者对在这个部门工作的员工有任何不尊重或者歧视，只是提请 CEO 思考企业中可能存在的舞弊行为，能够通过完善制度，去保障储运部门同事的良好收入，并控制公司各个部门、各个环节可能存在的浪费。

店铺与两家快递公司合作，该如何分配业务量？按照费用高低、速度快慢、配送质量、区域划分，制定出一个标准。

包装一个纸箱，如何定打包标准？公司层面监督耗材使用率，部门层面需要制定打包质量标准。

送货的车到了，卸车顺序是什么？按照到货顺序卸车，还是按照货值高低卸车？如果送货车辆长期滞留，由谁来承担责任？

装车发货的时候，按照什么标准装车，几人装车，码放到什么标准才是可以接受的？

处理废纸箱的收入，是作为公司的其他业务收入，还是作为储运部门的"小金库"，可以进行公开讨论。如果将其当作公司收入，就容易有人中饱私囊；如果将其作为部门活动经费，则人人都会监督，保证颗粒归仓。可是当金额变得很大的时候，又该怎么制定政策呢？

第二节 | 用利润敏感系数运营产品

当清晰地计算了影响价格的外部因素后，面对店铺中几百种产品，究竟哪一种更适合参与价格战，与竞争对手展开正面竞争呢？哪些产品应该通过加大推广获得更大优势呢？在投入相同的情况下，哪种方式成本最低、效率最高呢？

分析利润敏感系数可以帮助 CEO 找到适合参加价格战的产品，也能分析出为了提升销量，在降低价格和增加推广之间做出更有效的选择，用最小的成本换取最大的收获。

一、计算利润敏感系数

产品利润受销量、售价、变动成本、固定成本 4 个因素影响。这 4 个因素对于利润的影响各不相同。价格敏感系数用来衡量：当售价、变动成本、销量、固定成本这 **4** 个因素中，任意一个因素变化，其他因素不变时，利润的变化情况。

经计算发现，有的因素发生了小变动，却给利润带来了大影响，称为敏感因素；有的因素发生了大变动,但是利润变化不大,称为非敏感因素。在制定产品优化方案时,找出敏感因素,进行利润的敏感性分析,有助于在工作中分清主次。抓住主要矛盾,才能使投入成本更小,产生效果最大。下面以产品 A 和产品 I 为例,如表 4-4 所示。

表 4-4 产品 A 和产品 I 的主要数据

产品	资金周转率	销售额/元	售价/元	销量/件	变动成本采购价格/元	毛利润/元	其他变动成本①/元	全部固定成本/元	销售利润/元
产品 A	4.47	380 000	190	2 000	80	220 000	54 281	58 406	107 313
产品 I	1.16	320 000	200	1 600	155	72 000	21 745	46 724	3 531

计算销量、售价、变动成本、固定成本 4 项因素分别增幅② 20% 之后,观察哪一项对利润的影响最大。需要注意,由于前期数据分摊口径不同,按照不同标准计算的结果会有一定偏差,此处计算主要用于趋势分析,给出参考的业务方向。

(一) 计算销量敏感系数

假设产品 A 的销量有 2 000 件,增加 20%,达到 2 400 件,观察在售价、变动成本、固定成本都不变的情况下,利润的变化情况。计算如下:

$$变动成本 = 80 + 54\ 281 \div 2\ 000$$
$$\approx 107\ (元)$$

$$销售利润 = (售价 - 变动成本) \times 销量 - 固定成本$$
$$= (190 - 107) \times 2\ 400 - 58\ 406$$
$$= 140\ 794\ (元)$$

当销量提升到 2 400 件时,实现销售利润 140 794 元。已知,原销售利润为 107 313 元,利润变化计算如下:

$$利润变化率 = (140\ 794 - 107\ 313) \div 107\ 313$$
$$\approx 31\%$$
$$销量的敏感系数 = 31\% \div 20\%$$
$$= 1.55$$

结论,在销量提升 20%,其他条件不变的情况下,销售利润增长了 31%,敏感系数为 1.55。

(二) 计算售价敏感系数

假设,产品 A 平均售价由 190 元提升 20%,达到 228 元,观察在销量、变动成本、

---

① 除产品采购价 (产品自身成本) 之外的其他变动成本,包括推广费、包装费、运输费等。
② 在计算敏感系数时,数据发生增幅或者降幅都是可以的。在经营中,希望售价和销量上升,变动成本和固定成本下降。无论是增幅还是降幅都会出现指标变为负数的情况,正负值无关紧要,只看绝对值的大小,绝对值越大,敏感程度越高,影响越大。

固定成本都不变的情况下，利润的变化情况。计算如下：

$$销售利润 = （售价 - 变动成本）× 销量 - 固定成本$$
$$= （228 - 107）× 2\ 000 - 58\ 406$$
$$= 183\ 594（元）$$

当售价提升到 228 元时，实现销售利润 183 594 元。已知，原销售利润为 107 313 元，则利润变化率如下：

$$利润变化率 = （183\ 594 - 107\ 313）÷ 107\ 313$$
$$≈ 71\%$$
$$售价的敏感系数 = 71\% ÷ 20\%$$
$$= 3.55$$

结论，在售价提升 20%，其他条件不变的情况下，销售利润增长了 71%，敏感系数为 3.55。

（三）计算变动成本敏感系数

假设产品 A 的变动成本由 107 元提升 20%，达到 128 元，观察在销量、平均售价、固定成本都不变的情况下，利润的变化情况。计算如下：

$$销售利润 = （售价 - 变动成本）× 销量 - 固定成本$$
$$= （190 - 128）× 2\ 000 - 58\ 406$$
$$= 65\ 594（元）$$

当变动成本提升到 128 元的时候，实现销售利润 65 594 元。已知，原销售利润为 107 313 元，则利润变化率计算如下：

$$利润变化率 = （65\ 594 - 107\ 313）÷ 107\ 313$$
$$≈ -39\%$$
$$变动成本敏感系数 = -39\% ÷ 20\%$$
$$= -1.95$$

结论，在变动成本增长 20%，其他条件不变的情况下，销售利润增长了 -39%，敏感系数为 -1.95。

（四）计算固定成本敏感系数

假设产品 A 的固定成本由 58 406 元提升 20%，达到 70 087 元，观察在销量、平均售价、变动成本都不变的情况下，利润的变化情况。计算如下：

$$销售利润 = （售价 - 变动成本）× 销量 - 固定成本$$
$$= （190 - 107）× 2\ 000 - 70\ 087$$
$$= 95\ 913（元）$$

当变动成本上涨到 70 087 元的时候，实现销售利润 95 913 元。已知，原销售利润为

107 313元，则利润变化率计算如下：

$$利润变化率=(95\ 913-107\ 313)\div107\ 313$$
$$\approx-11\%$$
$$固定成本敏感系数=-11\%\div20\%$$
$$=-0.55$$

结论，在固定成本增长20%，其他条件不变的情况下，销售利润增长了-11%，敏感系数为-0.55。

二、确定产品优化方向

产品优化离不开各种资金投入，如何保证这种投入是高效率、低成本、大产出的呢？通过分析利润敏感系数，可以帮助产品找到优化捷径，制定出可靠的优化方向。对于降价更有效的产品就可以参加价格竞争，对于需要增加推广的产品就需要增加推广预算，获取更大收益。

（一）确定优化方向

将4个指标的敏感系数制作成对照图，如图4-2所示。

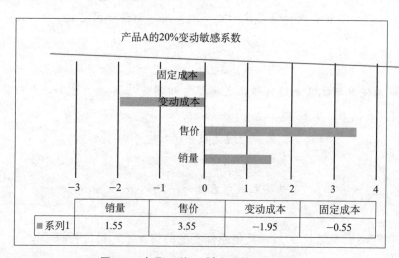

图4-2　产品A的20%变动敏感系数图

为了统一测试口径，在本次测试中所有数据均选用了增量20%，所以成本端的敏感系数为负值。在进行比较的时候，都按照绝对值（正值）比较即可，数值越大（柱形越长），说明其影响力越大。

按照对利润的影响，数据绝对值从小到大排序：固定成本＜销量＜变动成本＜售价。

可以看出在影响产品A的诸因素中，最敏感的是售价。当售价的敏感系数为3.55时，意味着如果售价上浮1%，利润将随之上浮3.55%；售价下降1%，利润将随之下降3.55%，其他指标含义相同。

显然，控制固定成本，或者多开店铺以增加销量的方式，对提升利润的贡献较小。应重点分析售价和变动成本对产品利润的影响。结合第三章第二节的内容，产品 A 的优化方案为实现销售额增长。因此，要分析如何在实现销售额增长目标的同时，尽量减少利润损失。

CEO 拿出 1 万元作为产品 A 的营销费用，这笔钱可以用于价格补贴（降低售价），也可以用于增加推广费（增加变动成本[①]），如何投入，对利润影响最小呢？

价格变化的利润敏感系数为 3.55，增加推广费的利润敏感系数（绝对值）为 1.95。 显然，在当前阶段，增加推广费对利润的影响小于降价，那么这笔钱作为推广费支出对利润影响最小，效率更高。

（二）评估优化效率

产品的变动成本主要由产品成本、推广费、储运费用、售后、税金组成。其中推广费是最大的变量。

店铺应当用较少的推广费，换取较高的利润额，如果做不到，不仅推广动作没有意义，为推广这个岗位支付薪酬也不如直接降价更加合算。

因此，利润敏感系数成为评估推广能力和推广效率的标尺。

根据图 4-2，当产品由于推广费增加导致变动成本上升 1% 后，重新计算利润敏感系数，可能出现如下 3 种变化。

变化一，变动成本的利润敏感系数值下降到 1.5%，显然优于原先 1.95% 的利润损耗，说明当前推广效率较高。利用推广杠杆，以较小的利润率损失，换来了较大的利润额产出，实现了薄利多销，也说明推广部的工作能力是优秀的。

变化二，变动成本的利润敏感系数值上升到 3%，超过了原先的 1.95% 的利润损耗，但低于直接降价 1% 带来的 3.55% 的利润损耗。这说明当前推广效率虽然不高，但是仍然可以接受，推广部的员工工作能力是勉强及格的。

变化三，利润敏感值上升到 4%，超过了直接降价 1% 带来的 3.55% 的利润损耗，意味着推广工作带来的贡献价值小于直接降价。如果加上推广部门的人工成本，进行产品推广的效率远不如直接降价合算。这说明在这个产品上，推广部门的工作是不合格的，未能达到预期的标准。如果多个产品都出现类似情况，说明该部门和员工的工作能力不符合工作要求。

推广部员工小董负责 3 个产品的推广工作。经过计算，经理发现，小董负责的产品的推广效率均不高，如果将支出的推广费直接进行产品折价，效果会更好。于是推广经理与他进行了谈话。

[①] 由于产品 A 的优化方向是增加销售额，因此在考虑变动成本因素中，重点考虑能够增加销售额的推广费，而没有考虑通过降低采购价格增加利润的方法。

经理:"小董,你已经看到自己的推广数据量,显然不够理想。你要仔细研究产品,要从产品和用户匹配入手,不能光盯着单个流量成本,也要盯最终的转化呀。"

小董:"我认为现在操作没问题,现在产品价格高,推广预算又那么少,只能让低成本流量多一点,产品曝光概率才能大一点。经理,能不能让公司把产品价格降一点或者增加点推广预算,否则没法做。"

经理:"哈哈,年轻人。你要明白,如果产品价格低,推广预算又充足,这份工作为什么会让你来做?公司雇佣你,就是为了在产品无法降价、推广预算又有限的情况下,用推广手段助力产品销售。你现在的推广工作结果,还不如将产品直接降价合算,那你这个岗位存在的价值是什么呢?"

上述计算方法,不仅可以用在衡量推广部门员工的工作效率上,还可以衡量不同产品、不同推广渠道的推广效率,是帮助经营者科学制定推广目标的有效工具。

三、形成产品优化方案

基于前述的计算,结合企业经营经验,逐渐形成了产品运营的优化方案。

(一)产品方案

产品若参与价格竞争就要降价,但是降价就会减少利润,甚至带来亏损。在选择产品的时候,要从宏观角度考虑稳定性,从微观角度考虑效果性。

1. 宏观选品方案

参与价格竞争的产品需要有一定的销量规模。这样产品在降价之后,更容易实现规模效应,帮助店铺降低成本,并引起关联销售。

参与价格竞争的产品不是当前店铺中利润贡献大的产品。要避免降价之后让整个店铺失去利润来源的情况,也要有一定的(潜在)利润空间,确保降价不至于出现亏损。同时,也不能是店铺的主要利润产品,避免降价对店铺盈利产生较大冲击。

参与价格竞争的产品必须有稳定的供给。价格下降之后,能够带来销量提升时,必须能够保证以优惠的价格获得产品,不能出现断货或涨价的情况。

2. 微观选品方案

按照同样的方法,计算产品 I 的利润敏感系数,两个产品数据如下,如表 4-5 所示。

表 4-5 产品 A 和产品 I 的利润敏感系数

利润敏感系数	销量	售价	变动成本	固定成本
产品 A	1.55	3.55	−1.95	−0.55
产品 I	13	90	−78	−14

产品 I 的利润敏感系数绝对值,由小到大排序:销量<固定成本<变动成本<售价。

售价和变动成本对利润的影响都非常大,要优化这个产品,必须在这两个方面入手,才最有效果。

结合第三章二节的内容,产品 I 的优化方案是:该产品毛利高、净利润低,导致推广预算增长受限,说明继续涨价或者提高推广效率的空间已经很小,要想增加利润,只能通过压低采购成本的方式,即降低变动成本,才能更好地提升利润。

经过筛选,产品 A 和产品 I 都具备宏观上参与价格战的资质。从微观上分析,产品 A 降价 1%,对利润敏感系数的影响是 3.55%;产品 I 降价 1%,对利润的影响是 90%。产品 A 的影响显然较小,因此产品 A 更适合加入价格战。

如果产品 I 的当前库存较多,可以测试性降价,观察销量变化。如果销量能够快速提升,则可以要求供货商降低供货价,将价格压力传导到上游,这样既增加了销量,也减少了利润损失。

(二)行动方案

通过对多个产品的价格敏感分析,逐步形成每一款产品的优化方案,团队所有成员都要投入到产品优化的行动中来。

1. CEO 转变角色

CEO 要根据每款产品的优化方案,回溯各部门的职责分工,考虑员工的能力差异,确定具体的优化牵头人,确定完成时间、完成标准,形成产品优化的管理闭环,如表 4-6 所示。

表 4-6 产品优化行动方案

产品	资金周转率	销售额/元	平均售价/元	销售量/件	各项敏感系数	……	优化方案	牵头人	完成时间	完成标准
产品 C	3.57	250 000	125	2 000						
产品 D	2.34	1 520 000	160	9 500						
产品 F	0.93	420 000	140	3 000						
产品 H	1.13	620 000	250	2 480						
……	……	……	……	……	……	……	……	……	……	……

在表 4-6 的留白处,根据填写的每款产品的敏感系数,并结合第三章第二节的内容,对每款产品优化的方向、突破的重点进行分析总结,形成优化方案,并确定牵头人的完成时间和完成标准,形成工作目标。

这种工作目标并非领导的主观要求,而是通过比较科学的计算,围绕盈利能力和产品的突破点,找到最有价值的突破目标。每个部门都能从中找到自己的角色和定位,最终的工作成果也会被量化评估,从而减少推诿扯皮,避免责任不均的现象。

此时,CEO 也从业务管理角色转变为团队管理角色:这些问题由谁来牵头优化?由哪些部门配合？需要哪些资源，哪些支持？多久能够完成优化目标？优化到什么样的标准是优秀，什么标准是合格？

CEO 通过把控进度、调配资源、协调流程的方式间接参与到产品优化的过程中。 这样，既避免了陷入具体事务，无法为企业长远发展做筹划的窘境，又避免了脱离一线业务，不能掌握一手信息的风险。

2. 确定目标，全员行动

CEO 根据最优采购价、采购量和利润敏感系数，就产品 A 和产品 I 提出了工作要求。

在未来 30 天里，采购部门需要将产品 I 的采购价降低 30 元，单次采购量不得超过 522 件。推广部门负责牵头控制产品 A 的变动成本，包含推广费、采购成本、储运费等。当然，最核心的是要提高推广效率，按照比例测算，如果变动成本上升 1%，利润敏感系数控制在 3% 以内，属于合格，如果控制在 2.5% 以内算优秀，会给予 1 000 元奖励。

推广部门非常清楚，如果推广支出对利润敏感系数超过 3.55%，就不如直接降价。如果产品都不需要做推广，其岗位也就没有存在的价值，因此他们必须努力优化，把业绩做好。

同时，推广部门也要牵头协调其他部门，看看是否有办法降低产品 A 的采购价格、储运成本，降低售后等。从公司角度说，应以优化产品 A 为纽带，让全公司行动起来，增强内部协作。

3. 时间截止，效果评估

每个 CEO 都有自己的管理风格。任务下发 30 天后，有的 CEO 只问结果，不问过程；有的 CEO 既关注结果，还会实时跟踪进度，一起研究各种细节问题。不管怎样，都会有以下几种结果。

（1）目标顺利完成。这当然是非常好的结果，各部门也得到了奖励。在此基础上，CEO 也要冷静思考：团队是否还有潜力可以挖掘？会不会有运气因素？这次完成了任务，沉淀下了哪些方法论，哪些好经验可以给团队分享？解决了一个问题之后，是否还有其他问题需要在下一轮继续优化？

（2）目标艰难完成。经过艰苦的努力，目标完成了。完成目标总是好事，但是否能从中发现一些经营中的短板呢？其中，哪些是员工能力问题，哪些是企业机制问题，哪些是 CEO 自己的问题？哪些短板容易解决，哪些短板不容易解决？

假设，当前直播间产品转化效率很低，存在两个短板：主播能力不足（最短的短板）和引流效果不佳（立刻能修的短板）。该怎么办呢？主播是直播间的核心，如果他不能留住用户，再好的产品也没有办法实现成交。

在这几年的直播带货中，出现了多种不同风格的主播，有激情四射的"疯狂小杨哥"；也有厚积薄发，以知识理性擅长的"与辉同行"；有名人开路，供应链领先的"交个朋友"；也有遇到困难，迎难而上的"朗朗妈叫大胆"①。每一种直播风格背后都有独特的拥趸。

优秀主播可遇而不可求。能力提升需要时间，即使人员更换，也存在招聘、入职、试用等环节，况且新人也未必比旧人好。那就需要"两条腿走路"，首先解决引流效果不佳的问题，把整个引流分成用户画像、引流预算、投放比例、投放形式等若干环节，进行逐一优化。主播吸引力不足，固然有主播的原因（最短的短板），但还有部分原因是产品优惠力度不够（立即能补的短板）。主播能力提升需要时间，但是调整产品价格却可以很快完成。

在时间和资源有限的前提下，优先解决能解决的事情，优先解决见效快的事情，是商业企业经营的不二法门。只要每天进步1%，一个月下来，也会有明显的进步。然后再考虑解决主播能力不足的问题，不管是培训还是换人，都是一个渐进的过程。"修短板"的工作，不是在产品优化了30天之后，才开始做，而是要贯穿产品销售的始终。CEO要居中协调，帮助各个部门发现问题，解决问题。

（3）目标没有完成。经过一个月的努力，最终也没能达到目标，甚至暴露出更多的问题。此时，CEO的内心一定是郁闷至极。世界上哪有一帆风顺的生意，轻言放弃固然容易，可是前期的投入又该如何是好呢？

当前的目标是科学结算的结果，具有一定的客观性。既然目标正确，究竟哪方面的不足导致未能达标呢？CEO可以单独与员工进行谈话，也可以多部门集体座谈，共同分析目标未完成的原因。在座谈中，CEO要少说话，让员工多表达。大部分时候，员工都会有意识地避重就轻，回避一些让老板尴尬的问题。比如，公司实力不足，无法压价；公司业务流程冗长，推广费无法及时到账等。这时，要结合员工的表达和自己的观察，分析问题的原因——是员工技能问题、工作态度问题，还是企业实力问题。

爱因斯坦说："你无法在制造问题的同一思维层次上，解决这个问题。"

哪怕核心问题是企业资金实力不足，无法一次性进行更多采购，导致无法压低采购价格，且这个问题在短期内难以解决。但是，给员工培训的成本却非常低，通过给推广部、直播部这些员工进行培训，增强产品销售能力，能帮助采购端逐渐增强谈判力，这或许也是解决问题的一种思路。

以前没有进行过科学核算，制定的任务目标不严谨，导致很多问题被掩盖。当科学的目标体系建立起来之后，必然会暴露出一些老问题，及早发现，高度重视，也就容易解决了。

（三）画定红线，全面统筹

为每款产品画定盈亏的红线，有助于企业的安全经营。

---

① 朗朗妈叫大胆，抖音ID：169 026 280。朗朗妈原是长春一名护士，在2020年年初，第一批到武汉支援抗疫。其间，其爱子朗朗不幸患重病。几年治疗下来，生活压力非常大，于是她用空余时间直播带货，为孩子筹措医疗费用。

新东方公司由于政策原因，不得不放弃很多原有教育培训业务，转型销售农产品，开辟"东方甄选"进行直播带货，也培育了"与辉同行"等优秀的直播团队。在业务开始之初，公司就有一个明确的底线：亏损5年时间，每年可以亏1亿元。在实力和努力的加持下，仅仅用了半年，他们的销售额就冲到了48亿，股价也一路飙升。

新东方的案例给了我们几个启示。

1. 强化经营红线

今天企业做某款产品，如果当下可以投入2万元，后续可以再陆续投入5万元，希望一年实现盈利，那么"一年内，7万元"就是红线。这个项目必须在一年内能够自给自足，靠盈利养活自己。否则，钱花光了，未达到预期，就没有存在的价值，一定会被其他的项目和产品替代。

运营中，经过计算，某产品降价20元，销量必须超过522件，否则就会亏损。这也是一条红线。这期间可以有一定的推广预算，也可以有一定的支持，但是经过几个月经营，产品销量仍然没法达到预期，意味着这个产品在让店铺"慢出血"。既然盈利无望，就必须尽快中止运营，把资源投入到其他有价值、"能造血"的产品上去。

"慢出血"比"大出血"更可怕：今天搞活动，有了销量，但没利润，亏了500元，明天买流量花了1 000元，效果不佳，全当学习经验；后天直播间买几个花瓶、窗帘做直播装饰，花了300元，结果用了一次，扔一边去了。CEO就像慈爱的父亲，天天签字掏钱，为浑浑噩噩买单。

某上市的直播运营公司CEO在公开会议上，痛斥公司管理层分工不合理，效率低下，浪费严重！比如，一个直播场景搭建费高达几十万元，竟然用完就扔了；主播月均直播时长不到29个小时，却还有5位艺人等待开播，80多个主播只能充当气氛组。

如果某个运营团队的项目总是无法达到盈利预期，那么就说明这个运营团队的能力不足，一个不能给公司创造长期价值的团队也没有存在的价值。

2. 堤内损失，堤外补

赚钱的道路有很多，卖产品未必是唯一出路。灵活运用各种经营手段，也可以帮助公司实现盈利。

2020年，梦洁公司（002397）与头部大网红合作，销售额812万元，支付佣金213万元，虽然其产品利润只有8%，但是其股价连续7天暴涨，神秘人趁机抛售股票套现上亿元，引来证监会的问询。

新文化公司（300336）宣布与直播网红×××达成合作，随后几天股价上演5连涨。时至今日，有很多上市公司善于利用各种社会热点包装业务、制造话题，带来股价上升，获得收益。

在传统线下商业中，有各地的分销商、代理商，它们把品牌方的货物运到当地市场售卖，以满足消费者需求。本质上，它们是以信息不透明和物流不通畅造成的信息差获得利益的。电商的崛起给它们带来了巨大的挑战。

此时，快速转型的分销商、代理商又找到了新的发展机遇。它们更加了解消费者，更加了解行业产品，将对消费者的信息差转变为对品牌方的信息优势：直接卖货不赚钱，提供卖货的服务仍然可以赚钱。从销售品牌方的产品，转变为帮助品牌方销售产品。它们已经不再需要从品牌方进货，而是直接开网店、开直播，帮助品牌方销售产品，货物由品牌方直接发送，而它们赚取相应的服务费①。

3. 甄选人货场

（1）选好人很重要。"天生我材必有用。"每个员工都有自己的长处，企业招聘本身就带有高昂的成本，要尽可能给员工更多发挥的场景。在电商转型的大趋势下，一场经营测试，哪怕是结果不完美的测试，也可以给员工更多展现自己的机会。

新东方公司通过直播，挖掘出非常多的新一代偶像级的主播。业务也从室内走向室外，通过推荐当地特产和旅游资源，获得当地政府、群众的支持，产品也从农产品、书籍，向家居、文旅扩张。

（2）筛选货也很重要。虽然说金子总会发光，但是经常会出现一个奇怪的现象，有的产品在同行店铺卖得风生水起，到了自己的店铺就举步维艰。虽然我们不相信风水之说，但是有些产品，或许就是与店铺"八字不合"，因此，该放手的时候，就要放手。毕竟，每个产品有其匹配的场景和人群，两个看起来很相似的店铺，面向的人群也存在差异。

（3）筛选场更重要。一个企业在哪些平台上开店，每个平台又有什么样的特色，未来会在哪个方向发力？这些重要的策略信息会直接影响店铺的规模和产出。

世界上没有垃圾，只有放错位置的宝藏。京东在3C数码、大家电方面具有较强的竞争优势，淘宝在服饰、美妆、快消和全品类都有稳定的基本盘，拼多多这几年通过农产品和水果生鲜异军突起，抖音在生活用品、美妆方面发展迅速。

具体到每个企业、每个产品，又有自身的特点。同样的产品，同样的团队，可能在A平台进展缓慢，到了B平台就如虎添翼。

综上所述，对于大部分电商公司来说，新业务、新产品有各种特殊的价值。要以人为维度，尽量给各种员工新的展示平台和机会，从中更好地发现人才、汰换人员，形成更好的团队力量。

国内著名的PC制造商，创始人在计划退休的时候，就遇到了接班难题。两个接班人都非常优秀，但是彼此关系不睦。一人接班，另一人必然出走。创始人做了著名的因人设岗方案，将公司原有业务一分为二，让两人分别领衔，时至今日，两家公司的发展都非常好。

---

① 服务费有两种，一种是帮助品牌方销售产品，由品牌方支付的服务费；另一种是涉及产品安装、售后等，向消费者收取的服务费。

以产品为维度，不断推陈出新，通过小批量、多品种去分析用户需求，创造市场价值。

以平台为维度，可尽量匹配团队能力和产品特色，借助平台的红利，寻求发展机会。

四、分析数据，科学定责

(一) 科学目标，以人为本

前文提到，"推广部要将推广费从 15 元/件降低到 12 元/件"。这个任务并不是 CEO 凭空想出来的，而是分析了产品成本构成和员工能力之后得出的结论。

在分析成本构成的时候，基于利润目标，参考了竞品的合理售价和销量，推导出了合理采购价和采购量，形成了各种成本的控制红线。这种科学的目标有助于指引行动方向正确，在分配责任的时候，员工的接受度也会更高。

在分解目标、划定责任的时候，也要充分考虑员工的能力。假设根据目标分解，以及横向对比，某个产品的推广费应该为 5 元/件，但是囿于本公司员工的能力，做不到这个水平，强压也不是办法，只能因势利导，慢慢提升。

(二) 预期合理，成本得当

1. 有合理的收入预期

产品降价，销量上升，对应的工作压力和工作强度也会上升，同时薪酬成本也会上升。然而，并不是每次降价，最终销售结果都能够达到预期。有时候，降价反而可能给企业带来损失。有些 CEO 认为，本着"有福同享、有难同当"的原则，既然企业并没有赚钱，就应该降低提成比例，少发或者不发奖金。这种心情可以理解，但切不可如此操作。毕竟赚钱的时候，也不是把所有利润分给员工。产品降价的事情，基层员工说了不算，却要付出更多的劳动，如果得不到尊重和认可，哪还会有人积极努力去工作呢？

2. 全面评估成本

以推广成本为例，其成本构成包含了推广费、薪酬、办公成本等。

推广费与薪资成本之间要有一定的匹配关系。如果一个店铺月度推广费支出为 3 万元，推广部员工月薪为 1 万元，合计每个月为推广费支出 4 万元。显然薪资所占比例过高。反之，如果每个月推广费支出 60 万元，推广部员工薪资只有 1 万元，收入过低，请如此"廉价"的人做如此重要的工作，显然不够严肃。

从控制成本角度上说，薪资成本肯定越少越好；从工作效果上来说，肯定是薪资越高，越容易招到优秀的员工。

(三) 透过现象，直击本质

CEO 要理解，自己所看到的所有的工作成绩，都可能是经过员工粉饰之后呈现出来的。

销售收入停滞了,就说利润率增长了。

利润率增长有限,就说利润额增长幅度大。

利润额如果也下降了,就说人均产值在增加。

人均产值在下降,就说市场份额在增加。

市场份额在下降,就谈品牌影响力在增加……

为了满足CEO的虚荣心和避免给自己惹麻烦,员工总是会千方百计地找出让领导开心的数据内容。因此,掌握独立计算各种数据、透过现象看到本质的能力显得非常重要。

所有的工作,最终都要落实到每一个人,落实到每一个行动中。如果业绩目标没有完成,原因是什么?是能力问题、态度问题,还是资源问题?下面以推广效率低下为例进行说明,如图4-3所示。

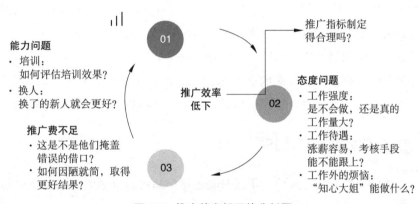

图4-3 推广效率低下的分析图

如果是能力不行,去哪里学习能够补齐这些不足的能力?

如何评估学习效果?如果学了之后还没有提升,是不是要考虑换人?怎样才能招聘到更加优秀的人?

如果是工作态度不认真,是什么原因?是对工作不满意,还是工作量太大,还是家里有些烦心事,抑或是因为待遇问题闹情绪?

怎样去开导,怎样去化解?

如果是因为待遇问题,那么应当如何评估这个人当前的价值?

如果涨了工资,工作还没有起色怎么办?

如果不调整工资,这个人离职了,岗位空缺导致工作停滞了,怎么办?

如果是公司资源不足,推广预算有限,该怎么办?

这个问题真的存在吗?会不会是推广部门为了掩盖自己工作无效的托词?

如果预算的确有限,现有的资源如何整合,才能发挥更大的作用?

面对上述问题没有唯一答案。每个CEO都要寻找自己的分析方法和解决方案。企业经营就是通过人的智慧和协作，追求更高效率、更低成本的过程。

第三节 | 用 ROE 评估公司业绩

通过筹划一场价格战，展现了产品经营的全流程。一个产品只有做好了数据化选品、科学化定价，可量化成本，精细化推广之后，才可能实现较高销售额和较好利润。

一个产品从上架销售，到最终售罄，一共产生了多少销售额和利润呢？应当囤积居奇，走高价路线；还是薄利多销，走低价路线呢？这两种方法的利润会相差多少？

很遗憾，大部分 CEO 回答不出上述问题，甚至对企业的盈利情况都一无所知——兜里有钱就是盈利，兜里没钱就说明亏损。开店为赚钱却不知道是否赚了钱，实在令人匪夷所思。这种状况不仅积攒了资金风险，也增加了税务风险。

由于大部分电商企业没有专职的会计部门，复杂的资金流动又存在诸多不规范之处，必须建立方便、快捷、直观的业绩评估体系，帮助 CEO 做好盈利分析，做好业务判断。

一、选择评估公司业绩的指标

从宏观上评估一个公司的价值，不能只看具体产品的销售和利润，要从公司层面评估投资回报，要考虑到投资、收益、负债三者之间的关系。

有一位 CEO 带领着团队，一年赚了 1 000 万元。顿时，我们会觉得他非常优秀。可是如果他是用了 1 亿元资金，赚了 1 000 万元呢？瞬间，我们又会觉得他也不过是一个泛泛之辈。进一步了解之后，我们知道他用自有资金 500 万元，加上外部融资 9 500 万元，赚了 1 000 万元。这时我们对他的评价又会再度反转。究问细节，得知外部融资的 9 500 万元中，有 6 000 万元是短期借款，融资成本（利息）高达 12%，此时我们可能又会为他的还款能力而担忧。

从上述案例中，可以看出几个数据之间的关系如下。

（1）投资额与利润的关系。赚 1 000 万元很难，但是有 1 亿元资金，赚 1 000 万元并不难。

（2）自有资金与融资资金的关系。能用别人的钱为自己赚钱，是聪明人的做法。

（3）融资和融资成本的关系。肯借钱给你的人，也要追求回报，如果盈利达不到预期，也会有风险。

由此，在评估业绩的时候，常见如下几个指标：投资回报率（return on investment, ROI）、总资产回报率（return on assets, ROA）和净资产收益率（return on equity,

ROE)。

(一) 投资回报率 (ROI)

投资回报率反映的是在总投资情况下企业的获利水平。

天璇公司为了更好地拓展业务，投资300万元成立了龙腾公司。一年之后，实现了税前年利润18万元，税后净利润15万元（不考虑品牌增值、固定资产折旧、债务利息等其他因素）。

$$投资回报率（ROI）＝税前利润÷投资总额$$
$$＝18÷300$$
$$＝6\%$$

投资回报率（ROI）没考虑债务因素，比如税前利润，这里包含了应缴纳但尚未缴纳的税费，如果视为回报，就高估了收入。

ROI体现了运用资产的能力，体现了短期业务规模增长速度。在经营期会出现资产的波动，因投资回报率（ROI）有可能在短期内的数值上存在巨大波动。

因业务需要，4月8日，母公司要撤回在龙腾公司投资的100万元，归还后龙腾公司的ROI上升到9%。

$$投资回报率（ROI）＝税前利润÷投资总额$$
$$＝18÷200$$
$$＝9\%$$

5月12日，龙腾公司成功获得F公司的投资200万元，此时ROI变为4.5%。

$$投资回报率（ROI）＝税前利润÷投资总额$$
$$＝18÷400$$
$$＝4.5\%$$

可以看出，税前利润没有变化，但是由于投资额变化，最终的投资回报率也忽高忽低，无法准确评估企业的价值。

在电商推广场景下，ROI被理解为投产比，是借用了投资回报率的概念。投入了2 000元推广费，产生了10 000元销售额，投产比为1∶5，即ROI＝20%。习惯上，在计算推广效率的时候，以7天作为一个周期，可实际上广告投入的回报期是不确定的，可能是1天、7天，甚至1个月、1年，或者完全没有回报。因此，这种表述方式容易理解，但是不够严谨。

(二) 总资产回报率 (ROA)

总资产回报率ROA反映的是每单位资产创造多少净利润的指标，体现了股东投资和外部借款共同的利润率。

天璇公司投资200万元成立了龙腾公司，并协助龙腾公司获得了100万元无息创业贷款，合计总资产 300 万元。经营一年之后，实现了税前年利润 18 万元，税后净利润 15 万元，则计算其总资产回报率（ROA）（不考虑品牌增值、固定资产折旧、债务利息等其他因素）为

$$总资产回报率（ROA）＝净利润÷总资产$$
$$＝15÷(200＋100)$$
$$＝5\%$$

总资产回报率（ROA）体现了经营者综合运用股东投资和借款的能力。但是在分配上，不能具体地体现出投资人的利益。投资人一般需要分红，但是不会收回投资，而债权人一般需要收回借款并索要利息。因此，当公司没有融资的时候，其与净资产收益率（ROE）指标实际计算值是一样的。

（三）净资产收益率（ROE）

净资产收益率（ROE）反映了净利润与净资产之间的比例关系。计算的时候，剔除了负债的因素，体现了 CEO 的盈利能力（净利润）、资产增值能力（总资产）、融资能力（负债），是当前评估企业盈利能力时用得较多的指标。

天璇公司投资 200 万元成立了龙腾公司，并协助龙腾公司获得了 100 万元无息创业贷款。经营一年之后，实现了税前年利润 18 万元，税后净利润 15 万元，负债 100 万元，净资产 200 万元，合计总资产 300 万元（不考虑品牌增值、固定资产折旧、债务利息等其他因素）。计算其净资产收益率为

$$净资产收益率（ROE）＝净利润÷净资产$$
$$＝15÷200$$
$$＝7.5\%$$

在本案例中，15 万元净利润是由股东的 200 万元和银行 100 万元无息贷款实现的。净资产收益率（ROE）指标并不考虑负债因素，只考虑股东投入多少钱，赚了多少钱，未来可能给股东分红多少钱。用别人的鸡，下自己的蛋。这种鼓励调用外部资源，帮助企业赚钱的模式，减轻了股东们的压力，也符合投资人追求较高回报的需求，成为衡量投资收益的重要指标。

拿股东的钱做生意是 CEO 的职责，但不体现 CEO 的能力。因为股东投资企业，是为了追求回报，也应当承担相应的风险。CEO 是股东选出来的，股东应承担其能力不足的风险。

能够低成本地借到钱（融资）是 CEO 的能力。让投资机构相信，它们的借款可以获得稳定、低风险的回报，是 CEO 体现了自己的能力。

二、ROE 的指标详解

由于净资产收益率（ROE）能够比较全面地展现企业经营真实成果，并清晰地体现投

资回报，因此逐渐成为衡量企业经营的重要指标。通过对其深度解析，可以给电商企业的管理增加新的算法，让领导力这个抽象概念变得具体、可量化。

$$ROE = 净利润 \div 净资产$$
$$= （净利润 \div 收入）\times（收入 \div 资产）\times（资产 \div 净资产）$$
$$= 净利润率 \times 资产周转率 \times 权益乘数$$

这 3 个指标分别代表了企业在经营中的不同能力，客观上也指导着整个公司的经营方向，如表 4-7 所示。

表 4-7　ROE 3 个指标的意义

指标内容	核心意义	如何提升	本质特征
净利润率	产品差价	压低采购价，提升销售价	品牌力（产品力）
资产周转率	销售速度	增强推广力，提高粉丝黏性	销售力（推广力）
权益乘数	融资能力	尽可能低成本地融资	融资力（低成本）

（一）净利润率

净利润率高代表企业或者产品的品牌力强，能够给消费者足够的确定性和安全感，有一定的溢价空间，在同样销量的情况下，能够获得更大的利润收益。反之，如果品牌号召力薄弱，则很难实现单品的高利润率，经营者往往采用低价模式，以销量换规模，以规模求利润。

标准的净利润应当是支付完工资、缴纳完相应税费之后，用于给股东分红的资金。

$$净利润 = 利润总额 - 所得税$$
$$= 销售收入 - 总成本 - 总费用$$
$$净利润率 = 净利润 \div 销售收入 ^{[①]}$$

需要注意，在计算净利润率时，并不考虑产品的库存情况，所以高利润率与高库存可能并存。

（二）资产周转率

资产周转率指一定时期的销售收入与平均资产总额之间的比率。计算公式为

$$资产周转率 = 销售收入 \div 平均资产总额$$

哪怕一笔交易赚得不多，经营者通过薄利多销，使资金快速周转，多转（赚）几次，一样也会提升收益率。**资产周转率高，代表的营销力和推广力强**。低价销售导致产品利润微薄，只有广泛且精准地触达潜在用户，才能实现多销。

资产周转率不考虑利润情况。如果靠亏损销售，或者靠高额推广费支出，使产品销售

---

① 严格上讲，销售收入包含主营业务收入，即直接销售经营产品收入，也就是产品销售额，还包含非主营业务收入，比如卖废纸箱、处置公司资产带来的收入。为了简便理解，这里的销售收入等同于销售额。

速度加快，是可以在短期内实现销售额和资金周转率双增长的。当然，这种增长不具备可持续性。

资产周转率与资金周转率在概念上有差异，也有相似之处。资金周转率是销售额与平均库存货值之间的关系。资产周转率则考虑销额与企业的资产之间的关系，包含存货、计算机、机器设备、直播设备、账目资金以及公司名下的车辆、房产等。如果仅考虑存货和资金作为主要资产，两个数据的数值是非常接近的。

（三）权益乘数

权益乘数指企业的融资能力。有了强大的、低成本的融资能力，意味着可以少投资或者不投资，可以用别人的钱去赚钱。

假设，龙腾公司有本金200万元，一年时间赚了15万元，收益率为7.5%（15÷200）。如果龙腾公司借到无息借款200万元，一年时间赚了30万元，还掉借款200万元，那么收益率为15%（30÷200）。这就是典型的借鸡下蛋模式。

对于店铺来说，应付的货款、快递费的账期也是融资的一种形式。

月初，从供货商进货10万元，双方约定月底结账。货物当月以13万元卖出，到了月底，结算货款10万元。3万元的毛利润可以看作是没有成本，凭空赚来的，提升了收益率。

此时，一个漏洞出现了：如果不做任何经营上的努力，单纯依靠融资，也能提升净资产收益率。

假设，公司资本金额为100万元，股东们要求企业ROE必须为50%，当前净利润率为15%，据此推算，资产周转率必须达到3.3才能满足要求，但是当前只能达到2.5，那该怎么办呢？计算公式为

$$净资产收益率（ROE）=净利润率 \times 资产周转率 \times 权益乘数$$

$$50\% = 15\% \times 2.5 \times 权益乘数$$

$$权益乘数 \approx 133\%$$

只要通过借款等形式再融资33万元，就能够满足净资产收益率（ROE）的要求。

通过不断地融资，可以短期提升ROE数据。但是，融资不仅要承担利息成本，还要承担到期偿还的责任。如果融资成本超过了企业的盈利能力，会造成亏损；如果到达还款期，企业无力偿还或者融资机构拒绝再提供资金支持，会出现资金链断裂，导致经营难以维系。

因此，股神巴菲特对净资产收益率（ROE）表达了既使用又谨慎的态度。

"我们判断一家企业经营好坏的主要依据，取决于公司的净资产收益率（排除不当的财务杠杆或会计做账）"。另外，巴菲特还在公开场合谈到，"我所选择的企业，都是那些净资产收益率超过20%的好企业"。

三、用 ROE 指导运营

(一) 合理的产品定价

定价无论高低，最终都要体现在利润贡献上。在前文中，我们探讨过定价的方法，对于大部分产品来说：定价高，销量就少；定价低，销量就多。

$$净资产收益率（ROE）=净利润率×资产周转率×权益乘数$$

$$净利润率=（销售利润-所得税）÷销售额$$

为了便于理解简化计算，暂时不考虑所得税问题，直接以利润率代替净利润率。资产平均余额包含了商品库存、办公设备、自有车辆、相关软件、房产等资产。考虑到电商企业大部分是轻资产运营，主要资金用于产品采购和经营。为了简化计算，只围绕销售额和平均库存货值进行计算，参照了资金周转率指标。形成如下公式

$$净资产收益率（ROE）=利润率×资金周转率×权益乘数$$

特别提示：该公式与杜邦分析法的原意存在着一定误差。本书面向企业经营的管理者，重点并不在普及财务知识，而是帮助读者运用相关知识，提升自身的管理能力和决策能力，因此必须要在严谨性、实用性、可读性之间找到平衡。考虑到大部分商业企业和电商企业在税务、固定资产投资方面支出较少，且难以获得精确的计算凭证，本着抓大放小的原则，本书使用了对 ROE 影响最大且容易采集到的数据进行计算。如果要非常精细化计算，还是需要专业人员参与，在此向会计学术界的前辈、各位学界同仁以及读者做出解释，并致歉。

在确定产品售价的时候，需要考虑 3 个问题：首先，需要有足够的安全库存，避免出现断货；其次，在资金有限的情况下，少进货，提高资金使用效率；再次，处理好售价和销量之间的关系。一般来说，**当进货价确定之后，售价（利润率）越高，销量（资金周转率）越低，反之亦然。**

天璇公司是龙腾公司的母公司，负责对其进行业绩管理和供货。今年对龙腾公司的业绩要求是实现净资产收益率（ROE）50%。当前，要求龙腾公司一年内销售 3 000 双新款运动鞋，供货价为 150 元/件，允许龙腾公司灵活定价。龙腾公司同类产品的资金周转率为 2.5，利润率为 20%。此时，龙腾公司没有对外的借款，怎么定价才合适呢？

根据要求，得出公式为

$$净资产收益率（ROE）=利润率×资金周转率×权益乘数$$
$$50\%=20\%×2.5×100\%$$

围绕净资产收益率（ROE）50%，可以得出多个计算公式。

$$ROE=50\%=50\%×1×100\%$$
$$ROE=50\%=25\%×2×100\%$$
$$ROE=50\%=15\%×3.33×100\%$$

$$ROE = 50\% = 10\% \times 5 \times 100\%$$
$$ROE = 50\% = 5\% \times 10 \times 100\%$$
$$ROE = 50\% = 2.5\% \times 20 \times 100\%$$
$$ROE = 50\% = \cdots$$

既然都能实现50%，那么其中任意两个等式也是相等的，即

$$利润率 \times 资金周转率 \times 权益乘数 = ROE = 利润率 \times 资金周转率 \times 权益乘数$$

则有

$$20\% \times 2.5 \times 100\% = 25\% \times 2 \times 100\%$$

如果产品利润率从20%上升到25%，那么销售速度（资金周转率）从2.5降到2，这两种算法的ROE都是50%。

龙腾公司的CEO必须去思考，哪种组合方式，既能保持50%的收益率，又能实现3 000件的销售任务？这里取前3个公式进行演算。

方案一，假设龙腾公司决定保持产品20%的净利润率，资金周转率为2.5，能不能实现销量目标呢？

假设销售额为A，则计算公式为

$$资金周转率 = 销售额 \div [(期初余额 + 期末余额^{①}) \div 2]$$
$$2.5 = A \div [(450\,000 + 0) \div 2]$$
$$A = 562\,500 （元）$$

当周转率为2.5时，销售额为562 500元。当产品单价为150元，总计为3 000件时，代入利润率公式，可得

$$利润率 = （销售额 - 产品成本） \div 销售额$$
$$20\% = [562\,500 - 产品成本] \div 562\,500$$
$$产品成本 = 450\,000 （元）$$
$$采购量 = 450\,000 \div 150$$
$$= 3\,000 （件）$$

当利润率为20%、资金周转率达到2.5的时候，既可以实现3 000件的销量目标，也能实现50%的ROE业绩目标。

方案二，假设龙腾公司决定保持产品25%的净利润率，资金周转率为2，能不能实现销量目标呢？

假设销售额为B，则有

$$资金周转率 = 销售额 \div [(期初余额 + 期末余额) \div 2]$$
$$2 = B \div [(450\,000 + 0) \div 2]$$

---

① 协议中要进45万元的货，所以期初余额为45万元，理论上年底要售罄，所以期末余额为0。

$$B = 450\,000\,(元);$$

$$利润率 = (销售额 - 产品成本) \div 销售额$$

$$25\% = (450\,000 - 产品成本) \div 450\,000$$

$$产品成本 = 337\,500\,(元);$$

$$采购量 = 337\,500 \div 150$$

$$= 2\,250\,(件)$$

当利润率为25%、资金周转率达到2的时候，无法完成3 000件销量目标，如果一定要保持这样的利润率，就需要把产品卖得更快，以提升资金周转率。

方案三，假设龙腾公司决定保持产品15%的净利润率，资金周转率为3.33，能不能实现销量目标呢？

假设销售额为C，则有

$$资金周转率 = 销售额 \div [(期初余额 + 期末余额) \div 2]$$

$$3.33 = C \div [(450\,000 + 0) \div 2]$$

$$C = 749\,250\,(元)$$

$$利润率 = (销售额 - 产品成本) \div 销售额$$

$$15\% = (749\,250 - 产品成本) \div 749\,250$$

$$产品成本 = 636\,862.5\,(元)$$

$$采购量 = 636\,862.5 \div 150$$

$$\approx 4\,246\,(件)$$

当利润率为15%、资金周转率达到3.33时，实现了4 246件的销量，超过了预期。

在保证净资产收益率（ROE）为50%的前提下，会有不同的利润率与资金周转率组合（此时暂未考虑权益乘数）。使用方案二，利润率上升5%，则销量比方案一下降25%；使用方案三，则利润率下降5%，销量比方案一上升41.5%，充分体现了价格对销量的杠杆作用，如表4-8所示。

表4-8 不同利润率和资金周转率销售成果对比

ROE=50%	利润率	资金周转率	产品销量	销量较方案一
方案一	20%	2.5	3 000	—
方案二	25%	2	2 250	−25%
方案三	15%	3.33	4 246	+41.5%

在这个案例中，3种组合都能够实现50%的净资产收益率。定价不同，销量也不同。方案二显然无法完成销量目标，需要淘汰；方案一正好能够完成销量目标，是比较优秀的选择；方案三超额完成了销量目标，但是利润率偏低，如果考虑到运动鞋的售后比例，则要进一步计算当前的利润率是否合理。

最终无论选择哪种方案，都是围绕净资产回报率（ROE）为50%以及公司资产规模来进行计算的，应把目标定在一个相对合理的框架中。

假设CEO选择了方案三，确定产品利润率在15%左右，那么负责销售的运营团队的任务就是在预定时间内完成4 246件产品的销量，而采购团队就要制定合理的采购计划，保持产品合理库存，与运营团队配合，使资金周转率达到3.33，才能实现最终50%的净资产回报率。此时，4 246件的销量和3.33的资金周转率也在客观上成为团队的业绩指标。

（二）合理的产品库存

到底应该进多少货？从不同的岗位、不同的角度、不同的资金状况出发，得出的答案是不同的。CEO需要超越部门利益，从公司的资金情况出发，以实现最大盈利作为终极目标进行判断。

运营部门认为，市场形势瞬息万变，有较多的库存就可以大胆做活动，搞营销，不会担心断货。

仓储部门认为，库存货物越少越好。货越少，占用资金越少，越容易盘点，各种管理的工作量也越少。

CEO也知道，如果货进多了，有销售不畅的风险，也会因为资金占用太多，而失去在其他项目上投资的机会；如果货进少了，供货能力就存在问题。尤其在直播场景下，与大主播合作突然爆火，销量会短时间内飙升，如果没有适当的库存，不仅错失了扩大市场、增加盈利的机会，还可能因为断货导致产品无以为继，丧失产品排名和店铺权重分。

在一定时间内，ROE稳定的情况下，利润率和资金周转率是呈反向运动的：利润率高，产品销售速度会变慢，资金周转率（所需要的库存货值）就相对低；利润率低，产品销售速度会加快，资金周转率就会增高。同理，在ROE稳定的情况下，利润率恒定，其库存周转率也相对稳定，意味着库存需求也是稳定的。

"合理的库存量"是能够符合销售速度（资金周转率）需求的产品平均库存（金额）数量，基于此，根据促销活动等特殊情况，进行灵活备货即可。

$$平均库存金额＝[（期初库存＋期末库存）÷2]$$

产品A的平均售价为300元，月销量300件，采购成本为200元，储运费用10元，推广费为15元，其他固定成本为6 000元。经过一段时间运营之后，该产品的ROE稳定在15%左右。预估合理的备货量为多少？

首先，根据利润公式，计算出产品A的利润率，有

$$利润额＝300×300－（200＋10＋15）×300－6\ 000$$
$$＝16\ 500（元）$$

$$利润率＝16\ 500÷(300×300)$$
$$≈18.3\%$$

其次，根据净资产收益率公式（ROE），计算出安全库存值

$$ROE = 利润率 \times 资金周转率^{①} \times 权益乘数$$

$15\% = 18.3\% \times \{90\,000 \div [（期初库存＋期末库存）\div 2]\} \times 100\%$

期初占用资金＋期末占用资金＝219 600（元）

在日常销售时，保持 219 600 元的产品为合理库存值。

在经营中，当采购资金有限，但是需要采购的产品较多时，可以参照合理库存，按比例进行进货。

已知，产品 A 的合理库存为 219 600 元，产品 B 的合理库存为 658 800 元。近期，公司经历了一场大促，两款产品都已售罄，由于资金还没有完全回笼，当前可用的采购款只有 800 000 元，应该怎么进货呢？

将 A 和 B 产品的安全库存值进行对比，并根据比例分配采购资金。

219 600∶658 800＝1∶3

按照比例分配，产品 A 可以进货 200 000 元，产品 B 可以进货 600 000 元。

当然，按照比例分配未必是最好的办法，但却是最公平的办法，最终仍然要靠 CEO 的经验做出判断。虽然本书一直强调数据可以作为重要的决策依据，但是，**数据只能表现历史，可以总结规律，并不能完全代表未来，企业家的勇气、直觉、偏执和冒险精神是无法用数据来衡量的。**面对资金不足的情况，CEO 有可能按比例分配采购资金；也有可能保障重点产品，压缩普通产品的规模；还有可能通过降低其他产品的价格，使用贷款等方式充裕资金。

（三）制定企业经营目标

在前文中，围绕某款产品，我们进行了各种目标测算。每一款产品的目标，最终要汇总成店铺或者企业的大目标，企业的大目标也为每款产品的具体目标做指引。

1. 公司以 ROE 作为发展目标

传统上，经常会用销售额数据作为发展目标。

$$销售额 = 访客数 \times 转化率 \times 客单价$$

这个公式无法反映经营中的各种变量，诸如产品断货、库存积压、利润高低等。企业在制定经营目标的时候，应当从净资产收益率（ROE）出发，寻求制定科学发展目标。

很多 CEO 喜欢定宏伟目标，比如："今年要实现销售额 5 000 万元！"请问，如果这 5 000 万元是以企业亏损为前提，那还有意义吗？如果公司自有资金只有 10 万元，也借不到什么钱，有可能实现 5 000 万元的目标吗？为什么目标正好是 5 000 万元，而不是 4 800 万元或者 5 500 万元？

---

① 资金周转率＝销售额÷［（期初库存＋期末库存）÷2］。

没有数据基础的发展目标，对企业是巨大的伤害。如果遵照执行，会导致运营动作彻底变形；如果不理会领导的豪言壮语，又会破坏管理的权威性和工作的有序性。

因此，以自身资金实力、经营环境为基础，围绕 ROE 制定目标，是相对科学的做法。

首先，ROE 是一个比例关系，比较客观地反映了投资与回报的关系，体现了企业的盈利能力，有多少钱，做多少事。

A 和 B 两家公司都实现了 100 万元的利润，一家有 500 万元资金，另外一家有 1 000 万元资金。二者之间的投资回报是完全不同的，因此对企业盈利能力的评价也是不同的。

其次，ROE 平衡了利润与销售速度之间的关系。由于各种因素限制，同样的产品在不同的店铺、不同的渠道、不同的运营方法下会有不同的表现。ROE 比较均衡地体现了不同行为的最后结果。

A 公司走高端路线，重视单品的利润率，销量少，服务好；B 公司采用薄利多销的模式，以量取胜。两种运营方式各有道理，最终都要以净资产回报率（ROE）作为衡量标准，数据高的为佳。

再次，从 ROE 中能发现运营中的优劣点。围绕确定的 ROE 目标，利润与销售速度会有不同的组合方式，如果其中两项指标确定了，第三项指标完成的情况可以成为考核的业绩指标。

天璇公司要求龙腾公司的 ROE 达到 50%。此时，龙腾代理一款新产品，该产品有销售限价，利润率被锁定在 20%，在没有其他融资的情况下，意味着资金周转率必须达到 2.5，才能实现 ROE 50% 的目标。

通过分解 ROE 指标，让决策有了量化依据。要想做好这款产品，必须至少解决采购价格和销售能力中的一项，如果解决不了，就无法完成要求的净资产收益率（ROE）。通过分解 ROE 指标，可以推导出公司每个部门、每个成员，对每一款产品的具体责任和相关业绩标准。

资金周转率代表的销售速度，也是运营团队的明确任务目标，必须达到一定的销量，才能实现 2.5 的资金周转率。假设，运营团队能力有限，根据过去同类产品的销售分析，最多能将资金周转率达到 2。如果要经营这款产品，采购部必须与供应商谈判，要求进一步降价，使利润率至少达到 25%。此时，采购部门又有了明确的任务。如果降价有难度，则需要公司各部门联动起来，从自身出发，找到各自降低成本的方法，此时全公司都围绕同一个产品形成联动，而这些工作成果又可以反哺到其他产品上，最终实现整个公司的成本下降，效率提升。

这样，在分解工作职责的时候，不再需要拍脑袋下任务，减少了工作中的阻力，提高了工作效率和认同度。

某款产品成本价 70 元，销售价 100 元，稳定库存货值为 40 000 元，扣除各种成本之后，要求销售利润率不得低于 10%，那么应该实现多少销售额，才能完成净资产收益率

(ROE)为25%的目标呢？基于这个目标，如何确定各部门的任务呢？

根据公式，得

$$净资产收益率（ROE）=净利润率\times资产周转率\times权益乘数$$

$$25\%=10\%\times资金周转率\times100\%$$

$$资金周转率=2.5$$

已知库存为40 000元，则

$$资金周转率=销售额\div[（期初存货+期末存货）\div2]$$

$$2.5=销售额\div(40\,000\div2)$$

$$销售额=500\,000（元）$$

为了达成ROE为25%的目标，运营团队必须完成500 000元销售额任务。

基于此，制定推广团队的预算和任务。

参照销量标准分摊固定成本，当前每件产品固定成本分摊金额为7元，当销量为5 000件时，应当分摊固定成本35 000元[①]。

已知该产品的单价为70元，销售价为100元，销售额为500 000元，固定成本分摊35 000元，储运费用以及各种损耗约7元/件，销售利润率不得低于10%，那么推广预算是多少？

根据公式，得

$$销售利润额=销售单价\times销量-变动成本\times销量-固定成本$$

$$50\,000=100\times5\,000-（70+推广费+7）\times5\,000-35\,000$$

$$推广费=6（元）$$

该产品平均每笔成交可以有6元推广费，实现5 000件销量，累计可以有30 000元推广费。

这种经过科学计算之后的工作任务，具有极强的说服力。基于盈利预期和确定性数据，可以推算出产品的销量额、推广的预算额，形成了整个运营团队比较明确的任务目标。

运营部门根据工作经验预估出流量来源的渠道、每个渠道的转化率应当达到多少、在某一渠道上预计能销售多少，以及存在的流量缺口要怎样完成。

推广部也会接到任务，该产品的推广预算最高为6元/件时，为了完成目标，需要在哪些渠道进行推广？又需要什么样的点击率？为了实现点击率，需要什么样的视觉支持？

直播部门会从运营部接到具体的任务，即在什么价格范围内销售多少产品，直播部负责人根据流量情况进行排班。

视觉部基于推广部的要求，又要做哪些工作……

---

① 分摊方法，参考本书第二章。

2. ROE 决策指标递进的逻辑

公司的各个指标中存在着一定的递进关系，如图 4-4 所示。

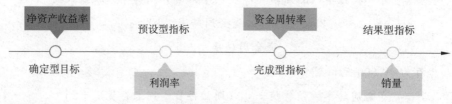

图 4-4　指标的递进关系

（1）ROE 是一个客观的确定型目标。店铺基于自身的资产规模，设定每年希望赚多少钱，计算出相应的比例关系。将店铺目标分解到每一个产品上，只有每个产品都达到了店铺目标，总目标才能实现。如果某款产品长期达不到店铺的 ROE 目标值，即使其短期内利润很高或者销售额很高，从中长期看也应该考虑将其淘汰，将腾出的资金投到更高 ROE 回报的产品上。

（2）利润率是预设型目标。基于采购价、竞争环境、经营成本等因素，留出合理的利润率，才形成了产品销售单价。如果利润率低，那么销售速度一定要快，这样才能实现 ROE 目标。如果利润低，销售速度慢，则该产品会成为拖后腿的产品。

（3）资金周转率是完成性指标。当产品进入销售环节后，高销量增幅有助于提升资金周转率；同时也要合理控制库存规模，尽量保证产品不断货，也不积压。

$$资金周转率＝销售额÷[（期初存货＋期末存货）÷2]$$

期初余额（期初存货）：由公司资金实力和业务要求决定。实力越强对期初余额的控制能力就越强，当货源紧张时，有能力优先囤货，扩大期初余额；当产品开始滞销时，又能减少进货、减少资金占用。

期末余额（期末存货）：受库存量和销售速度双重影响。在期初余额稳定的情况下，销量越大，则期末余额就越小。

（4）销量是结果型指标。销量是不可控的，受产品自身影响力、主播能力、店铺权重、单品权重、推广能力、推广预算、视觉设计、用户标签等诸多因素影响。涉及的环节越多，则销量实现起来越复杂，可控性就越差，任何一个环节出现短板都可能影响到销量的结果。

由于销售单价、存货都会对资金周转率指标产生影响，高销量未必能带来高周转率。这也从侧面印证了很多所谓的爆款不能给店铺带来利润的原因。

如果整个团队全力以赴，销量仍然未能达到目标，就需要重新审视决策流程。ROE 目标是否定得过高？店铺水平是否不足以支撑当前的利润率？让决策回归到符合实际的理性状态中。

总结：净资产回报率（ROE）是一个非常有价值的管理工具。它不仅体现了企业对股东的回报,还通过任务拆解,形成了理性目标,让每一款产品、每一个岗位都围绕客观目标形成具体、科学、可追溯的任务,且每一个任务都与其他岗位的任务形成耦合,从而在制度上保证了业绩的客观性、可视化,也有效地鼓励部门之间打破壁垒,增强协作与沟通。

本章小结

本章通过对价格战的拆解,阐述了价格形成机制和定价方法,以及如何预估产品的销量、如何制定合理的销量目标;同时,依托价格战的销量优势,分析了如何设定推广预算、如何在采购中获得优势,以及如何有效地控制储运成本和推广成本。

本章介绍了利润敏感系数的计算方法,分析了影响销售利润的四大因素:售价、销量、变动成本、固定成本,并重点对售价和变动成本进行了分析,围绕这两个数据探讨了哪个产品更适合参加价格战。

筹划价格战的过程,就是产品运营的过程。CEO 需要通过产品运营来管理好团队。通过科学制定目标、合理控制成本,增强团队能力;在战斗中发现问题,在战斗中解决问题。

用 ROE 工具去分析经营结果,掌握如何高效地提升资产的回报率,也为后续经营制定了科学的目标,为科学量化各个部门的工作打下了基础。

第五章
业务罗盘，从三个角度看管理

在前面的章节中，我们分析了产品的资金效率，从流量和利润贡献角度对产品进行了分层，并通过价格战视角，进行了产品运营分析，形成了具有指导意义的净资产回报率（ROE）目标，并围绕实现 ROE 目标，对每个产品进行了针对性优化，这些工作将推动整个公司盈利水平的提高。

在上述工作中，CEO 的角色是非常模糊的，似乎有一个运营总监就能把所有工作做好。的确，从管理者角度来看，CEO 的首要职责不是运营好某款产品，而是掌握业务罗盘，把控运营方向，从更宏观的视角发现问题、解决问题，保证上述工作的顺利进行。

刘邦说："夫运筹帷幄之中，决胜千里之外，吾不如子房（张良）；镇国家，抚百姓，给饷馈，不绝粮道，吾不如萧何；连百万之众，战必胜，攻必取，吾不如韩信。"

在上文中，刘邦谈了三个人：战略筹划靠张良，战略支撑靠萧何，战略实践靠韩信。用好了这三个人，战略目标就能够实现。但这背后还有更重要的第四个人——刘邦！他拥有了这些优秀的人才，具备了足够争夺天下的实力，可以站在帝王的角度，去思考这些问题；当他只是沛县的一个市井小民时，若说这些话，只会被别人认为是痴人说梦。

一个合格的 CEO 要聚焦核心业务，分清楚哪些事情该做，哪些事情必须放手让员工做；要从业务场景出发，围绕着持续盈利，对团队提出合理的要求，并从每个员工完成工作的过程和结果中，识人、用人、激励人。

第一节 | CEO 从业务角度看管理

通过分解净资产收益率（ROE）指标，每个部门、每个岗位都有了具体的业务职责。此时，CEO 的角色不是冲锋陷阵，不是去纠结某个产品的点击率和转化率，而是要从全盘视角，帮助经营团队把握好业务方向，帮助他们清扫障碍，时刻关注 ROE 的三个主要指标——净利润率、资金周转率、权益乘数的变化，发现前进中的问题，如图 5-1 所示。

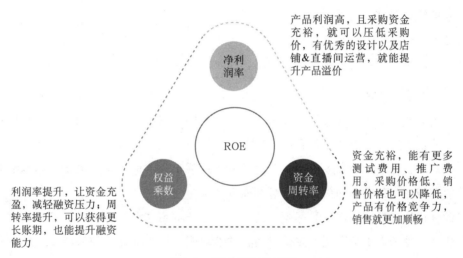

图 5-1　ROE 指标关系图

通过图 5-1，CEO 用排除法会发现当前经营的问题：如果产品利润率下降的势头不可抑制，那么就需要加快周转速度，适当延长账期，提升权益乘数；如果产品销售速度较慢，那么就需要在产品利润上下功夫，研究如何增加产品溢价，如何降低产品采购价格；如果发现市场行情好，但是缺乏资金，就需要提升融资能力。

一、销售额与利润的关系

（一）警惕战略性亏损

电商企业有电商平台、供应商、员工几个常见的合作方，这些合作方对企业销售额与利润持有不同的观点。

对于电商平台来说，电商企业的销售额越高，越能证明电商平台的价值。他们并不关心电商企业的盈利情况，只会鼓励企业通过多投放广告来换取更高销售额。

对于供应商来说，希望电商企业进货量越多越好，如果发现零售利润高，还会按捺不住,希望亲自下场分一杯羹。

对于员工来说,大部分时候其收入与销售额挂钩,只要能提升销售额,哪怕多投广告,亏本销售也在所不惜。

这些利益相关方,并不关心电商企业是否盈利,甚至还鼓吹战略性亏损,让商家放弃眼前的利益,期待未来的盈利。可惜,多年实践下来,不少商家只看到了亏损,从没看到战略。

在制定战略的时候,CEO应当同时关注销售额和成本两大指标,围绕盈利目标,画出各种成本的红线、各种费用的底线,分析出与盈利密切相关的单品盈利、成本分摊、边际成本、采购风险、价格策略等指标,并将数据指标转化为具体的工作任务,分配给各制定各部门,进而形成基于客观事实的业绩要求,才能解决店铺给平台打工、公司给供应商打工、老板给员工打工的难题。

做好了上述分析,制定了相对严谨的发展策略,在风险可控的情况下,才可以牺牲眼前的利益。**战略性亏损的重点,是在战略,而不是亏损。**

(二)设计盈利曲线

哪怕企业在经营中出现亏损,也要分析出亏损的原因。如果销售额太少,应该提升哪一款产品的销售额,才能立竿见影解决问题?如果成本太高,应该控制哪方面的成本,才是行之有效的?为了拓展市场份额,企业有意识地低于成本价销售,也要明确能够承担的亏损额的上限、如何弥补损失,画好盈利曲线。

以低价格换市场,要定好目标点。首先,要论证达到这个目标点后,可以获得的独家优势是什么;论证以多少资金、多长时间,才能达到这个目标点。如果涉及对外融资,还要考虑融资成本和风险,避免触发对赌协议[①]中的不利条款,承担连带的债务责任。

天璇公司销售男士皮带,当前产品进货价40元,随着采购量上升,还有较大的降价空间。公司决定投入100万元开拓相关市场,制订如下计划。

第一个月,产品进货价40元,销售价35元,销售1万条。其中,产品直接亏损5万元,运费5万元,推广费10万元,售后以及费用5万元,合计损失25万元。

第二个月,凭借足够销量,要求供应商降价到35元,仍以35元销售。随着推广经验的成熟,推广费控制在3万元,实现1.5万条销量之后,产生运费支出7.5万元,售后及管理费用5万元,当月损失15.5万元。累计亏损40.5万元。

第三个月,基于前两个月的销量,重新招募供应商谈判,要求压低价格。最终采购价压低到28元,并有3个月账期。此时,天璇公司在男士皮带这个细分领域已经有了足够的影响力,将产品售价调整到48元,仍然可以实现1万件的销量,产生毛利润20万元,运费支

[①] 对赌协议又叫作估值调整协议,是投资方与融资方在达成协议时,对于未来不确定情况的一种约定。如果约定的条件出现,投资方可以行使一种权利;如果约定的条件不出现,则融资方行使另一种权利。

出 5 万元，推广费 3 万元，售后及管理费 5 万元，实现盈利 7 万元。此时，累计亏损变为 33.5 万元。由于有 3 个月账期，扣除支出后，业务沉淀资金达到了 35 万元（48-5-3-5）。

第四个月，参加平台的大促活动，产品售价调整到 40 元，由于前期销量较好，获得很好的活动资源位置，产品实现了 10 万件销量，而推广费仅支出 4 万元。此时，销售额为 400 万元，产品成本 280 万元，运费支出 50 万元，售后及管理费支出有所上涨，达到 7 万元。当月实现盈利 59 万元。累计盈利 25.5 万元。当月业务沉淀资金达到了 339 万元，累计业务沉淀资金为 374 万元。

第五个月……

天璇公司的经营计划有明确的节点和目标：用前期亏损巩固行业地位，获得与平台、供应商的谈判筹码，迎来了后期的扭亏为盈和资金沉淀。

从产品端分析，每个月的销量和采购价格有明确的目标；从推广端分析，根据推广技术和经营环境有明确预算；从售后和管理费分析，严控各种成本，减少损耗；从盈利时间分析，将第四个月平台大促活动作为盈利的重点时间段；从现金流分析，第三个月开始有资金沉淀，第四个月开始扭亏为盈，并通过业务体量展现实力，为拓展其他业务做准备。

综上所述，天璇公司在制订运营计划的时候，充分考虑了资金、团队能力、配合效率等因素，团队各部门成员都可以找到自己在业务时间轴上的位置，了解每一个节点的任务，并做到合格，避免了各种内耗。

二、追求业务发展正循环

（一）从单项优势到全面优势

企业发展有两种路径：一种以利润为导向，不断积累，逐渐做大规模；另一种是以规模为导向，快速将体量做大，取得阶段性优势，再获取利润。以后者为例：以销售额持续增长为目标，并非不要利润，而是将利润通过产品价格、服务、再投资的形式花出去，扩大市场份额，形成行业壁垒。

这种模式需要 CEO 不仅有赚钱的能力，还要有花钱的能力和融资的能力。

从 2007 年起，京东在物流方面累计投入超过千亿元。这些资金包括自有利润的投入，也包括银行、投资机构的资金（物流投资符合国家产业政策，大量的土地、房屋等资产价值也容易衡量，加之当时地产热，能从各种渠道获得资金支持）。大规模的投资，曾经长期拖累京东的盈利。

截至 2022 年年底，京东已经在全国拥有 1 500 座仓库[①]，面积超过 3 000 万平方米，另外还有合作的云仓 2 000 多个。基于此，京东直营产品也实现了业内公认最快的到货速

---

① 同期，中国县级行政单位（不含市辖区）有 1 871 个。数据来源于民政部网站。

度，为京东母公司的长远发展打下了基础。同时，京东物流也能通过对外物流服务盈利，并于2021年在香港上市。

京东的案例，清晰地揭示了公司从追求规模发展、夯实基础，到追求长期回报的盈利路径。用销售利润去修建物流体系；强健的物流体系可以减少货损，加快到货速度，提升用户体验；用户体验感好，就会更喜欢在京东平台买东西，再实现销售利润，如图5-2所示。

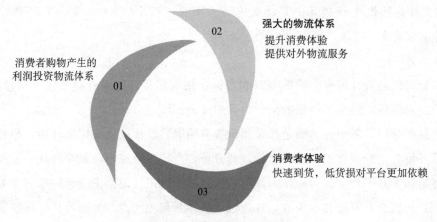

图 5-2　京东物流的正向循环

（二）用 ROE 实现业务平衡

先有规模，再盈利的发展模式，需要平衡好规模和利润之间的关系。CEO 要深刻理解单纯的规模大是没有价值的，当前的亏损是为了以后更高的收益。一个长期不能盈利的公司无法承担稳定就业，更没法给投资者合理的回报。因此，要用好净资产收益率（ROE）工具，实时评估净收益和净资产之间的关系，更好地评估公司的盈利能力。

A 企业年销售额 500 万元，B 企业年销售额 1 000 万元，最终年底利润均为 100 万元。谁做得更好呢？

如果以 1 年业绩为标准，显然 A 的 ROE 更高，做得更好；如果以 3 年业绩为标准，答案可能有变化。

A 企业利润率高，但是规模小，无论是供应商关系，还是平台影响力都偏弱，可持续发展情况不明朗；B 企业在软件设施、流程化管理、供应链方面做了更多投资，影响了短期利润，但长远发展能力更强。

换一个角度，答案可能反转。

虽然 A 企业销售额规模小，但是团队成员都是精兵强将，经营成本低，产品溢价高。B 企业虽然销售规模大，但是内部层级复杂，产品利润率低，还有一定的滞销品，拖累了利润。

再换一个角度，答案可能又有了反转。

A 和 B 两家企业，开业的时候，投入的资金都是 100 万元。A 企业用 100 万元资金，实现一年销售收入 500 万元，利润 100 万元；B 企业用 100 万元资金，实现一年销售收入 1 000 万元，利润 100 万元，显然 B 企业更加优秀。

站在不同的角度，答案可能会不断反转下去……

（三）用 ROE 确定企业发展模式

ROE 作为客观指标，可以把投资与收益紧紧地绑定在一起。企业应该走高利润路线，还是规模扩张路线，企业的利润应该进行分红还是用于技术升级，都是可以慢慢讨论的主观目标。最终这些主观目标的实践结果，要由 ROE 这个客观指标来衡量，帮助企业在规模和利润之间找到一个平衡点。

成功就是在预定的时间，达到自己想要的目标。能用确定的投资，得到确定的回报，就是经营的成功。

重视规模发展，不仅是为了抢占更多市场份额，而是要抢占更多行业资源，抬升新入局者的进入门槛；尽快充实资金实力，从低价厮杀中解脱出来，在行业中形成高位优势，对新的市场进行降维打击。

碳酸饮料市场就是典型的规模性市场。外资巨头抢占了国内主要市场份额。市场内耳熟能详的品牌——可口可乐、芬达、雪碧、百事可乐、七喜、美年达，基本都是可口可乐和百事可乐两大巨头的产品。纯国货品牌——北京的北冰洋、青岛的崂山可乐、沈阳八王寺、天津山海关、西安的冰峰、成都的峨眉雪、重庆的天府可乐、广东的健力宝，要么偏安一隅，要么在国际巨头的冲击下已经在市场上销声匿迹。相反，这几年比较著名的国产碳酸饮料——大窑香槟、元气森林等，往往都是通过细分容量、口味、成分等新领域，异军突起后，快速抢占终端，打通消费认知，形成规模型壁垒。

在矿泉水市场中，国产品牌长期处于领先地位，将规模市场做成了利润市场。娃哈哈、农夫山泉等品牌①横扫全国。可口可乐旗下的冰露矿泉水为了竞争，长期在 1 元左右的零售价徘徊。国产矿泉水相对高的利润使其拥有了较好的竞争优势，继而又推出"冰红茶""茶π"等产品作为碳酸饮品的替代品，进攻外资的优势市场。

同样是做渠道，同样在送水，洋品牌做得好碳酸饮料，却做不好普通的矿泉水；国产品牌要想抢占碳酸饮料市场，也必须从细分领域出发，寻找突破口。企业经营也是如此，在特定领域中形成正循环，才能持续推动业务向前进。

有的 CEO 的管理风格稳健，希望做成令人尊敬的企业，实现基业长青。但如果不注重利润，团队中的浪费、奢靡之风就会盛行；重投入、轻回报的项目也会增多；做错了事情也无人承担责任，美其名曰"交学费"。长此以往，企业之船虽然越来越大，却千疮百孔，纵使顺风顺水航向正确，也到不了胜利的彼岸。

---

① 娃哈哈创始人宗庆后，曾经荣登 2010 年、2012 年全国首富；农夫山泉董事长钟睒睒 2021 年、2022 年、2023 年连续 3 年蝉联全国首富。

有的 CEO 的管理风格急促，注重落袋为安。但是企业没有一定规模，长期处于产业链的末端，对上游没有议价能力，对平台没有谈判空间，团队成员也没有上升的通道，苟且于当下的订单业务，无暇思考未来的发展和转型。长此以往，这样的企业犹如一叶扁舟在商海漂泊，纵使每网都能捕到鱼虾，可是小船承载有限，无法获得更大的收获。

三、理性分析成本变化

通过前面的分析，我们发现成本控制能力体现了 CEO 的管理能力。一个优秀的 CEO 不仅要了解成本构成，也要了解成本变化所体现的经营信息。

（一）客观看成本增长

除了经营中的变动成本，每个公司都要承担大量的固定成本。薪酬成本和办公成本在固定成本中所占比例较高：招募行业内的顶尖人才，会导致薪酬成本上升；更换更大、更方便的场地，会导致房租成本上升。这些成本投入需要在一定时间后逐渐显示出价值。

固定成本变化本身是正常的，但一定要知道变化的原因。如果在没有做任何额外投资的情况下，固定成本的敏感系数[①]在上升，就需要警惕，查看公司的业务环节是否出现了某些重大的浪费。

1. 薪酬成本增长

随着公司业务的发展，薪酬成本一般会呈现增长趋势。公司在创业阶段，业务快速发展，一人多岗，重效率、轻流程，内部管理粗放，"大块吃肉，大秤分金"的管理风格掩盖了很多业务风险。随着业务稳定发展，各岗位需要明确分工、各司其职；财务制度、采购制度需要规范化；欠缺的社会保险、公积金等各种福利制度短板也需要补齐；以前可以"996"甚至"007"[②]，企业规范化之后，就要实行双休制、年假制。这一切都会导致薪酬支出上升。

严格来说，这并不是成本上升，而是成本回归。任何企业都不可能靠超时劳动去获得额外利润。提供更好的收入待遇、良好的办公环境，也有利于招募更优秀的人才，助力企业长期发展。

过去十几年以来，全球的互联网大企业都以福利高、待遇好著称。随着互联网行业从增量市场向存量市场转变，行业中的新锐入局者还在蚕食为数不多的市场份额，造成了普遍性的增长乏力。高昂的人力成本成为企业利润增长的拖累，裁员也就成为互联网企业控制成本的首要选项了。

如果薪酬成本上升迅速，超过了营业收入和利润上升的速度，就需要高度警惕。更直

[①] 利润敏感系数计算方法，请参考第四章第二节。
[②] "996"是指从早上9点工作到晚上9点，一周工作6天。"007"是指从上午12点到晚上12点，一周工作7天。二者泛指电商领域工作强度大，休息时间少。

白地说,此时就需要考虑控制人员规模,甚至裁员。

2. 办公成本增长

创业初期的企业对办公场地、办公条件的要求很低。大部分电商创业者的工作状态是左手操作计算机,右手打包发货。当业务达到一定规模之后,为了方便招募人才和对外业务合作,需要更好的办公场地、更好的内部装修,配置各种管理系统。这些投入是为未来更大的业务打基础,此时固定成本上升,也是一个正常现象。即使是苹果公司,也是在车库创业(见图5-3),待业务发展之后,再修建新的办公大楼(见图5-4)。

图 5-3　在车库创业的乔布斯

图 5-4　苹果公司的新办公大厦

有的公司对办公成本控制严格。特斯拉公司中国总裁的工位不仅与普通员工在一起,甚至连椅子都没有,只是一个站立式工位,如图5-5所示。

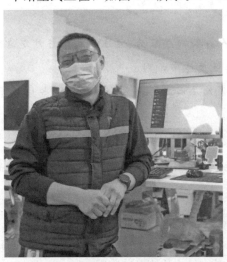

图 5-5　时任特斯拉中国总裁朱晓彤在上海工厂的工位

3. 经营成本增长

成本可以短期上升，但必须长期下降。招募优秀行业专家、建设更好的办公场地，都可以视为对未来的投资，由于业务规模尚未跟上，必然出现固定成本利润敏感系数上升的情况。只要在中长期，利润敏感系数能够下降，就说明投资是合理的、有价值的。

利润敏感系数给固定成本上升戴上了紧箍咒，防止低效率增长，影响企业的长期竞争力。

假设，当前某款产品的销售利润为 6 万元，销售额为 15 万元，各种成本合计 9 万元，计划实现销售利润增长 20%，达到 7.2 万元，3 种方案如下。

方案一，销售额和成本均增长 20%，实现 7.2 万元（18－10.8）。

方案二，销售额增长 40%，成本增长 53%，实现 7.2 万元（21－13.8）。

方案三，销售额增长 10%，成本增长 3.3%，实现 7.2 万元（16.5－9.3）。

方案一，业绩跟着行业趋势走，在原有的轨道上继续滑行，虽有成绩，但是并无创新；方案二，大投入，大产出，在行情好的时候，发展速度最快，但明显存在成本上升过快的问题，一旦行业发展陷入停滞，就会产生风险；方案三，相对稳健，内功扎实，效率较高。

上述案例中，在不同的行业和竞争阶段，每一个方案都有可取之处和风险，并不能简单地说哪一个更好。CEO 采用任何一种方案的前提，是掌握相关的成本对利润的影响，能够了解成本的变动情况。毕竟销售额受市场影响，而成本是可以自己把控的。

（二）细化成本基准线

当所有的成本能被统计，所有的工作能够被细化的时候，成本控制的方法也就出现了。下面以仓库为例，以管窥豹，来解释全公司的成本控制。

1. 制定薪酬成本基准线

发货是电商仓库人员的核心工作。所有进货、码放、入库、盘点、清理、包装等附属工作，都是为了能够快速发货而存在。因此，以发货量[1]作为计算仓库工作效率的基准线，是比较合适的。

假设其店铺仓库有 5 人，薪酬总额为 24 000 元，当月发货量是 16 000 件，所有货物能在 24 小时内发完，工作强度适中，则

$$单件人工成本 = 仓库薪酬总额 \div 当月发货量$$
$$= 24\ 000 \div 16\ 000$$
$$= 1.5（元）$$

意味着每发送一个包裹，除了要支付包装耗材费用和运费，还需要支付 1.5 元的人工费[2]。

---

[1] 考虑到一定有用户一次买两件单品或者更多，因此发货量会少于产品销量。

[2] 不同行业、不同地域之间均值差异较大，该数据没有绝对意义高低，自我对比即可。由于企业一定阶段内发货数量和员工人数是相对稳定的，甚至在一件货不发的情况下，也要支付薪酬，因此该项支出也相对稳定，为了方便计算，纳入固定成本进行统计。

经过几个月的测算，每月均值都在1.5元左右，说明这个成本是稳定的，员工能够完成，因此成为薪酬成本的一个基准线。考虑到通货膨胀等因素，这个值还会缓慢上升。如果某个阶段数值快速上升，意味着发货量太少，工作量不饱和，出现了人力资源浪费的情况；如果某个阶段数值迅速下降，意味着工作量快速增加，需要考虑合理增加人手或者增加自动化设备。

从控制成本角度分析：3个人做5个人的工作，拿4个人的钱，是一种降低成本的方法；但是想让3个人做10个人的工作，拿6个人的钱，则会造成人员流失，反而需要更多的招聘和培训成本进行弥补。要想实现工作效率的提升，人工成本的下降，只能依托于技术和工作流程的优化。

2. 设备成本基准线

随着技术的发展，仓库中有越来越多的自动化设备。在是否使用设备问题上，也可以参考单件人工成本。

已知，店铺仓库有5人，薪酬总额为24 000元。当月发货能力是16 000件，人均发货成本为1.5元。

如果未来业务上升到40 000件，增加人手与增加自动化设备，哪一个更合算？

按照1.5元/件的成本计算，如果发货量到达40 000件，薪酬总额为60 000元。

假设，设备为12万元，设计使用寿命8年，每月可以打包30 000件。为了维持机器运转，需要3人进行操作。

$$每月设备的折旧成本 = 120\ 000 \div 8 \div 12$$
$$= 1\ 250（元）$$
$$3名操作工薪资成本 = 24\ 000 \div 5 \times 3$$
$$= 14\ 400（元）$$

经测算，机器能够完成的工作为30 000件，需要设备成本和操作成本15 650元（1 250＋14 400），再考虑由此增加的电费、维修费，每月预计需要17 000元。另外，由于部分产品不规则，不适合机器包装，需要由人工完成10 000件，单件成本为1.5元，则人工包装成本为15 000元，合计每月需要支付32 000元。

上设备后，每月包装方面支付的成本为32 000元，小于增加人手的60 000元，更加合算[①]。

需要注意，仓库类岗位与发货量是被动挂钩的。如果因为产品断货、链接下架，或者城市管控等因素，导致无法发货，会呈现出人工成本上升的情况，这并不是仓库的责任。

---

① 虽然自动化设备不会闹情绪，不会迟到早退，不会要求交社保，但是也有一定的维护需求，且一次性投资较大、占用场地较多。在正式采购设备之前，要充分考虑其功能是否与需要相符，以及维护成本的高低。某些设备的功能单一，比如，包装设备只管包装，因此要筹划好如何解决产品包装完毕之后的码放、转运工作。此外，设备往往优先包装标准化产品，而用人工包装的产品往往有一定的包装难度，相对效率可能会下降，亦会使成本上升。

同样,如果业务量暴涨,导致发货能力不足,货物不能及时发出,也无法追究仓库的责任——压力已经很大了,再去指责,恐怕就没人干活了。这里以仓库为例进行人力成本分摊,更像做一把尺子,以帮助 CEO 增加一个看问题的角度。

3. 耗材成本基准线

仓库发货常用的包装材料有胶带、纸箱、气泡垫、塑料袋等。如果发货量少,倒也不必刻意去计算成本;如果发货量大,就需要制定耗材使用标准,以便有效控制相关成本。计算公式为

$$耗材使用率 = 耗材货值 \div 发货数量$$

月初盘点有胶带、纸箱、塑料袋等耗材 40 000 元,月中又进货 30 000 元,到了月末,盘点剩余耗材 50 000 元,当月共发货 16 000 件,则

$$当月使用耗材货值 = 40\,000 + 30\,000 - 50\,000$$
$$= 20\,000(元)$$

$$单件货物耗材成本 = 20\,000 \div 16\,000$$
$$= 1.25(元)$$

在 CEO 的管理工作中,耗材似乎是一件不重要、不紧急的小事。但从上面案例可以看出,一个包裹多花 0.5 元,每月发 16 000 件货,就多支出 8 000 元,一年就会产生近 100 000 元的损失。这在任何一个公司里都不是一件小事。当然,如果 CEO 为此跑到一线,对员工指手画脚——哪件货胶带缠得多了,哪件货用的纸箱厚了,也会显得非常可笑。

管理者要从规则入手,不应当纠结某一个包裹的耗材情况,而是制定耗材消耗率标准,通过制度和规则,把过高的损耗降下来。

4. 完善成本控制制度

对于任何单一的控制成本的指标,员工都会想方设法让老板满意。但是最终结果,往往与出发点背道而驰。

小张是一线的打包员,他听说公司要考核耗材指标,用得越少,业绩越好。于是他立刻行动起来,该用 5 层纸箱的改用 3 层,该放填充垫的塞上报纸凑合,该缠 2 圈的胶带改缠 1 圈。包材的消耗迅速下降了,小张得到了表扬,也拿到了奖金。

由于包装成本过度节约,发出去的货物出现了较多的破损,带来了较高的售后损失,小张对此毫不在意,因为货损并不在考核范围内。

因此,在确定制度的时候,要理解孤证不立的道理,必须考虑多方面因素,减少政策漏洞。为了杜绝类似上述的不良现象,CEO 根据过去几个月的售后金额和销售额的比例关系,设定了一个新的指标——货损率指标。计算公式为

$$货损率 = 售后金额 \div 销售额$$

假设，每月销售额 100 万元，货损率不得高于 5‰，也就是 5 000 元。

当两个指标互相牵制的时候，对于仓库里面的每一位员工来说，都必须考虑如何在保证发货质量的前提下，尽可能地节省包材成本，实现公司利益和个人利益的统一。

这个制度执行了一个月后，又出现争议。很多售后问题并不是由仓库造成的：物流运输中的野蛮装卸，可能导致货损；用户想退货，又不想承担返程运费，也会以产品有瑕疵为由来要挟；有时候一些小瑕疵，完全可以跟顾客协商解决，但是客服为了减少工作量，一律退货了事。这些原因，都会导致货损率提升。全部让仓库承担这方面的责任，显然不合理。

公司政策一方面要保持相对稳定，同时也要根据具体情况做灵活调整。由于货物损坏涉及采购、客服、仓库、快递公司、客户等多个方面，如果每一单都要查清楚真实原因，效率过低。因此，CEO 乾纲独断，按照实际发生额的 30％ 计算仓库端责任，制定新的货损率指标为

$$货损率 = 售后金额 \div 发货数量 \times 30\%$$

设计损耗类指标目的在于控制成本，而非阻碍业务增长，不能为了完成指标，影响发货速度或者业务增长。"双 11"大促的时候，仓库的重任是快速发货，控制耗材成本并非当务之急；大促之后，售后比例肯定会相对提高，如果过于纠结成本控制，那下一次大促工作效率一定会下降。

CEO 可以在特定时候，放松某些要求，甚至对于某些指标，也未必需要进行业绩考核，只要定期公布仓库每个员工的发货量、耗材使用率、货损率指标，在团队中形成良性竞争，鼓励仓储团队自己制定打包发货的规范，相应的管理成本也会大大降低。

5. 增强全员成本意识

在线下经营的企业，各家的经营成本是比较接近的，而线上经营企业的成本会千差万别。

张三和李四都在街角开了一个服装店。他们的房租、水电费、员工的工资成本基本相同。而线上经营则不然，阿强的店铺设在上海浦东新区高档写字楼中，阿兰将店铺开在山东省昌乐县的一个产业园中。两家店铺的房租、水电费、员工成本都有巨大的差异，消费者通过网络进行采购的时候，只会关心产品，不太会关心店铺开在哪里。这些成本的巨大差异，最终都会体现在店铺利润差异上。

对于 CEO 来说，他很难改变企业所在地，那么意味着企业的薪酬成本、办公成本、经营成本都很难降低。所以需要增强全员的成本观念，增强大家的经营参与感和主人翁意识。哪怕是随手关灯这样的小事，只要处处留心，也能给公司节省大量成本。例如能耗指标、房租效率等，计算公式为

$$能耗指标 = 水电费用 \div 销售额$$

$$房租效率 = 房租费用 \div 销售额$$

（三）核心成本的效率

前文中的成本，大多是指公开的、鼓励人人参与、共同控制的成本；而核心成本，往往是 CEO 私下计算，未必公开的成本。例如，人均销售额、人均利润额、薪资贡献率等指标，计算公式为

$$人均销售额 = 销售额 \div 员工人数$$

$$人均利润额 = 销售利润 \div 员工人数$$

$$薪资贡献率 = 销售利润 \div 薪资总额$$

这些指标充分展示了团队的价值。从团队管理的结果来思考，一定追求这 3 个指标越来越高。如果指标连续 3 个月持续下降[①]，就需要引起警惕，如表 5-1 所示。

表 5-1　人均效率与薪资效率分析表

人均销售额	人均利润额	薪资贡献率	情况分析以及改进意见
上升	上升	上升	情况良好，CEO 可以增加对团队的授权，助力其成长，重点将成功经验总结成方法论，用于未来参考
上升	下降	上升	与增加低薪人员相关，如仓库增加大量临时工帮助发货。短期内优势明显，中长期效果还有待观察
上升	上升	下降	通过减员增效提升了人均收入。可能在一些重要岗位缺乏人才备份，需要预防未来核心员工离职带来的业务风险
上升	下降	下降	业务增加，利润下降，产品盈利能力被削弱，需要从深挖单品利润入手，并增强全店成本控制能力
下降	上升	上升	淘汰亏损产品，导致销售额减少，利润相对增加，后期需要有新产品拉升销售额，以维持整体的业务规模
下降	上升	下降	销售额下降，可能由于工作量少，导致低薪岗位人员离职，但是高薪人员并没有提升销售额和利润的方法
下降	下降	上升	高薪核心岗位人员流失与公司销售额、利润额下降互为因果，当前销售有吃老本的情况，公司未来可能有重大风险
下降	下降	下降	公司存在重大危机，中层有可能对 CEO 隐瞒真相，人才流失，业务下降。需要从业务端做深刻改革，防止情况恶化

上述分析可以作为一个宏观角度的参考，CEO 可以结合各种数据指标，综合判断当前的经营态势。

（四）分析时间成本

时间是唯一对所有人都公平的资源。时间成本是指做某件事情所要花费的时间，而这个时间可以换算成货币价值来衡量。它可以帮助 CEO 更加明智地决策，如何分配时间和资源以确保公司高效运作。

为什么高薪岗位容易招到人？因为同样的工作时间内，收入越高，个人价值的回报就

---

① 即使对于生鲜等季节性较强的行业，该分析也有参考意义。数据下降说明，在淡季没有找到对应补充的产品、实现全年持续经营，或者在淡季没有及时调整人力结构导致成本过高。

越大，所以人人趋之若鹜。

为什么高薪工作岗位只愿意招高学历、高业绩履历的人？因为能进知名高校的人，说明其在有限时间内有更强的学习能力；高业绩履历的人，说明其在有限的时间内能创造出更多的价值。换一个角度来说，这些人为了高学历、高业绩履历付出了高昂的时间成本，当前的高薪只是对他们之前付出的一种承认。

高学历、高业绩履历，成为人才的筛选工具，可以帮助用人机构节省大量面试、试用、磨合的成本，提高用人机构的工作效率。

在网约车平台普及之前，大家或多或少遇到过出租车拒载的情况，司机们远的地方不去，近的地方不去，不远不近的地方也不去。好像每个司机都不想接你的单。难道是司机想偷懒吗？是他们服务态度恶劣吗？可是转眼他就拉着其他乘客开走了。

这背后是什么原因呢？从时间成本的分析中就能找到答案。

假设，某地出租车起步价12元（2公里内），2公里以上每公里3元。每台车、每天向公司交200元管理费，每天工作20小时[①]，每小时支出管理费（固定成本）10元；正常情况下一天能接80单左右，平均每单的管理费（固定成本）为2.5元。另外，此车辆运营成本为每公里2元[②]。

当道路畅通时，有2个订单，A乘客距离目的地只有1公里，B乘客距离目的地有8公里。请问，司机喜欢接哪位乘客呢？如表5-2所示。

表5-2 不同订单带来的不同收益

乘客	里程/公里	固定成本/元	变动成本/元	销售收入/元	利润额/元	利润率/%
A	1	2.5	2	12	7.5	62.50
B	8	2.5	16	30	11.5	38.33

显然，A乘客的超短途订单的利润率达到了62.5%，所花费的时间成本也较少，是非常合算的。在完成这一单之后，可以快速接下一单，又增加了机会成本上的优势。

在乘客说出目的地的瞬间，聪明的司机们已经完成了对这个订单的时间成本的计算，如果收益过低，就拒绝接单，选择其他乘客。

时间就是金钱。店铺为了一款产品，投入了巨大的精力，付出了高昂的时间成本，但其销售规模未达到预期，总是在盈亏平衡点波动。这时，加大推广成本，销量就会上升；减少推广，销量就会下降。有限的利润都被推广费蚕食掉了，那么这类产品要不要继续运营？如果停掉，前期投入就会付诸东流；如果继续做，就像一个无底洞，不知道什么时候能够填满。

"当断不断，反受其乱"，太多的商家过于相信：时间自有公道，付出总有回报。在流

---

① 很多出租车是两个司机，来回倒班工作，歇人不歇车。
② 包含了车辆所需要的油费、电费、车辆维修、保险等。

量红利时代,只要流量持续增长,产品再差,也可以有所收获。随着流量的分散,竞争加剧,给每个商家的运营产品的时间越来越少,机会越来越少,如果在一款产品上过于执拗,就会支付高昂的时间成本,错失其他好产品。

(五) 分析机会成本

机会成本是指为了做某件事情,而放弃做其他事情的机会,失去做其他事情可能获得的收入。它描述了当企业选择从事某项经营活动时,所放弃的其他潜在机会的价值。**每一次选择都伴随着放弃其他选择的代价。**面对各种产品、各种商业机会的诱惑,CEO应当如何取舍,如何选择最符合企业发展的路径呢?

从出租车司机选订单的角度分析,可以帮助我们理解机会成本。

周五下午6点左右,天降暴雨,某乘客希望打车到1公里之外的商业街去,司机大概率也会拒载:因为太堵车。一旦堵车,1公里的路程走20分钟也不稀奇,那就无法实现低价格、高销量,与其在商业街中缓慢前行,不如去接一个8公里、不堵车的订单。

当乘客从机场、高铁站打车时,那些"趴活"的司机,也习惯对近距离订单进行拒载,其背后的原因也是机会成本不合适。司机每天的固定成本是200元,这与他每天接多少单没有必然关系,过去平均每天接80单是一个经验值。即使这个司机一天只接1单,收入50元,要支付的固定成本仍然是200元。

这个司机在机场"趴活"4个小时后,固定成本是40元①(200÷20×4),那么他接到乘客,跑多少距离才能够回本呢②?

假设其行驶里程为A,则有

利润=销售单价×销量−变动成本×销量−固定成本

$$0 = [3 \times (A-2) + 12] - A \times 2 - 40$$

$$A = 34 (公里)③$$

只有34公里以上的订单,司机才能保本(实际上,考虑实际路况和限速,34公里需要跑1小时左右,又会产生新的时间成本,实际保本线要更高)。如果发现订单距离太近,就会出现拒载或者绕路的情况。只有这样,他们才能减少损失,收回成本。

既然"趴活"不合算,为什么有司机会去做呢?这又涉及机会成本的问题,出租车在市区里盲目转悠,并不能随时都接到乘客,但是仍要支付各种成本。去机场、高铁站的路途较远,订单金额比较高,收益高。到达目的地后,空驶回来,也是浪费成本。就不如赌一把,去"趴活"了。

在机场"趴活"的司机们,放弃了在市内巡游获取小额订单的机会,减少了日常的损

---

① 每辆车两个司机倒班工作,每天累计工作20小时,每天需要上交管理费200元。
② 利润为0的时候,正好不亏不赚,处于回本状态。残酷车费计价标准是:出租车起步价12元(2公里内),2公里以上每公里3元。车辆运营成本为2元/公里。
③ 前2公里收12元起步费,所以行驶里程需要减少2公里,并加上12元的起步费。

耗和成本支出，期望通过在机场、高铁站排队，获取更大订单的机会。

店铺选择经营产品 A，客观上就放弃了做产品 B 的机会。在那些被冷落的产品中，或许有一个就是明日之星，由于未被人识别，而错失了市场机会。

花重金做产品 A，有点像出租司机在"趴活"，万一赌赢了，就赚得盆满钵满，一旦没赌赢，就会付出较大的代价。

（六）全面控制成本

企业在经营中会有多种成本，建立全方位的成本控制理念，才能在经营中立于不败之地。成本控制并不等于吝啬，而是让每一分投资都能产生合理价值。

网约车诞生之后，通过算法均衡了司机们的时间成本和机会成本，减少了车辆空驶里程，提高了车辆的调配效率，给传统的出租车行业造成了巨大冲击。

传统巡游式出租车的价格体系，沿用古老的"刚性销售价＋刚性成本价"模式，锁定了销售价格的同时，完全忽视了司机的时间成本和机会成本，没办法帮助司机摊薄固定成本，降低变动成本，再加上评价体系与收入无关，司机通过糟糕的服务获取的利益更大，形成了劣币驱逐良币，导致行业口碑不佳。

网约车使用弹性销售价来对抗刚性成本。在分配订单时，先考虑评分因素，低评分的司机无法获得优质订单，再增加弹性收入（近距离派单、调度费、小费、顺风车），用这些形式尽可能地抵消刚性成本。司机有更好的服务，才能有更好的订单，收入才会增长，形成正向飞轮[①]。

由此，传统巡游式出租车被网约车冲击，并非政府的监管有偏向，也并非网约车的司机思想觉悟更高，而是不同成本模型下利益驱动的结果。

将出租车、网约车和电商经营结合起来进行比较，似乎非常奇怪。但是商业的本质是一样的，盈利的公式也是一样的，电商的 CEO 也会遇到同样的烦恼，如表 5-3 所示。

表 5-3 出租车、网约车和电商经营的纵向比较

行业类型	是否可自由定价	更多销售渠道	平台监管维度	降低成本的方法
出租车	难（一般需要开听证会，政府定价）	无	是否有用户投诉	多拉快跑，拒载不合算订单，绕路以增加里程
网约车	根据需求，系统调价 允许接收小费	拼车、快车、专车、顺风车	用户投诉＋打分	订单质量与服务质量和工作量挂钩
电商经营	实际比较难（受同行竞争、经营成本限制）	淘宝、天猫、京东、拼多多、抖音	销量、复购、互动投诉等形成评分机制	压低采购价格，提高推广效率，提高人员效率，减少意外损失

[①] 无论是出租车还是网约车，沿用的管理模式都有其特殊的背景和特点。当前司机群体的生存状态普遍艰难也是实情，这里仅从成本角度进行分析，未考虑其他因素。

电商交易具有距离远、间接交易的特点。但是买家和卖家彼此不认识,如何实现交易信任呢?平台会强制开通七天无理由退货①,提供如破损包赔、送货上门等增值服务。如果商家选择了这些服务,在产品排名体系上,就比没开通的店铺排名更高一点。售后纠纷少、处理售后问题速度快、产品评分高的店铺在排名上也高一点。

这些高的排名累加起来,就会帮助店铺获得更多的流量和销量。有时,商家甚至会为了长期收益而对某个用户的不合理要求忍气吞声。可见,用商业的方法解决商业的问题,比用道德教化和严格监管解决问题效率高得多。(市场内也有一部分职业索赔人,恶意使用规则,虚构商家违法证据,以仅退款等多种形式敲诈商家,这些违法行为也是应该被正视和规范的。)

从产品运营角度思考,可以认为,为了获取流量,店铺要支付更多的成本。从 CEO 的管理角度思考,支付了这么高的成本,是否撬动了更多的收益呢?

为了更好地贴近服务客户,提升用户体验,天璇公司批准了在全国设立 3 个办事处(增加固定成本),增加推广费,全面采用定制包装箱(增加变动成本)发货等成本支出。从短期看,增加成本一定会减少利润;从中长期看,提升了用户体验,有助于增强用户黏性,增加复购率,降低获客成本,增加利润。

那么,如何评估这些投入是否增加了企业的利润呢?

已知,天璇公司当前的销售利润为 399 400 元②,毛利润为 3 450 400 元,其他变动总成本为 1 551 000 元,固定成本为 1 500 000 元。计算公式为

销售利润=(售价-产品采购价格-其他变动成本)×销量-固定成本

=毛利润-其他总变动成本-固定成本

参考利润敏感系数的计算方法③。假设,当固定成本上升 20% 时,对销售利润的变动影响系数为 3.75;当其他变动总成本上升 20% 时,对销售利润的变动影响系数为 3.88。其他变动总成本中包含了推广费④、包装耗材、运费、积分、售后、增值税等支出。

当前,可以将 3.75 和 3.88 作为两个刻度尺,分别评估企业的经营效率。

如果设立办事处后,经过一年左右的运营,固定成本的价格敏感系数降到了 3.75 以下,说明固定成本在整体销售额中的占比在减少,对销售利润的影响在下降,投资是有价值的;反之,则说明投资的效果不理想,有所浪费,或者仍然需要时间去验证。

增加推广费和采用定制包装箱后,经过一年的运营,变动成本的敏感系数上升到 3.88 以上,说明成本上升速度快于利润上升的速度。需要进一步分析上述两项投入是否符合公

---

① 根据《中华人民共和国消费者权益保护法》第二十五条,部分行业可以自主选择是否开通七天无理由退货。
② 数据来源可以参考第二章第二节表 2-4。
③ 利润敏感系数计算方法,可以参考第四章第二节。
④ 推广费作为重要的变动成本,也可以用于全公司敏感系数利润分析,但是由于很多推广成本是针对具体产品的支出,而且每个产品的花费也不相同,其计算出来的敏感系数具有一定的参考性和方向,不宜作为决策依据。

司整体战略,哪一项做得不好,还可以进一步优化。

在实践中,任何一个细节指标的变动,都会对利润产生影响。因此,可以对平均售价、销量、变动成本、固定成本等影响利润的指标进行进一步拆解,如图5-6所示。

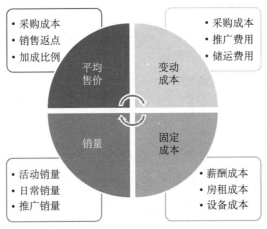

图5-6 核心四大指标拆解

将大指标拆解成小指标,参考利润敏感系数的计算方法,对可量化的指标进行计算,通过其敏感性的变动趋势,来分析在具体的某个细节的变化情况。

第二节 | CEO从团队角度看管理

企业经营工作千头万绪,再优秀的CEO也是凡人。他有情绪、有压力,对事物的认知有局限性,不可能对每一件事情都做出最科学的判断。CEO要正视自己的局限性,从大局出发,不能只拘泥于某项具体业务,要透过某件事,发现团队中存在的短板,大胆地对不重要的事情放手,把精力集中在建立规则上,聚焦战略,找到适合自己的管理支点。

一、发现团队能力短板

CEO每天都会面对大量临时性的需求,下属会匆匆地走来,寻求领导的最后决断。甚至有些CEO从中找到了行使权力的快感,醉心于这种众星捧月式的感觉。可是,事实真的如此吗?

采购经理走进CEO办公室,他最近与供货商谈判,取得重大进展。甲产品的采购价可以打8折,但是月订货量要从2 000件提升到5 000件,他来请示一下领导,要不要进货?运营经理听到这个消息,立刻说:如果甲产品采购价能降低,为了提升产品销量、拉升店铺成交权重，产品的售价可以进一步下调，打一轮价格战，给竞争对手点压力。

面对这两个问题，CEO陷入了沉思：无论最终的答案是什么，他作为最后的决策者，都要承担决策后果。但是这样科学吗？往好的一面理解，下属的行为叫作事事请示，领命执行；往坏的一面说，这二位经理只做传声筒，不为工作负责任，只说了事的表象，而没有洞察事的本质。他们用一些片面的、有限的信息给上级做判断，纵然没有误导之心，客观上也影响了上级做出正确决策。

从前面的章节中，我们已经了解，在讨论"以价格换销量"的问题前，要考虑诸多问题。

资金是否充裕？

产品是否能快速销售？是否存在款式过时、保质期限制、售后保障不力的风险？

供应商是否存在跑路风险，是否能继续履行售后支持？

产品降价，相应的运费、付款条件、结算周期是否有变化？

假设此时公司资金充足，也有较强的销售能力，请问是否要进货？

根据新的采购量，新价格是否真的优惠？

如果把采购资金投入到其他产品上，或者进行其他投资，是否会有不同收益？

在讨论价格战前，也要考虑如下问题。

降价后，销量提升到多少，才能够弥补降价带来的损失？

价格降低到多少，能够撬动销量杠杆，实现销售额快速攀升？

销量攀升之后，预计需要增加多少人员和售后成本？

如果降价之后销量没有较大增长，是否需要增加推广，又需要多少预算？

如果竞争对手也同时降价了，是否有应对预案？

以价换量不是问题，资金也不是问题，甚至，是否需要采购这个产品都不是大问题；但是中层领导在寻求CEO最后决断前，未能做好相关分析，才是大问题。

通过这件事情可以发现，这两位经理的业务能力存在重大不足：缺乏系统化思维，对于工作中遇到的问题，没有计划、没有方案，不具备决策分析顾问的能力。仅凭一个信息，就来CEO处寻求认同，甚至有给领导"挖坑"的嫌疑。也许，他们对领导足够忠诚，会将第一手信息如实汇报，可这只是对"信号兵"的要求，不是中层管理者的核心品质。

此刻，对于CEO来说，最重要的不是进不进货、打不打价格战，而是考虑如何提升这两位中层领导的能力，思考他们为什么能力不足，却又能位于管理层中？

二、分析团队短板的成因

当前两位经理存在能力上的短板，CEO要从多方面寻找解决问题的思路，分析当前问题的成因。常见的有：不敢做事、不会做事和不想做事几种情况。

(一) 怕犯错，不敢做事

公司的职场规则不允许员工提出观点，任何意见都会被视为对领导权威的挑战。在领导眼中，领导的指令都是正确的，下属都是执行者，事情做得不好，一定是执行力不到位造成的。

有一位女企业家，几乎每次出现在媒体面前的时候，都会展现出严厉、霸气的一面：万事都挑刺，事事不满意，对下属动辄大声呵斥。难道这些毕业于知名高校，在企业摸爬滚打、工作多年的员工真的有那么不堪吗？近两年，其企业频繁曝出高管、直播核心团队成员陆续离职，甚至部分校招员工离职率高达35%的新闻，也不足为奇了。

下属如果不合格，是怎么被招聘到企业里来的？究竟是多么不靠谱的招聘制度和招聘流程，能让这么多不合格的人进入到公司里呢？其实，员工能够进入企业工作，说明学历、能力已经得到基本认可。员工不称职、高离职率的问题，未必出在员工身上，往往是企业的制度、文化、待遇出现了较多的问题。

毛主席曾勉励广大青年："世界是你们的，也是我们的，但是归根结底是你们的。你们青年人朝气蓬勃，正在兴旺时期，好像早晨八、九点钟的太阳。希望寄托在你们身上。"

对内，企业发展离不开年轻人的思维和新的理念；对外，无论是产品销售还是树立品牌形象，企业都要不断取悦年轻人，才能赢得未来的市场。作为业界前辈，一方面，要容忍年轻人犯错，有错误才能成长，谁不是从坎坷中成长起来的呢？另一方面，所谓错误，只是时代局限，老一辈看不懂新一代造成的。

20世纪80年代，大人会说，电视会毁了孩子；20世纪90年代，大人会说，电子游戏会毁了孩子；进入21世纪，大人会说，互联网会毁了孩子，手机会毁了孩子。其实，能够毁了孩子的，只有上一代人。

一个强势的CEO，一定有非常听话的下属。听话的人不需要独立思考，不愿承担责任。因此，如果希望员工敢做事，公司无论从制度层面还是行为层面都要简政放权，给员工营造表达自我、敢于尝试的环境。对于工作中的失误，给予宽容；对于工作中的成绩，给予褒扬。CEO也无须担心权威受损，只要业务能持续发展，权威就永远存在；要是公司都倒闭了，又何谈权威？

(二) 能力不足，不会做事

公司业务发展快，人员能力没有跟上，会出现"蜀中无大将，廖化作先锋"的现象。一些能力不足的员工，被"带病"提拔成为部门负责人。中层管理者能力不足，基层员工就很难做好工作。同时，中层领导能力不足，也映射出CEO的水平不高。

CEO要成为公司里的首席教练员，要把自己非常丰富的行业经验和思维方式通过各种形式传授给员工，并且让员工积极参加各种培训机会，获得提升。

在体育史上，不乏优秀的运动员成为伟大的教练的案例。菲尔·杰克逊、帕特莱利、郎平、刘国梁等优秀运动员转型做教练之后，也取得了骄人的战绩。在教练岗位上，他的角色就不再是一个冠军，而是要用他的能力带出一支冠军的队伍。

电商行业没有绝对的秘密，也没有绝对领先的优势。只有通过不断组织学习，才能提升整个团队的能力和技术水平，才能保持企业的持续竞争力。这样做，不仅能提升下属的业务能力和责任感，还能增强员工的满意度和忠诚度，员工业务能力越强，企业成本才会越低。

经过培训的员工离职了，会给公司带来一定的损失。但是如果不培训，员工能力很差，会给公司带来更大的损失。一个经过培训的员工离职了，很可怕；一个没有经过培训的员工，不离职，则更可怕！**通过培训，提升能力带来的收益，永远要大于个别员工离职带来的损失。**

（三）躺平懈怠，不想做事

公司发展到一定阶段之后，就会出现少部分人位居高位，尸位素餐，对工作躺平懈怠，对业绩漠不关心的现象。过去，员工躺平的表现是消极怠工，现在员工躺平的表现可能是"积极"怠工：开着没有结论的会议，做着不知所云的报告，把时间用在美化汇报的PPT上，各种花样百出的忙碌背后，毫无实际价值。公司需要快速了解员工躺平的原因：为何不想做事？是待遇问题、工作氛围、同事关系，还是家庭原因？能解决的尽快解决，解决不了的尽快换人。

一个员工躺平是一件小事，但是背后折射出的原因往往是大事。

很多CEO笃信"人才是筛选出来的，不是培训出来的"，又希望员工的薪酬越低越好，可是低薪酬又招不到优秀的人，更无从筛选人才，由此形成了恶性循环。

只要开出全行业最高的薪酬，一定能够吸引全球优秀的人才。哪怕仅仅在自己所在地，开出行业内最高薪酬，也可以做到招人无忧。冲着这份薪酬，员工会自己加班加点学习，提升自身能力，防止被行业淘汰；为了这份收入，员工会自行调整心态，积极努力工作，避免被后续的竞争者顶替了岗位。

很多CEO担心高薪招来的是滥竽充数的南郭先生，于是，为了防范公司里员工偷懒，就制定复杂的绩效方案、薪酬体系、组织架构、业务流程、员工手册等。这么做当然是必要的，但是当真实的业绩目标被简单的标准代替之后，事情就变形了。

某大学希望同学们的宿舍整洁，要求桌面干净、及时清理垃圾桶，床上的被子叠整齐。可是，如何简单快速地把这个要求进行标准化呢？于是，评估标准变成了：桌面上不能有东西，垃圾桶里不能有垃圾，床上不能躺人。结果，学生只能把书本放垃圾桶里，把垃圾放床上，而人只好躺桌子上了。

变形的规则往往是员工躺平的起点。新生代的年轻人更加聪明，不会像职场前辈那样，被一次团建、一个演讲、一次培训、一份奖金激励得热血沸腾。他们会将领导的说教视为职场PUA①；将公司的管理制度视为对个性的限制；学习劳动法规的热情远远高于学习业务，公司制度中的一点瑕疵都有可能成为劳动仲裁的理由。

如果换一个角度来看，把管理理解成解决事情，就像游戏里打怪一样，围绕要做什么事（战略目标）、谁来做这件事（技能和责任）、如何评价事情成果（业绩考核）、如何评价做事的人（回报与激励）来进行处理，很多问题就迎刃而解了。这样也更容易识别出哪些人真在做事，哪些人是在用虚假忙碌的方式"躺平"。

三、用分层法认识员工

在分析团队短板的过程中，CEO会观察到每一位员工的变化：有的一点就透，还能举一反三；有的资质一般，却勤学苦练；有的会把规则当作耳旁风，却能拿来不错的结果；还有的员工，总是活在自己的世界里，永远是按照自己的一套方法工作。

不管是CEO还是基层员工，一旦抛开职位回归到自然人，都会有自己的喜怒哀乐。勇敢者可能莽撞，细致者可能纠结，打破边界是违反规则的同义词，"躺平"、不作为也可以被认为是谨慎小心。作为管理者，如何从人性的角度上发现优秀员工、淘汰落后分子呢？图5-7给出了5种员工形态的隐喻。

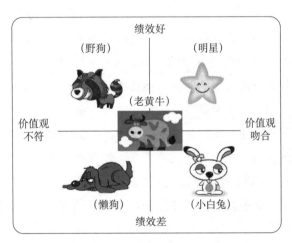

图5-7 5种员工形态的隐喻

一看到这个坐标轴，管理者首先会把眼光集中在5个动物上，心里会映射出公司的某某，就像小白兔，每天自欺欺人混日子；部门的某某，就像野狗，业绩不错，但是桀骜不驯，跟谁都合不来。

在这种映射下，没有人会认为自己是业绩不好的狗，要么认为自己是勤恳的老黄牛，要么认为自己是了不起的明星。其实，**在这个主观的坐标轴中，最重要的并不是动物形**

---

① PUA，是英文pick up artist的简写，原指通过学习自我完善情商，让异性更加着迷的行为。后泛指职场中上级通过设计虚幻目标、否定员工价值等方式，从精神上对员工实施掌控，进而达到压榨、剥削的目的。

象,而是坐标轴本身。只要坐标轴的位置发生变化,明星也会变成野狗,小白兔也可以成为老黄牛。

在公司里,CEO要悄悄锚定一个标杆员工,比他价值观更好、业绩更好的就是明星;比他更听话,但是业绩差的,就是小白兔,以此类推。员工也会通过领导赞扬了谁、批评了谁,看出领导的喜好,通过哪些人被提拔、被奖励,了解公司的规则;通过观察公司里位高权重者的行为,了解公司文化;通过知晓哪些人被处罚,了解公司里的"高压线"。

(一) 如何对待明星员工

明星员工的能力强,与公司价值观吻合,是可遇而不可求的人才。他们自身业绩好,在工作中践行公司的价值观,能够起到非常好的模范带头作用,是CEO眼中的得力干将,是员工眼中的学习榜样。

对明星员工光环的一面,有很多书刊、媒体会大肆宣扬,这里不做赘述。下面说一下这种优秀员工带来的隐忧。

汉代的韩信、英布、彭越,明代的李善长、胡惟庸、蓝玉等人,都是王朝初创的功臣。天下未定时,君主需要利用他们的势力去开疆拓土,可是当江山稳定之后,君主又会忌惮其抢班夺权。这些创业的权臣们,很难躲避"鸟尽弓藏,兔死狗烹"的下场。

在现代企业中,明星员工能创造业绩、树立榜样,自然令人喜爱,如此优秀的人才,往往也是被争抢的对象。为了留住优秀员工,企业只能给其不断地升职加薪,但是大部分企业能够给员工升职加薪的空间是有限的。如果有一天,明星员工发现当下的舞台太小,希望换一个环境,获得更好的发展的时候,他还是会离开。

在传统的管理认知中,企业发展要靠流程、制度,不能只仰仗几个明星员工,但是在内容电商时代则完全不同。用户首先认可的是主播,接受了主播才会关注商品。如果企业不能良好地处理明星员工与企业发展之间的关系,就会带来巨大的经营风险。

一旦明星员工离开,CEO就会面临三重否定。

第一重,自我否定。企业发展的速度低于员工成长的速度,"没有梧桐树,金凤凰总要飞走"。

第二重,员工否定。"看,你天天夸奖人家业绩好,给了那么多钱也留不住他;你夸人家价值观正,可是价值观正的人都离你而去,是不是证明你很失败?"

第三重,合作方否定。"这么优秀的人都留不住,这个企业肯定有问题,不值得信任。"

因此,企业里有明星员工是幸运的。双方在合作期间,尽可能为明星员工创造发挥的空间,也要尽量鼓励所有人向明星员工学习,把优秀的工作经验变成可复制的方法路径,提升团队实力。甚至在必要的时候,主动鼓励员工进行内部创业,通过双方共同投资,把雇佣关系变成合作关系。与其明星员工离开了,成为竞争对手,不如合作创业,员工有了更大的舞台,企业也减少了潜在的竞争者。

如果实在没有办法与明星员工继续合作,CEO也只能送上祝福,回头继续发掘普通员工的力量。一个合格的 CEO，任何时候都不可以在公开场合贬低离职的明星员工。他即使有再多的缺点，也曾经是你的合作伙伴，也曾经做出过卓越的成绩，否定了他，就等于否定过去的自己。

（二）如何对待老黄牛式员工

如果说明星员工是公司的尖刀，那么老黄牛式员工就是一个牢靠的刀柄，具有强大的执行力，能给明星员工提供坚实的动力支持。

在日常工作中，老黄牛式员工以勤奋、认真、负责任的工作态度，可靠的业务能力，为公司发展和创新提供了坚实的基础。他们通常在企业和行业中有较丰富的工作经验，对企业的文化、流程、业务非常熟悉。在某种程度上，他们是企业的压舱石和定海神针。

对于绝大部分人来说，工作只是谋生的手段。当下的工作未必是自己最喜欢、最擅长的，却是对比过工作量、工作时间、收入、通勤距离、团队氛围、上下级关系等诸多因素后，综合得分最高的选项。

老黄牛式员工有较好的职业操守。业绩中规中矩，工作勤勤恳恳，纵然某些业务水平有所不济，但一定兢兢业业；哪怕没能力创新，也不会逾越规矩。在价值观方面，老黄牛们没有豪言壮语，也不会毛遂自荐，更不会主动挑战领导，提出反对意见，讲究的是听领导的话，按照要求完成工作。他们可能不是最聪明的、最有创造力的，却通过日复一日的努力和付出，为公司创造了巨大的价值，是公司里非常有价值的资产。

（三）如何对待小白兔式员工

职场上通常把经验不足的人叫作"小白兔"。"小白兔"分两种，一种是新入行的"傻兔"，另一种是行业中的资深"狡兔"。前者可以培养；后者必须淘汰，因为他们是非常危险的一群人。

1. 新入行的"傻兔"

一个企业如果面向职场新人开放岗位，必须要有强大的培训能力、严格的业务流程、标准化的考核体系或者充分的创新空间。只有具备这些优势，才能将职场新人快速培养成与业务发展相匹配的人才。

如果企业没有强大的培训能力，招募新入行的"傻兔"的风险会很高。哪怕他的期望薪酬很低，但是由于其专业能力不足，会带来各种麻烦。如果企业对他进行了一段时间培训，再发现他不能适应工作，无论是其自动离职还是被企业辞退，都会浪费企业的时间和资源。这样做对其他努力工作的员工也不公平。

2. 行业中的资深"狡兔"

所谓"狡兔"，是指对于工作不是不能做，而是不想做。通俗地说，就是深谙行业中的各种规则，熟悉职场中的各种技巧，最终选择"躺平"的人。这几年，有些企业要建立"狼性文化"，针对的就是这种员工。

从内因分析，"躺平"的"狡兔"们往往不愿意跳出已有的舒适圈，具有靠一个经验"吃"一辈子的特征。比如，电商已经进入直播时代，产品运营还专注于刷单、卡关键词、卡"豆腐块"等老方法，业绩注定是无法提升的。从外因分析，"躺平"的"狡兔"们往往心存委屈：认为自己受到了不公平的待遇，未获得应得的晋升机会，工作成绩没有被认可，领导承诺的奖励没有兑现等。

考虑到招聘和培训成本，企业应该给每个员工机会，帮助他们发现问题、化解问题，让"狡兔"成为明星员工，或者使其成为老黄牛式的员工。如果经过辅导之后，这些"狡兔"仍然没有改善的迹象，公司就必须给予其调岗或者辞退。同时，公司要反思在招聘、培养和管理方面存在的问题：为什么会让这种人通过面试？为什么无法从制度上改变这种人的工作状态？如果改变不了别人，就只能改变自己：通过完善公司制度，更好地激发员工的积极性和创造力，实现员工和企业共同发展的目标。

（四）如何对待野狗式员工

"野狗"是指那些能创造业绩，但是不怎么听话的员工。在传统的认知中，CEO对于有业绩但是价值观不符的员工，往往采用坚决清除的策略：不管他做了多大贡献，只要价值观不符就一律将其清零。这样的做法彰显了权力的任性和对人才的浪费。**一个优秀的管理者，绝对不在于他管好了多少"好人"，而在于他管好了多少"坏人"。**

企业作为一个商业体，要受商业伦理和法律法规的约束。除此之外，企业家可以给自己定更高的道德要求，但是并没有权力以此作为价值观去要求员工。

某位企业家，每年的年薪和股息的收入近亿元，却在员工大会上要求"新员工不要只追求赚钱，而是要有奉献精神"。这种要求，很难认为是合理的价值观。

1. 价值观具有主观性

价值观具有强烈的主观性，凭什么说自己的价值观是高尚的，别人的价值观就是扭曲的呢？用野狗形象去指代那些有业绩、价值观不一致的员工，本身是一种高傲自大的表现。

某个行业，酒风盛行。从CEO到主要业务骨干，几乎每天都在酒桌上应酬，虽然大家非常痛苦，但是彼此都相信，要想在这个行业做出成绩，必须能够喝酒。此时，"能喝酒"和"在酒桌上谈业务"就成了这个公司事实上的价值观。

但是，新来的一位滴酒不沾的员工，把业务谈成了，能说他是"野狗"吗？

更进一步说，如果这个员工因为宗教信仰缘故不能喝酒，公司以工作为由逼迫他喝酒，是谁的价值观"扭曲"呢？如果公司辩解说，这是为了工作，既然来了就要遵守行业的惯例，那么喝酒是不是就等于达成业绩了呢？天天喝酒，不签合同、不回款，也算优秀员工吗？

经过推理可以发现，价值观这种主观判断与业绩之间是没有必然联系的。

2. 价值观具有复杂性

价值观一般是由社会道德中的诚信、正直等理念延伸出来的企业价值理念，例如客户第一、创造客户价值等。但是在实际经营中，又有多少企业真的能做到呢？

一批牛仔裤由于板型设计错误，已经积压了3年。公司新请来的运营经理重新邀请模特和主播，对产品进行全新的拍摄和介绍，把板型设计错误定义为一种新时尚，只字不提已经积压了3年的事实。开始售卖后，居然得到了热捧，不仅价格卖得更贵，销量还持续上升。

CEO应该如何看待这个业务？如果有价值观上的洁癖，可以认为这是欺骗消费者，违反了诚信原则；可是从商业上讲，这批货卖不掉，给投资人造成了损失，浪费了社会财富，就道德吗？何况，时尚圈向来都是风水轮流转：今天的土气，就是明天的质朴；现在的奢华，就是将来的做作。通过创新的营销方案帮助公司盘活资产，难道有错吗？

企业是一个商业机构，只有持续盈利，才能给股东回报，才能给员工发薪酬，才能给社会创造财富，如果违法违规或者违反社会良俗，自然有执法机关和舆论来监督。离开盈利，只谈价值观是非常虚伪的。

3. 建立约束机制

虽然滥用价值观去评价员工是不科学、不礼貌的行为，但同时我们也要承认，大家在工作和生活中都喜欢跟三观一致、举止得体的人相处。遇到不拘小节、自以为是、夸夸其谈的同事，也令人苦恼。这样的人在公司里大呼小叫，指手画脚，居功自傲，对公司现有秩序也是一种伤害。对于这类员工，CEO在给其发展空间的同时，必须划定边界，筑起防火墙。

一个推广专员，喜欢使用各种奇妙的操作方法，推广效率忽而一飞冲天，忽而泥牛入海。公司可以允许他在业务上放飞自我，但是一定要掌控好推广预算，防止非常规的操作带来不可控的损失。

一个主播，风格独树一帜，有一定量的忠实粉丝。公司应重点盯住其粉丝增量和产品销量，只要不违规，不犯错，就允许其大胆地往前冲；如果发现粉丝只认他、不认店，就要及时将其作为明星员工，进行区别对待，及时配备第二、第三主播，形成直播梯队。

一个客服，处理售后能力强，为了减少售后损失，与顾客沟通的时候，时而哭诉、时而愤怒、时而哀求、时而强势，嬉笑怒骂皆是文章。那么，公司可以充分授权，把握好"退款总金额"和"防止投诉升级"这两条底线即可。

对于为了满足个人利益，恶意挑战公司规则，泄露公司秘密的人，公司一定要立即予以惩戒甚至辞退。

综合来说，在复杂的商业环境下，不能把业绩和价值观对立起来。业绩是发展的基础，价值观是良性发展的保障，赚蝇头小利可以靠各种技巧，要想基业长青就必须走煌煌大道,更不能脱离现实,自以为是地站在道德高地去指责别人。

(五) 如何对待懒狗式员工

"懒狗"用于形容公司里的尸位素餐者。没有业绩,说明工作能力不行;没有价值观,说明工作态度不行。这种人消耗公司资源,败坏公司风气,破坏团队和谐,影响工作效率。哪怕要支付劳动赔偿,公司也必须对其坚定而公开地辞退。

辞退一个人,有点像店铺运营过程中解释中差评的工作。差评解释,并不是解释给打差评的顾客听,而是向其他消费者展现自己产品、服务、态度的场景渠道,如图 5-8 所示。

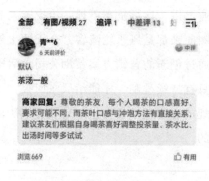

图 5-8　有效地解释中差评

每一个辞退事件都是体现价值观的过程。明星员工离开,公司应当组织一场欢送会,彰显公司的大度和对人才的尊重;老黄牛式员工退休,公司可以组织一个适当的仪式,回顾其为公司做出的贡献,彰显对勤恳耕耘的敬意;对于小白兔式员工和野狗式员工的离开,可以低调交接,保持彼此起码的颜面。

对于开除劣迹员工,公司不需要有任何掩饰。不要选择诸如"他想追求自己的生活,他可能有自己的安排,他最近搬家了"等掩饰用语。要准确地告诉大家,为什么要让他离开,因为他的业绩不合格,理念与公司不一致。**要通过一次辞退行为,强烈地传递出信号:在公司里什么是可以容忍的,什么是可以给时间提升的,什么是绝对不能碰的高压线。**

四、团队能力提升路径

CEO 在带队伍过程中,要同时面对员工"能力不足"和"态度不正"两个问题。无论是展开业务培训,做思想工作,还是淘汰落后员工,都要围绕实现公司业务目标来进行,如图 5-9 所示。

招不到合适的人是表象,调整公司制度才是根本。这里的公司制度,不仅包含表面上的业务流程、决策体系等,也包含着业务趋势、企业文化和领导人的性格、魅力等因素。

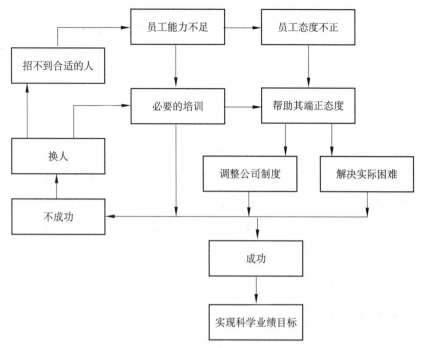

图 5-9 公司人员能力提升的基本流程

蔡崇信[①]为什么会在 1999 年放弃 70 万美元的年薪，加入月薪只有 500 元人民币的阿里巴巴呢？归根到底，仍然是看到了更大的希望。双方从商业模式、市场趋势，以及对未来的判断上，能够达成一致，有了共同的愿景，达成共同的使命，价值观也达成一致，合作就是水到渠成的事情。

放眼更长的时间，福特、韦尔奇、乔布斯这些伟大的企业家从来不是人格意义上完美的人，后世会诟病他们各种各样的缺点。但是他们作为企业家，都能完善公司制度：不尊重工人的福特，却开出了高于行业一倍多的薪酬；大规模裁员的韦尔奇把通用电气公司发展到了业务的顶峰；悭吝刻薄的乔布斯，让苹果公司涅槃重生，成为世界 IT 业的领袖。

归根结底，一个企业的长期发展，是多重因素组合的结果。企业需要一个可量化、可预期、可实现的业绩目标，合理分配各种资源，制定各种吸引人才的制度，并招募与实际需要相匹配的人才去实现业绩目标。企业作为一个商业机构，要有效率、低成本、持续盈利。只有这样，才能够吸纳就业，创造社会价值。

---

① 1995 年至 1999 年，蔡崇信任职于瑞典瓦伦堡（Wallenberg）家族的主要投资公司 InvestorAB 的香港分部，从事私募股权投资。1999 年，加入刚刚创立的阿里巴巴，帮助公司建立了财务制度和管理制度，与马云同为公司永久合伙人。2023 年 9 月，接任阿里巴巴控股集团董事局主席。

第三节 | CEO 从自身角度看管理

CEO 作为企业的当家人,要关注当下的业务,也要关注企业的长远发展;既要低头耕耘,带队前行,也要站在山巅,遥望远方;要有一种胸怀,去接受不能改变的事情,要有一种勇气,去改变能够改变的事情,更要有一种智慧,去分辨两者的不同。

只有重要的事情,才需要 CEO 运筹帷幄;只有紧急的事情,才需要 CEO 当机立断。

一、关注重要的事情

(一) 放弃前锋思维

大部分电商企业的 CEO,特别像球队里面的前锋,总是冲在第一线,非常具体地负责公司的推广、流量、数据等具体工作。

追根溯源,喜欢做前锋的 CEO 往往有路径依赖:自己钻研的经营法门,不愿意告诉别人;或者觉得员工悟性有限,无法掌握,只能亲自上阵;或者有些企业规模较小,也没有多余的人手。

不管原因如何,CEO 都要认真思考,自己当前的"一招鲜"能永远吃遍天吗?自己的能力,能超过推广的大数据算法、作图的 AI 系统以及智能客服吗?如果一定说 CEO 有哪些独特优势是无法颠覆的,一定是对产品的理解和市场分析。好的 CEO 一定是优秀的产品经理。

为了实现单品盈利,需要做如下工作。这些事情都很重要,但是未必需要 CEO 事必躬亲。

(1) 给产品开辟新销售渠道,增加产品的销量。(运营部做准备,CEO 做审批和监督。)

(2) 重新定义、设计包装产品,让产品能够卖得更贵。(设计部出方案,CEO 把握方向。)

(3) 与供应商谈判,压低采购价格,获取更多利润空间,为促销做准备。(采购和财务做方案,CEO 亲自谈判,直接拍板。)

(4) 提高推广效率,严控各种包装、退换货成本支出。(相关部门自行处理,定期汇报给 CEO。)

(5) 控制固定成本支出,包括人力成本、场地成本甚至水电费的支出。(CEO 幕后规划,人力部出相关规则。)

对产品营销、采购价格等事宜,CEO必须亲自过问;对于开新店、控制售后成本等事务性工作,CEO只要了解进度即可;对于重要的成本控制,则退回幕后,由各职能部门制定具体制度。

CEO不要担心员工偷师学艺。如果你的招数,别人一下就能学会,那也不算什么江湖秘籍。如果每个员工的技能都合格,能够在业务上独当一面,CEO的工作就会变得轻松许多,有精力去做更加长远的规划。

(二)聚焦战略任务

归根结底,企业的问题都是当家人的问题。CEO能够成为企业的领导者,一定在时代的大潮中发挥了自己的特殊能力,才能成就一番事业。然而,时代的潮流总是滚滚向前。尤其是在电商行业,引以为傲的经验和能力,很快就可能成为制约公司发展的天花板。因此,CEO们要有勇气做刀刃向内的自我变革。

当然,这种变革,并不是要求领导们跑到一线,学习所有的技术,而是要在了解"术"的同时,懂得"道",完成搭班子、定战略、带队伍、拿结果的任务,如图5-10所示。

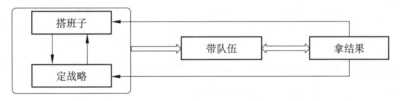

图 5-10　CEO 的核心任务图

搭班子与定战略两件事情孰先孰后,一直存在争议。有些企业先有核心团队,大家计划一起做些事情,随着业务的发展,逐渐确定出战略方向,并且围绕核心战略需求,去扩充和管理团队,去拿结果。

《三国演义》里的刘备、关羽、张飞三兄弟就是搭班子在前,定战略在后。通过桃园结义,形成了班子,逐渐有了自己的队伍,才打出"匡扶汉室"的旗号,定下了自身的战略。

有一些企业,创始人高瞻远瞩、发现先机,围绕确定的战略目标组建团队,并带领大家向最终结果进发。

《西游记》里面的唐僧师徒就是战略在前,团队在后。前往西天拜佛求经是唐僧的战略,无论有多少艰难险阻,身边有无扈从,他都会一往无前。在路途中,他逐渐有了徒弟护驾,完成了搭班子任务。

现在很多公司里,CEO在做部门经理的工作,部门经理在帮主管们处理问题,主管们都在一线冲锋陷阵,然后基层员工只能无所事事地故作忙碌。

与图 5-10 有关的事情，再小也是大事（战略问题），必须亲自过问督导，毕竟"千里之堤，溃于蚁穴"；与图 5-10 无关的事情，再大也是小事（战术问题），可以放手让下一级的经理、主管来处理，这也是展现他们真实能力和提升管理水平的机会。

要区分战略任务和战术任务。CEO 要承担战略任务，兼顾战术任务；团队成员通过完成战术任务，去实现战略任务，并对战略任务提出意见，如表 5-4 所示。

表 5-4 任务类型区分

任务类型	战略任务	战术任务
责任划分	CEO 主导，管理团队提供支持	业务团队主导，CEO 提供支持及监督
产品销售	分析产品销售情况及原因	卖好具体某个产品
产品上新	制订产品计划，规划产品梯队	打造热卖产品，形成爆款群
实现利润	制定销售额目标和成本目标	在销售环节中实现开源节流
采购成本	科学制订采购计划，追求整体成本可控	从价格、交货、账期等方面压低产品成本
滞销产品	分析滞销原因，测算清仓价格	尽可能高价清仓，回笼资金
营销推广	规划流量渠道，制定预算，调配人员	调整单品的推广渠道，提升推广效率
销售渠道	选择销售平台，配置何种资源	经营好每个平台的每一个店铺
业绩考核	科学制定业绩目标，并能让团队认可	根据业绩目标完成情况进行考核
薪酬体系	建立符合能够推动业务的薪酬体系	劳动成果与收入形成强关联
人员留用	在人员"选育用留"中，体现公司价值观	晋升、辞退、奖励、惩罚具体的员工

战略和战术的任务边界比较模糊。CEO 也会参与到具体的工作中，团队成员也会对公司战略提出自己的看法。重要的是从具体的"事"中找到背后的"势"，从更高的角度来发现问题、分析问题、解决问题，在这个过程中，优化内部管理制度，做到物尽其才，人尽其用。

某产品销售不畅，各部门要从各自职责中找原因，这属于战术任务范畴需要解决的问题。在分析原因、解决问题过程中暴露出内部衔接迟滞、选品方案陈旧等不足，则属于战略方面的问题。

推广效率较低，是推广部要解决的战术问题；如果整体推广效率较低，则需要从战略角度分析，究竟是工具、预算、产品还是人员能力等方面存在问题。

一个优秀员工经常迟到，如何关心、考核是部门内部的战术问题。但是一个优秀员工为什么会经常迟到，会给公司管理秩序带来哪些挑战，如何既能稳定优秀员工又能安抚其他人攀比的情绪，既体现人文关怀又保证工作效率，则是需要从战略角度思考的问题。

（三）优化时间分配

把事情按照重要性和紧急性进行区分，形成了时间管理四象限，如图 5-11 所示。

1. 重要的事情

产品盈利能力是重要的事情，从产品分析到最终的优化方案，CEO 需要全程参与。

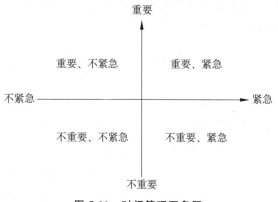

图 5-11　时间管理四象限

CEO 的角色是制定标准、传授计算方法，而计算工作可以由下属完成；鼓励大家讨论解决方案，而执行方案可以由下属完成；在处理每个产品的过程中给予支撑、助协调，而实现结果的动作由下属完成。只有工作有分工，才能人尽其才，让团队成员快速成长，让 CEO 聚焦更重要的事情。

本书前文有大量的计算内容。对于 CEO 来说，会算账并不是重要的事，教会下属计算的方法、分析的逻辑，让他们用数据得出结论，才是重要的事。毕竟，**自己得出的结论信服度更高，解决起来效率也更高**。通过培训、引导、帮助每一个员工提升能力，发现问题，找到解决方案，并给予协调和支持，才是合格 CEO 应当做的重要的事情。

"某个客户能不能给 5 元优惠券？某个员工今天又迟到了……"这种具体的事情应该放手交给各部门经理去操心。

如果每天都有客服在询问"能不能给顾客优惠券"，说明授权的机制出现问题，业务缺乏标准化流程，CEO 应当介入；如果员工出现普遍性迟到现象，无法及时响应用户需求，错失了经营机会，说明公司制度、团队士气有了重大问题，CEO 也应当介入。CEO 的关注重点不应该是具体的优惠券怎么发、员工迟到了几分钟，而是应该从规则角度去考虑公平、效率等问题，牵头制定合理的制度方案。

2. 紧急的事情

员工在工作中经常会遇到一些计划外的紧急性工作，比如，重要客户突然拜访、行业规则重大调整、产品被投诉等。在无规则可循、无经验可以借鉴的情况下，需要 CEO 凭借自身的经验和权威给出判断。如果这样的工作多，说明整个企业工作缺乏流程性和条理性，没有步骤，处于一定的混乱状态。

很多工作需要几个部门共同努力，有协作有分工，CEO 作为总负责人，要居中调度协调。这样的工作是重要的，但往往不是紧急的，需要用时间换取发展的空间，甚至需要通过试错，换取团队的成长。

时间管理四象限有助于提高决策的效率，但在使用中经常被误用。**很多人建议 CEO**

关注重要且紧急的事情。这是由于缺乏实际管理经验,得出的理想化结论。作为 CEO,最应该关注的是重要、不紧急的事情。

公司仓库突然失火,此事重要且紧急;谁去报警、谁去灭火这件事情不重要,但是十分紧急;幸好,火势很快被扑灭了,没有人员伤亡,财产损失也不大。分析事故原因,查找火灾隐患,非常重要,不可以敷衍,但此事不可能快速处理完毕,属于重要、不紧急类型。此时,有一批货要入库,此事既不重要,也不紧急。

通过调查,事故发生的原因找到了。由于仓库内电线裸露,产品摆放不合理,甚至有人在仓库抽烟等问题,导致了火灾发生。这些事情完全可以早些解决,然而,**正是因为没有那么紧急,反而没有被足够重视,导致了火灾的发生(重要、紧急)。**

重要、紧急的事情:需要优先处理。但是,为什么总会发生重要、紧急的事情?说明工作规划有严重的问题,CEO 不得不做"消防大队长"来解决由于缺乏预见性带来的麻烦。如果 CEO 总在处理重要、紧急的事情,就没有精力去思考产品、团队、企业中长期发展等问题,**就是用勤奋去掩盖自己短视的缺点。**

不重要、紧急的事情:为什么会出现?既然不重要,为什么要由 CEO 来处理?既然紧急,为什么不能提前处理?说明在业务分工、业务流程、团队授权方面出了问题。

不重要、不紧急的事情:不应该出现在 CEO 的工作清单中。

重要、不紧急的事情:因为重要,所以需要 CEO 来处理;因为不紧急,CEO 才有更多分析研判的时间,考虑各方面利益,评估现有的资源,做出尽可能正确的答案。

二、理性学习榜样

学习行业标杆和成功者的方法,是一种提升管理能力的捷径。所有行业中的领先企业,几乎每天都会迎来大量的慕名学习者。

走进某知名企业,参观者经常会听到这样的介绍:该企业因为有独特的管理制度、会议规范、业绩体系、企业文化,加上 CEO 英明决策,团队上下同欲,产品精益求精,大受欢迎,成为行业中的翘楚。

表 5-5 所示为某公司到华为园区参观的行程表。

表 5-5 某公司到华为园区参观的行程表

日期	时间	活动	接待地点
8月15日	21:20	接机(济南—深圳)	深圳宝安国际机场
8月15日	22:10	入住酒店	华为安朴逸城酒店
8月16日	8:30—8:50	酒店早餐	华为安朴逸城酒店
8月16日	9:00	酒店出发	华为安朴逸城酒店
8月16日	9:30—10:00	华为创新体验中心参观	华为坂田基地 H3

续表

日期	时间	活动	接待地点
8月16日	10:10—10:30	深圳坂田园区参观	华为坂田基地A/B区
8月16日	10:35—11:45	技术与企业文化交流（华为云高管）	华为坂田基地F区会议室
8月16日	11:50—13:30	午餐	华为坂田基地（知味季）
8月16日	13:50—14:30	午休	华为安朴逸城酒店
8月16日	14:30—15:20	松山湖在途	在途
8月16日	15:20—17:00	松山湖园区参观	华为东莞松山湖园区
8月16日	17:00—18:00	返回深圳	在途
8月16日	18:00—20:30	欢迎晚宴	深圳南山海上世界
8月16日	21:30	入住酒店	华为安朴逸城酒店

在这个表中，参观者可以看到华为公司细致、认真、标准化的接待流程。仅此一项，就能让很多企业自愧不如。时间安排精确到分，在内容安排上有讲解、座谈、参观，也贴心地预留了休息时间和晚宴。可是，每年有那么多企业参观过华为，又有多少企业学习到了华为的精髓，或者说在参观之后，做了哪怕一点改变？

一场参观下来，似乎收获满满，冷静之后，却发现看得见、听得懂、学不会！企业成功之前，都经历过战略无方向、决策无依据、产品无优势、销售无成绩、研发无突破、竞争无胜算、团队无信心等至暗时刻。不是亲历者，是无法体会到当中的沮丧、无助、懊悔、愤怒、焦灼等情绪的。

在这种蜻蜓点水式的参观之后，参观者容易产生制度幻觉，似乎只要参照这些著名企业的模式，就掌握了企业成功的密码。实际情况恰恰相反，真正让这些企业强大的，并不是看到的这些管理制度，而是从一次又一次"滑铁卢"事件中，重新站起来，汲取经验，进而获得强大的盈利能力。公司有了充沛的资金，可以吸纳优秀人才；为了业务更加流畅，为了成本更低、效率更高，才制定出各种各样的内部管理制度。

从早年间的泰勒制、惠普公司的MBO，到近些年英特尔提出的OKR，以及谷歌倡导的GRAD，不管其内容是什么，都是有钱的大企业提出的方案。

三、CEO的管理支点

在工作中，领导经常说一句话："各部门要齐心协力，拧成一股绳。"但由于各部门都有自己的业绩目标，出于自身利益，各个部门经理会各怀心思："配合你（部门），对我（部门）有什么好处，对完成我的业绩指标有什么价值？"这样的问题层出不穷。

分工提升了工作效率，但是也带来了推诿扯皮现象。

产品利润率低的时候，运营部会条件反射般地抱怨采购价格太高，却从来不会说自己没有深度分析用户，只知道一味地模仿同行，没有建立产品的独特卖点和打动用户的买点。

听到运营部的抱怨，采购部就会立刻反唇相讥："产品销量低，采购量就低，根本拿不到好的采购价。"但采购部从来不会说，已经两年没有发展新的供应商，到货的完好率远低于行业水平，且各种物流费、装卸费都是由公司来承担的。

"只要有分工，一定有扯皮；只要想协作，必先谈利益；只要有问题，必然先甩锅。"这是现代企业协作中常见的顽疾。

面对这些情况，CEO 或许可以用自己的权威去申斥下属，可是也要扪心自问：自己的决策是否都有所依据？自己是否做到了统筹全局？业务流程是否清晰，信息是否能够共享，员工的收入是否合理，团队成员的更新比例是否正常？

每个行业都有自己的特殊性，每个企业都有自身的特点，而市场行情的变化和团队内部复杂的关系都会影响 CEO 的判断。对于同一件事情，不同的 CEO 因受自身学历、经验等因素限制，做出的判断也各不相同：有些英明决策的背后，可能只是好运气的加持；有些失败的决策，也许是当事人在当时做出的最佳选择。此时，如果空泛地谈管理理论，就会陷入"听起来头头是道，实践中漏洞百出"的窘境。

如果将盈利目标变成管理的支点，所有的问题就变得清晰简单。围绕盈利，CEO 作为团队的领头羊，可以用资金周转率来分析产品效率，用边际贡献率来分析产品的盈利能力，用净资产收益率（ROE）来分解指标，用利润敏感系数来控制成本。总之，CEO 用量化数据形成自己在不同经营视角下的业务支点后，就容易划分出各部门在同一个任务下的分工，形成明确具体的任务标准，让团队成员围绕售价、销量、变动成本、固定成本这四大指标，不断地发现问题、解决问题，形成组织合力，实现开源节流，降本增效。

本章小结

本章从 CEO 视角出发，分别探讨了业务管理、团队管理和自我管理 3 个问题。

在业务管理中，介绍了要处理好销售额与利润的关系，系统性地分析了成本变化的原因，阐述了各种成本对利润的影响，以帮助 CEO 利用 ROE 指标和利润敏感系数分解任务、把控成本。

在团队管理中，分析了团队中存在的短板及其成因。CEO 要通过补齐员工业务能力短板，更好地认识员工，以提升团队活力，共同实现业绩目标。

在自我管理中，要求 CEO 从具体的经营事务，转向整个企业的统筹，从运动员变为教练员，抓好重要、不紧急的事情，放眼长远，让团队成员通过试错、学习、讨论得到提高，实现团队的良性发展。

第六章
制定目标，确定部门业务职责

在前面的章节中，我们从盈利角度出发，围绕资金的使用效率、单品的成本分析、销售决策、产品分层，为企业确定了业务方向、管理方向和业绩标准。这些措施帮助企业解决了如何做事和做事的标准问题。此外，我们还评估了企业的风险和效率，并确定了单品的定价、采购量以及如何在价格战中赢得先机，分析了如何基于资金规模制定业绩目标，如何根据成本去制定推广预算的方法。

有了这些基础信息，CEO可以从具体业务的参与者变成宏观规则的制定者，通过制定清晰企业目标，并把企业目标分解成部门和个人的业绩目标，通过激励员工主动履行职责，实现企业目标，完成闭环管理。

第一节 | 用科学的方法制定业绩目标

一、制定数据化业绩目标

净资产收益率（ROE）、销售额、利润额、人均产值等指标，都是客观可量化的，可以作为公司、部门、个人的发展业绩目标。

未来一年，实现销售额达到2亿元，店铺层级从第五级上升到第六级。

未来一年，客户满意度提升20%，复购率提升15%。

未来一年，成为最受员工喜爱的公司。

上述3个目标中,第一个最具体,适合整个团队去实现;第二个属于某个部门或者个人的目标,可以作为业绩指标进行考核;第三个目标非常有格局,但不可量化,实际价值也难以评估。

在制定发展目标时,有的CEO习惯仰仗自身敏锐的商业意识进行乾纲独断。我们尊重企业家的创新精神,但也要看到这么做的风险。一个人的判断失误,会让企业、员工、客户、供应商都付出代价。有的CEO注重民主决策,会邀请中高层管理人员以及外部专家共同探讨发展目标,但是民主的方案大都是中庸的、相互妥协的结果。

可以说,决策的形式各有利弊,决策的方法却可以日臻完善,那就是从数据中分析机会和趋势,从数据中得出科学结论。用算法完善管理方向,领导力也会变得可以量化。

(一)企业目标数据化

过去几年,天璇公司的销售额一直在2 000万元左右。在新的一年即将到来之际,CEO在业务分析会上提出了雄心勃勃的发展目标:销售额要达到2 800万元,ROE从当前的20%提升到50%。这个目标受到所有部门负责人的"阻击",大家认为无论是渠道,还是市场竞争情况,都不足以支撑如此高的目标,经过一番讨价还价之后,最终确定ROE目标为40%。

此时,CEO心中窃喜,其实他认为能有25%的增长就很好了,故意提出一个较高的目标,就是为了拉升各部门负责人的心理锚定值。纵使经过他们软磨硬泡,目标降为40%,实际上也高于CEO自己的心理预期。

表面上看起来,CEO赢了。难道参会的各部门负责人不知道这是一场游戏吗?CEO把精力放在与下属的博弈上,下属也会把工作重点放在"向上管理"上。CEO假模假样地布置工作,下属假模假样地完成工作,最终结果往往是"竹篮打水一场空"。

如果换一种方法,从数据出发,重新进行论证,效果就会截然不同。

既然公司新财年的业务目标是销售额增长40%,达到2 800万元,ROE从20%上升到40%,那么一定要有相应的论据来证明为什么能够实现这个目标。

外部环境:如果过去两年里,整个行业实现了30%以上的复合增长率,说明市场空间在稳定增长,作为行业内有一定影响力的企业,公司增长40%,也合情合理。

产品优势:爆款存在降价空间。当前,公司的爆款销量是1 000件,同行类似的产品销量是5 000件,但是售价比公司低7%。公司已经跟供货商达成默契,如果公司采购量增加20%,供货商的价格就能降10%,这样,公司就有底气降价促销,即使达到与竞品同样的价格,也能冲向5 000件销量,实现良性循环。

运营策略:未来一年,将对长期滞销的产品进行快速清仓,对重点产品进行全面优化,增加推广预算。

场景升级:直播增长空间大。现在行业中,做直播的非常少,公司已经开始做这方面的尝试,也积累了一定经验。未来,会增加4个直播间,在不同平台和场景下全面发力。

上述的实施方案,从数据出发论证了目标的严谨性与合理性。如果各部门有不同意见,也可以从数据、逻辑角度进行分析调整,减少了基于不同立场、不同利益的阻力,最终得出一个经过集思广益、严谨分析、团队认同的合理目标。

(二)个人目标数据化

磨坊里的驴,只需要转圈拉磨,不需要抬头看天,也不关心外面的世界。如果把员工视作磨坊里的驴,那么这个CEO充其量也只是磨坊里的小伙计。

"90后""00后"的员工是非常优秀的一代人。他们生长在富裕起来的中国,受过良好的教育,有自己的想法,也更加自信。电商又是一个智力密集型、强调创意和想象力的行业。如果CEO希望员工有创新力,就必须接受他不那么听话。用领导的权威去强迫员工做事,恐怕越来越难。但是,这并不意味着优秀的年轻人拒绝承担责任。CEO需要在布置任务的时候,不仅要说清楚目标,还要告诉他们这些目标是怎么来的、是否经过深思熟虑、是否符合客观实际。真诚和开放,才是对他们最好的管理。

于是,就有了下面的对话。

"这款产品的销售目标是400件。"

"为什么这个产品要卖400件,不是300件或者450件呢?"

"因为我们今年公认的ROE目标是40%,这款产品利润率是10%,资金周转率达到4才能实现,当前我们的库存是20 000元,产品采购价为140元,销售价为200元。"

$$ROE = 利润率 \times 资金周转率 \times 权益乘数$$
$$= 10\% \times 4 \times 1$$
$$= 40\%$$

因:资金周转率=销售额÷平均库存额

$$4 = 销售额 \div 20\ 000$$

则:销售额=80 000(元)

$$销售额 = 销售单价 \times 销量$$
$$销量 = 80\ 000 \div 200$$
$$= 400(件)$$

"那把利润降低点,薄利多销,我的任务就容易完成了。"

"没问题。根据ROE公式,如果利润率低,销量就要增高(40%=10%×4×1,40%=8%×5×1,40%=5%×8×1)。销售价格越低,你的销量任务就越高。"

"那公司能不能少赚点,把ROE调低,调到25%不就行了?"

"虽然我们现在人手非常紧张,但是每月工资也要××元,再加上房租、水电各种成本,你算一下,如果低于40%收益率,连发工资的钱都不够,你卖的这部分货里面就有你的一部分工资。"

从上述对话中可以看出,员工的任务并非由领导主观臆断,而是经过一定的计算和论证得出的结论。很多管理者会抱怨新生代员工不听话。实际上,年轻的员工并不是习惯于对抗公司管理或者介意领导下达的任务，而是反感上级的颐指气使、朝令夕改。如果管理者能够科学地沟通相关任务，就会大幅度降低沟通成本。

建议企业 CEO 将业务目标、管理动作转化为流程型的内容。任务目标清晰明确，且能够得到一致性的认定，也就更容易建立科学有效的业绩评估体系，并能够确保这些工作任务在团队中得到有效贯彻，也会大大降低沟通成本。

二、业绩目标拆解流程

企业目标、部门任务、岗位职责、个人行动是层层递进的关系。基于公司目标，确定各部门任务，并把任务拆解到不同的岗位，形成岗位职责，再匹配上对应能力的人，人员到岗后，根据职责要求，创造性地提出个人目标，去完成相关任务。

如果某项业绩指标具有普遍性，人人都对此有责任，但是没有一个具体的部门或者人员为此负责，就会形成成本黑洞。

天璇公司发现最近电费激增。经调查发现，各部门都存在浪费情况。比如客服部，一个人加班，整层楼的灯和空调都开着；仓储部的冷库门密封不好，且进出货物时长期不关门，冷库内部也好久没有进行除霜作业。

客户部和仓储部的电费激增，需要有人为此负责。于是，CEO 责成两个部门负责人与行政部门一起制定节能方案。客服部可以采取调整排班、增加灯光开关、开放会议室作为加班区等措施，实现节能；仓储部可以申请预算，通过修缮密封门、进行内部除霜，以及优化作业流程等措施，实现节能。这些工作的结果体现在客服部和仓储部，但是涉及的设备改装、修缮需要行政部门来组织，本质上说，控制电费支出是行政部门的职责。

从上面的案例可以看出，CEO 把业务目标分解到各个部门时，需要考虑相关性原则、增长性原则、低成本原则、协同性原则。

下面以直播工作为例，分析上述 4 项原则。

（一）相关性原则

这项工作是否与其部门（负责人）核心职能密切相关。

直播业务应该由直播部负责。如果公司的主播都是由员工兼任的，没有独立的直播部怎么办？或者公司有独立的直播部，但是掌握不了产品价格、活动优惠等事项该怎么办？可以看出，并不是某个人有了直播部经理的头衔，就能负责直播业务。直播工作需要有一个安排调度、掌握价格、控制预算的人来负责，这个人可能是运营负责人，也可能是 CEO，还可能是一个资深主播。

（二）增长性原则

该部门（负责人）能否快速提升当前的业绩。

要想搞好一场直播，需要在设置产品、合理排序、优惠活动、主播表现力、直播市场、引流能力、场景优化等细节工作上精益求精。哪些是当前直播间的短板？与主播直接相关的话术、灯光、直播节奏等，应当由直播部门负责。与之配合的直播间引流、产品价格制定、活动力度分配则由其他部门负责。谁能够快速提升业绩，就让谁负责。

（三）低成本原则

该部门（负责人）牵头负责这项业务，能否低成本、高效率地提升业绩？

众多的优化环节，从哪一个点切入，投入最小，产出更高？当前最有效提升直播间销量的方法是什么？如果发现重磅产品能够提升直播间转化率，就让运营部或者采购部负责；如果当前直播间人数太少，需要吸引流量，就让推广部负责；如果当前没有引流的预算，只能靠主播的话术吸引人气，就让直播部或者主播本人来负责。

（四）协作性原则

各部门能够协同配合，做好这项工作。

业务负责人能否调动各部门资源实现协作。权力并非都由岗位、职责、职级确定。负责人的资历、工龄、行业经验，甚至与CEO的私人关系，都会影响其在公司中的话语权。现实中，很多工作可能游离在现有管理规则的边缘。

增加直播间销售额的任务在不同公司、不同产品下的判断是不一样的，只要能有效协调资源、高效达成目标，就是合格的负责人。

某公司由会计来牵头负责直播间产出问题，因为这位会计是老板娘。

三、设定目标时的误区

在制定量化目标的时候，要避免3种误区：不敢定目标、任意定目标、只定考核目标。

（一）不敢定目标

CEO不敢定目标，往往是担心一旦完不成，会影响自己的权威性。企业发展从来不是一帆风顺，各种变量都会冲击企业经营，这也是制定目标的意义所在。

企业制定一个目标，不仅要表达需要获得什么，还要表达需要放弃什么。

要销售额增长，形成规模优势，意味着需要降低对利润的追求。

要利润增长，意味着要放弃一些不赚钱的业务，聚焦高利润产品和高价值客户。

要净资产收益率（ROE）增长，意味着要基于资金规模循序发展，基于利润率定销售策略，基于销售速度调整产品利润。

大发展必然要大投入，要生存就要开源节流，只有目标清晰、导向明确，员工在执行的时候，才有明确的方向感；如果连方向都不知道，如何形成团队合力呢？即使市场发生了变化，对应调整相应的目标策略即可实现年初可量化、年中可评估、年底可复盘。只要是为企业好的目标，哪怕是战略后退，都是正确的。

（二）任意定目标

拍脑袋定目标是另外一种极端。随便喊出"今年 500 万，明年 3 个亿，5 年内上市"的口号，是非常不负责任的。

电商行业在过去 20 多年间高歌猛进，业绩翻倍是常态。随着红利期结束，随意定发展目标会导致整个团队动作变形，是非常愚蠢的行为。

现在的电商行业越来越深入地嵌入经济生活中，所遇到的政策、法律、道德风险越来越多，行业竞争环境也越来越复杂，简单地复制过去的经验，会忽视业务发展中可能出现的变量，导致经营动作产生严重错误。

"空间站对接和预测猪肉价格，哪一个更难？"乍一看，似乎空间站对接充满了技术含量，而预测猪肉价格，却充满了市井庸俗的气息。可是冷静一想，人类已经能在距离地球 400 公里的太空中，让两个庞大的空间站准确对接，却很难预测明天的猪肉价格是涨还是跌。

空间站对接，虽然难度大，但是人类以现有的知识，已经能计算出对接过程中所有的引力、动力、信号等因素变量，通过持续矫正，实现精准对接。

而预测猪肉价格却非常难，其变量多到难以想象。即使猪肉供需稳定，如果牛肉突然大降价，大家都蜂拥去买牛肉，也会导致猪肉滞销被迫降价。牛肉价格下降是因为美元贬值，导致进口价格下降。美元贬值的原因，是国际油价上涨。国际油价上涨的直接原因是科学家发布了新的气候预测——今年的冬天会比较寒冷，取暖需求会增加，对应的石油需求也会增加。

一个猪肉贩做梦也想不到，导致肉价大跌使他亏损的原因，竟然来自一篇天气预报。而这仅仅是影响肉价诸多因素中的一个。

制定目标，本质上是对未来的预估。预估不准是常态，但盲目乐观就属于不健康的状态了。过高地估计自己对未来的预测能力，往往映射出了决策者的认知狭隘。

某塑料制品厂生产各种垃圾桶。由于模具陈旧、工艺落后，产品销售一直不太顺畅。突然，国内一些地方倡导垃圾分类，对垃圾桶的需求暴增，企业内积压了几年的货物快速清空。CEO 认为明年的行情会更好，于是投资各种设备，打算大干一场。但随着市场热度的下降，销售速度也开始下滑。

分析原因：垃圾桶这类塑料制品的工艺简单，容易复制。一旦行情好，就会出现很多竞争者，供给者增多，市场热度自然就下降了。

检验一个目标是否有科学依据，就是分析其数据层面的可拆解性。

CEO 希望销售额增长 40%，如何实现这个目标呢？

要实现 40% 增幅的目标，需要访客数量上升，还是转化率上升，还是客单价上升呢？或者是访客数上升 20%，转化率上升 10%，客单价上升 6%？

如何实现访客数上升？或增加推广预算？或增加曝光渠道？或增加店铺数量？

如果要增加预算,根据现在推广成本,需要增加多少预算呢?

层层拆解的过程,也是论证目标合理性的过程。哪怕领导们为了逼迫团队成员提升能力,有意制定较高的目标,也要能够自圆其说,并在各种资源充足、奖励足够诱人的前提下,让这些高目标有可实践性。

电商行业的人员流动性较大。如果员工发现任务难以完成,就可能不会全力以赴地解决问题,而是想着另寻出路,寻找新的工作,那么再高的任务目标也没有了意义。所以,在制定目标的时候,一定要配合完成目标的手段,结合 ROE 三要素(利润、销售速度、资金规模),在广泛讨论中接受质疑,完成论证的闭环。只有目标得到了团队成员的认可,才能上下齐心,减少扯皮。

(三)只定考核目标

考核是最简单、最廉价的管理方式。业绩考核的假设前提是:这份工作是员工的唯一选择,是其唯一的收入,只要考核压力足够大,员工就不敢偷懒,就能把压力变成动力,实现业绩提升。这种假设显然是不成立的。虽然,管理团队离不开各种形式的奖优罚劣。但在商业史上,从没有一个企业是通过对员工严厉管束而实现业绩长虹的。

考古学界有一种假说,认为以金字塔的复杂性,很难由一些长期生活在压抑环境下、时刻面临疾病、死亡威胁的奴隶来创造。1990 年,考古学家在金字塔附近发现了一个工人墓葬遗址,从遗骸中可以看出,这些人生前受到过很好的治疗,有的甚至接受过复杂的骨科手术,还有妇女和儿童的遗骸,说明当时的工人是和妻子、孩子住在一起的,这明显不是奴隶的生活方式。在一块石板上,还发现了工人的出勤记录。工人生病、扫墓、过生日,甚至喝醉酒都可以请假。这一切都佐证了之前的看法:金字塔,不是奴隶们建造的。

一个人生活在随时可能被处罚的压抑环境中,是不可能产生出创意的。那些经常下任务、压指标、严考核的企业,往往具有一定行业垄断性和人员封闭性的特点。这种企业不易裁员,工资又有预算制,想奖励很难,想惩罚容易。于是,上级领导为了督促下属努力工作,就把工作拆成无数个选项,每一项都展开考核。最终,就形成了上级千方百计压任务、要求新增长,下级花样百出编结果、假装完成目标的局面。

2012—2016 年,某著名通信服务商位于陕西的 9 个地市分公司,为了完成上级定的不切实际的高指标,通过各种手段利用虚拟现金交费的方式虚增收入 18 亿元。后东窗事发,73 人受到了各种形式的惩处。

当考核指标压力大的时候,很多人会有作弊的冲动。由此会带来业务违规、虚增业绩的后果,受损的首先是企业。所以,如果不能建立科学的目标体系,没有理性的完成方法,没有团队的相互支撑,就简单粗暴地制定考核指标,既会导致员工离心离德,又会造成业绩变形的恶果。

第二节 | 电商常用的业绩管理工具

既然要制定目标,就一定要对目标完成情况进行评估和考核。当前,业绩考核的方法非常多,并不存在孰优孰劣,适合最重要。所有的业绩考核方法都遵循了业绩完成程度与收入挂钩的原则,只是随着时代的推移,在认定业绩、评估完成效果这些关键点上有了不同的认知,并形成不同的方法。目前,常见的有 KPI、MBO、OKR 等工具。

一、KPI 制度的优点和不足

关键绩效指标制度(key performance indicator,KPI)是当前应用最广泛的制度,其诞生和发展经历了比较长的时间。

(一)KPI 制度的诞生和发展

1. 亚当·斯密的贡献

现代经济学之父亚当·斯密在《国富论》中介绍了分工带来的高效率:"如果一个工人没有接受过这一职业的相应训练,……那么就算他一整天都竭力工作,也有可能连一枚扣针都制造不出来,更不用说二十枚了。……在有些工厂里,这十八道工序分别由十八个专门的工人负责完成。……这样的小工厂虽然资源匮乏得连必要的机械设备也很简陋,但是只要工人们勤勉地工作,一天也能生产出十二磅扣针。按照每一磅重的扣针有四千枚来计算,这个工厂每天总共可以生产四万八千枚扣针。"

分工使复杂问题简单化。完整地制造别针是复杂的工艺,需要比较多的技巧、能力和更长的学习时间。如果把这个复杂的流程拆成 18 个步骤,一个人只完成其中的一个或者两个步骤,难度就会大大降低。简单动作重复做,就能带来高效率。

分工带来高效率,也带来了生产链条过长的风险。10 位工人的操作环环相扣,如果其中一人懈怠、技能落后,就会导致产量的下降。工作效率最低的人,决定了分工之后的生产量。如果工作效率不同的员工所得的收益是一样的,就会出现劣币驱逐良币的现象。

2. 泰勒制的影响

1895 年,美国人泰勒提出了"差别工资制",希望通过薪资调整来激发员工的积极性。

对于工作效率比较高的员工给予较高一级的薪资,工作效率低的员工只能拿较低一级的薪资。

泰勒从铲料试验中发现，工人每锹铲起21磅重的物料，效率最高。于是，他制造了大小不同类型的铁锹，以适应对各种不同比重物料的铲装，使工人每锹都能铲起21磅重的物料。通过这种方式，工厂将原材料成本从原来的每吨75美元降到每吨35美元，劳动力成本从原先的30美元降到8美元。在一家铸造厂，他将工人的产量从每天的12.5吨提升到了47吨，将工人数量从600人降低到140人。剩下的140人，一定是工作效率较高的员工，相应地也获得了较好的收入。

经过不断优化，泰勒在1911年出版《科学管理原理》一书，阐述了科学管理的基本原理和方法。泰勒制包含如下内容。

（1）根据业务流程，制定标准操作规范。通过研究工人的操作顺序和方法，找出最合理的运动路线和操作手法，不追求单次成绩好，而要求全天成绩好。

（2）制定标准的操作时间。详细记录所有动作所需要的时间，加上适当的休息、调整等额外时间，制定出完成每个标准动作所需要的标准时间，作为定额管理和支付工资的依据。

（3）实行有差别的计件工资。只对完成定额的工人支付高工资，以鼓励工人提高生产效率。

（4）挑选和培训工人。按照工作的体力要求去挑选工人，进行标准化培训。

（5）管理和执行分工。明确划分管理职能和执行职能，并建立生产控制、成本计算和质量控制的基本制度。

泰勒制影响了福特、麦当劳等非常多的企业，对制造业和服务业的发展起了重要的作用。当然，泰勒制也有一定的局限性，当经营场景变得复杂时，薪酬差异未必能够激发出员工的能动性，即使工人有积极努力的勇气和愿望，但由于体能、设备等因素限制，工作效率也会有差别。如何全面高效率地评估员工的工作效能，仍然是个问题。

3. 帕累托的"二八原理"

意大利经济学家帕累托发现了经济生活中的"二八原理"，即一个企业在价值创造的过程中，20%的骨干员工创造了企业80%的价值。如果聚焦在一个员工身上，即20%的关键行为完成了80%的工作成果。如果对20%的关键行为进行分析和衡量，就能抓住员工绩效评价的主要部分。这样的评估虽然并不完善，却是一种高效的评估方法。

经过无数经济学家、企业家的总结沉淀，KPI概念产生了。企业的战略目标经过层层分解产生的可操作性的战术目标，形成了衡量某岗位任职者工作绩效的具体量化指标，这是对员工任务完成效果最直接、客观的衡量依据。这种考核理念至今广泛应用于诸多行业。

（二）KPI在电商企业的应用

由于电商行业各项数据特征清晰，容易量化，所以KPI制度也是电商行业中广泛应用的绩效制度。

去年，天璇公司销售额为2 000万元，访客数为500万人次，转化率为4%，客单价为100元。由于产品暂时没有变化，今年要想实现2 800万元销售额，访客数和转化率都要有较大幅度提升。

CEO将访客数增加的任务分配给运营部和推广部，将提升转化的任务分配给视觉部、直播部和客服部。

客服部负责人根据公司部署进行业绩测算，发现询单转化率必须从45%提升到52%才能完成任务。他分析了优秀客服与顾客的沟通样本，发现优秀客服具有以下特征。

（1）对顾客的提问及时回复。

（2）顾客提一个问题，客服会提供几种方案供其选择。

（3）顾客对产品有疑虑时，主动推荐替代品。

于是，他制定了客服岗位新的KPI考核指标，如表6-1所示。

表6-1 客服岗位KPI考核简表

优秀的现象	量化考核指标
对顾客的提问及时回复	6秒内必须回复
对顾客的提问，提供几种方案供选择	问答比（用户提问的文字量与客服回复的文字量之间的比例，比值越高说明回答得越详细）
顾客对产品有疑虑时主动推荐替代品	每次必须推荐3个商品

上述指标成为全体客服的行动模板，必须按照这个动作执行。做到的，可以得到一定的奖励；没做到的，要扣发相关奖金。

（三）KPI制度的局限性

客服主管根据公司要求和业务实际情况制定的新KPI考核指标，具有要求清晰、易量化、能考核的特点。这种方案，也是今天各种考核方案的缩影。

但是，这个方案有明显的瑕疵。公司的目标是提升销售额。这个目标经过层层拆解后，在客服工作中变成了"6秒回复、问答比、推荐3个产品"的具体动作。即使每个人都做到了这3个动作，是否一定能实现销售额提升呢？如果一个员工完成了上述动作，但是一件产品都没有卖掉，他是应该得到奖励，还是受到惩罚呢？

以KPI为核心的绩效考核体系把人视为工具的延伸。在大工业生产的年代，这种方法是非常有效的：流水线是生产的核心，而工人只是流水线上的一个环节，不需要有思考能力，只要求听话照做即可。最听话、做得最好的人可以获得奖励。这种方式在强调创意、充满变数的数字时代显然有些笨拙，会导致结果与预期不能统一，甚至会出现每个人都完成了目标、获得了丰厚的奖励，而公司目标却没有实现的情况。

2023年3月，美国硅谷银行突然宣布破产倒闭。在此之前，CEO抛售了价值几百万美元的公司股票；在倒闭前几个小时，核心高管和全体员工都收到了2022年度的年终奖金。按照业绩考核标准,他们的做法是合规的,拿钱也理所应当,但是他们把企业搞破产了,让股东、客户蒙受了巨大损失。

二、MBO 制度的优点和不足

(一) MBO 制度的诞生和发展

1954 年,管理学大师彼得·德鲁克在《管理的实践》一书中提出了目标管理(management by objectives,MBO)。与传统的 KPI 制度相比,MBO 模式注重信息的上下通达,共同讨论制定工作目标,并以终为始,将是否实现目标作为衡量业绩的标准。MBO 各环节之间的关系如图 6-1 所示。

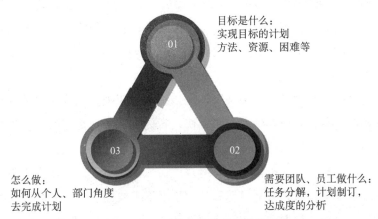

图 6-1　MBO 的各环节之间的关系

MBO 制度包括以下几点。

(1) 企业的任务必须转化为目标。企业管理人员必须通过这些目标,对下级进行指导,并以此来保证企业总目标的实现。

(2) 目标管理是一种程序。组织的上下各级管理人员会同起来制定共同的目标,确定彼此的成果责任,并以此项责任作为指导业务和衡量各自贡献的准则。

(3) 每个企业管理人员或工人的分目标,就是企业总目标,同时也是这个企业管理人员或工人对企业总目标的贡献。

(4) 管理人员和工人靠目标来管理。以所要达到的目标为依据,进行自我管理、自我控制,而不是由他的上级来指挥和控制。

企业管理人员对下级进行考核和奖惩也是依据这些分目标。

惠普公司曾经使用过 MBO 制度,取得了较好的效果。

(二) MBO 在电商企业的应用

MBO 概念在国内没有特别流行,但是很多企业在实践中经常使用。

天璇公司要将销售额从去年的 2 000 万元上升到 2 800 万元,于是层层任务被拆解。

客服主管发现，客服小李需要把询单转化率从48%提升到52%才能合格。小李对自己的工作做了分析，感觉根据个人的能力，最多能做到50%的询单转化率，但是他发现有一部分客户特别信服他的推荐，每月最高的单笔订单几乎都是他卖出去的。因此，他认为能将自己的客单价指标从120元提升到150元。

经过共同的分析，小李与主管达成一致，今年的目标定为：转化率50%，客单价达到150元。

考虑到淡、旺季等因素，公司以半年为周期进行指标考核，如果达到了目标，给予奖励，如果没有达到目标，则会受到一定的惩罚。

（三）MBO制度的局限性

MBO目标管理中要求管理者必须充分发挥员工的智力，尊重一线员工的想法，鼓励员工决策。这种管理模式从制度上鼓励员工把新技术、新思想应用到工作中，比较适合知识密集、智力密集的行业，也适合竞争环境复杂、新创意层出的行业。当然，MBO也存在一定的局限性。

（1）设定的目标时间过长。一般来说，在传统制造业中，实现明显改变周期较长，以年为单位是合理的。现在商业环境变化非常快，新创意、新玩法很快就会被复制抄袭，商业价值转瞬即逝，甚至还没来得及考核，某一项创新就已经成了历史。

（2）评估成本高。所有人员都要参与绩效评估，这消耗了大量的人力成本。在评估过程中也会有很多的扯皮现象。因为目标和计划是上下级共同制定的，如果完不成，是目标错了，还是计划不周详，还是员工执行不到位呢？责任不清给评估工作成果效能带来了麻烦。

因此，最终的评估结果缺乏客观性，无法对员工的工作给予指导性意见，导致员工的不信任感增强，再度制定目标的时候，会出现员工敷衍塞责的情况。

三、OKR制度的优点和不足

（一）OKR制度的诞生和发展

通过分析KPI和MBO的优势和不足，英特尔公司率先开始使用目标与关键成果法（objectives and key results，OKR）。这种工作方法被大量硅谷企业采用，并随着谷歌[①]等互联网企业的崛起，被更多的企业所认知。

OKR制度的核心思想是设定明确的、具有挑战性的目标（objectives），并为每个目标设定衡量的关键结果（key results）。OKR制度重视以下几个方面。

[①] 自2022年5月起，谷歌采用了一种被称为GRAD（Google reviews and development）的新方法，专注于跟进员工的成长、学习和进步。可以将其视为提升员工满意度的一项新制度，这是从流程角度对现有制度的重大优化和重要补充。

（1）透明度和对齐。OKR 制度鼓励组织内部透明。每个人都能够看到公司的目标、上级的目标，并将自己的目标与之对齐，以确保每个人的工作都与公司整体目标一致。

（2）简洁和明确。OKR 制度强调简洁和明确的目标设定。每个目标都应该简明扼要地表达所追求的结果，并为每个目标设定 2～5 个具体的关键结果，以衡量目标的达成程度。

（3）可量化和可衡量。关键结果应该设定明确的指标和时间表，以便评估进展和结果，客观地衡量目标的达成情况。

（4）迭代和调整。OKR 制度鼓励团队在设定目标和关键结果后，进行迭代和调整，根据实际情况和反馈进行修改和优化，以确保目标的实现和持续改进。

严格地说，OKR 制度是一种目标管理制度，而非绩效考核制度。其价值在于激励员工的目标导向和结果导向，促进团队的聚焦和协作，同时提高透明度和对齐度，使组织能够更加高效地追求共同的目标。 为了实现目标的落地性和可评估性，这种制度往往采用 360 度环评作为一种补充的考核形式，每个人对照个人目标进行打分，同事之间相互打分，然后参考部门主管意见，形成绩效的参考。

相对于 KPI 和 MBO 制度，OKR 模式更加开放，强调所有的工作目标要公开透明。下级知晓上级的工作目标和这个目标的关键结果，也就知道了做什么、为什么要这么做和需要达到什么结果。同时，管理者也可以思考是否可能通过创新方式在新的途径中实现这个目标。OKR 制度的特点总结，如图 6-2 所示。

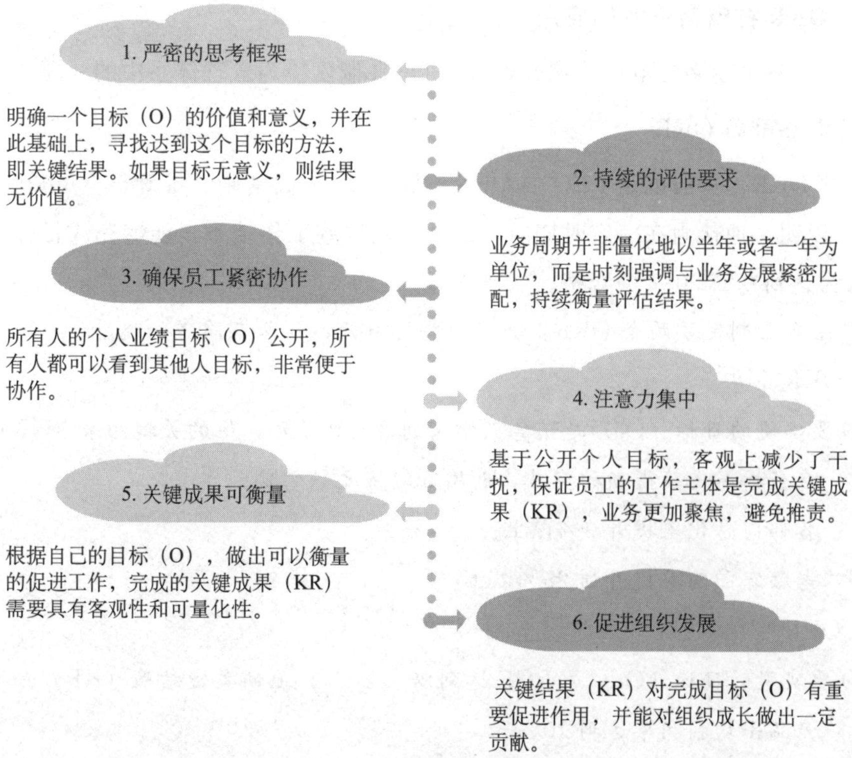

1. 严密的思考框架
明确一个目标（O）的价值和意义，并在此基础上，寻找达到这个目标的方法，即关键结果。如果目标无意义，则结果无价值。

2. 持续的评估要求
业务周期并非僵化地以半年或者一年为单位，而是时刻强调与业务发展紧密匹配，持续衡量评估结果。

3. 确保员工紧密协作
所有人的个人业绩目标（O）公开，所有人都可以看到其他人目标，非常便于协作。

4. 注意力集中
基于公开个人目标，客观上减少了干扰，保证员工的工作主体是完成关键成果（KR），业务更加聚焦，避免推责。

5. 关键成果可衡量
根据自己的目标（O），做出可以衡量的促进工作，完成的关键成果（KR）需要具有客观性和可量化性。

6. 促进组织发展
关键结果（KR）对完成目标（O）有重要促进作用，并能对组织成长做出一定贡献。

图 6-2　OKR 制度的特点总结

在 KPI 制度下，员工要无条件地完成领导交代的任务。如果这个任务是错误的，那么完成得越好对企业损害越大。OKR 体系则赋予下属一定的自我校正能力。CEO 在制定自己的 OKR 时，可能由于信息差、对行业的错判等因素，选择了错误的关键动作。由于其目标（O）是公开的，下属在制定 OKR 的时候，既可以从上级的关键结果出发，设计自己的目标，也可以充分考虑上级的目标（O），围绕这个目标设计关键动作。

某位 CEO 突然身体不适，发烧、咳嗽。此时，他的目标（O）是恢复健康，相关的关键结果（KR）是吃退烧药、多喝水、休息。

下属根据他的关键结果（KR），制定了领导买退烧药的目标（O），并执行到位。

吃完退烧药之后，CEO 症状未见好转，咳嗽加剧，甚至开始神志不清。按照 KPI 规则，没有指令时，下属只能眼睁睁看着 CEO 病情加剧无所适从。在 OKR 体系下，员工能够明确上级的目标是恢复健康，吃退烧药只是诸多治病方法（KR）中的一个，当这个方法不能奏效时，下属可以围绕恢复健康的目标采用其他方法，比如通过拨打急救电话把 CEO 送到医院抢救来实现目标。

从上述案例可以看出，上下级的总目标（O）是一致的。下属在处理工作的时候，实际上有两条线：一条线是根据上级的关键结果（KR）来工作，想领导之所想，急领导之所急，完成领导的业务部署；另一条线是根据上级的目标（O）来工作，寻找更有创意、更有效果、更好的办法，来实现上级目标（O）。

（二）OKR 在电商企业的应用

近几年，越来越多的电商公司开始采用 OKR 制度作为管理体系中的一环。

1. 设定公司的 OKR

公司的 OKR，一般也是 CEO 的 OKR。目标（O）要清晰、准确，全员知晓。关键结果（KR）说明，他认为在一定时期内，通过得到这些工作结果，能够完成目标。OKR 评估通常认为达到 0.6~0.7 为合格。

CEO 给自己制定了两个 OKR，并在全公司公开，让所有同事知晓。

(1) OKR_1

CEO 要实现的目标（O_1）是销售额增长到 2 800 万元，他的关键结果（KR）如下。

KR_1：在直播赛道获得新的突破，新增 500 万元销售额。

KR_2：各部门转化率提升 3% 以上。

KR_3：老顾客回购率提升到 25% 以上。

(2) OKR_2

CEO 要实现的目标（O_2）是 ROE 达到以上 20%，他的关键结果（KR）如下。

KR_1：产品平均利润率达到 10%。

KR_2：产品资金周转率达到 2。

KR_3：权益乘数达到1.1。

2. 制定部门的OKR

各部门要根据CEO的OKR以及对业务的判断，制定自己部门的OKR。

客服主管根据公司目标和上级的关键结果，设定部门的OKR。他发现要实现2 800万元的收入，提升询单转化率是客服部门业务范围之内的工作，且与领导完成转化率提升3%的关键结果相匹配；而其他的OKR与其工作的关联度略低，因此在制作自己部门的OKR时不再进行专门设计。

于是，客服主管制定了自己部门的OKR，也向全体同事公开，以便领导知晓他的工作，也让其他部门了解当前他的重点工作，以便更好地配合。

目标（O）：力争实现客服部询单转化率从48%提升到52%。

关键结果（KR）如下。

KR_1：每月总结优秀客服话术，提炼培训手册，全部学习。

KR_2：进行5场提升客服能力的培训会。

KR_3：平台的智能客服使用率达到30%，提升相应速度。

客服部同事通过了解主管（部门）的OKR，都知道了主管要做什么、打算怎么做，从而可以更好地互相配合。

3. 制定个人的OKR

客服小李的询单转化数据一直在中游徘徊，无论怎么努力也无法提升，为此他很沮丧。他发现平台提供的"智能客服"非常好用，通过适当的训练，可以减少很多烦琐工作，可以腾出精力来服务好重点客户，拉升客单价。结合主管"智能客服使用率达到30%"这个关键结果，小李给自己制定了OKR，并向全公司公开，以便得到更多同事的帮助，也可以以此聚焦自身工作，拒绝一些与完成目标（O）无关的事务。

目标（O）：智能客服使用率要达到50%。

关键结果（KR）如下。

KR_1：每天总结10条以上的客户问答给智能客服。

KR_2：在不同时段优先使用智能客服回复。

KR_3：每周与团队分享一次智能客服使用经验。

另外，小李的堂姐是一个拥有百万粉丝的网红。通过小李的介绍，她与公司达成合作意向，未来可以深度推广公司的产品。

在这个流程中，CEO从公司目标（O），拆解出为实现公司目标所需要的关键结果（KR）；部门主管根据上级的KR设定了自己的目标（O），并拆解出自己部门的关键结果（KR），经过层层拆解之后，落实到了基层员工小李身上。

作为基层员工，小李不仅知道自己的上级要做什么事、为什么要做这件事，而且知道自己上级的上级要做什么。所以，他一方面根据上级的关键结果来制定自己的OKR，另一方面通过帮助公司对接新的资源形式实现公司目标。

（三）OKR制度的局限性

电商行业的特殊性，使OKR在落地时会出现一些问题。

1. 目标过于宏观

电商行业竞争激烈，市场环境经常发生变化，有些产品会突然热卖，有些产品会突然滞销，由此工作重心也会发生变化。在制定目标的时候，一般选取全店销售额、利润率、净资产回报率（ROE）作为容易量化的宏观指标。但是这些指标构成要素比较多，在分解成关键成果过程中，有多种拆分方法，会出现动作不清晰、不准确的情况，不利于下级制定更具体的目标。

2. 内部沟通成本高

电商行业涉及运营、推广、设计、客服、直播、采购、仓储等多个部门。即使大目标统一，具体的关键动作也不会一致，从而导致沟通成本过高。

电商行业人员流失率较高，人员更迭会给工作带来混乱。假如张经理定完目标就离职了，新的经理到岗后肯定又要重新梳理、制定目标，整个部门的动作完成就要经过一个混乱期。

由于需要上下保持一致，各种形式的汇报明显增多，由此很多词也演变成了职场话术，比如"拉齐、对齐、闭环、沉淀、抓手、咬合、对标、联动、加持、方法论、组合拳、颗粒度、护城河"等。

3. 考核体系不清晰

OKR作为目标管理制度，通常使用360度环评的方法对目标完成的情况进行评估。受个人关系、团队利益因素影响，此法具有较强的主观色彩，容易陷入"说你行，你就行，不行也行；说你不行，你就不行，行也不行"的怪圈。同时，每个人的目标与关键结果的关联性也存在不确定因素，会出现"有心栽花花不开，无心插柳柳成荫"的特殊情况。

客服主管经过努力成功将部门询单转化率从48%提升到53%，完成了预期目标。但是，有一个关键结果——"智能客服使用率"没有达标。在评估他的工作时出现了争议：如果侧重目标完成情况，那么工作肯定是优秀的；如果侧重流程，他没有完成关键结果（KR），则是不合格的。

只要涉及打分、评价，就一定会有不同意见，OKR评价体系中的主观因素也推升了管理成本。想肯定他的成绩，上级能找出很多理由；如果想否定他的努力，上级也能说出很多道理。为了获得更好的评判结果，底层员工会千方百计讨好领导，业绩导向有可能异化成关系导向。

四、灵活使用不同的管理工具

(一) 三种模式的递进关系

在企业管理中,KPI被认为是现代业绩考核机制的起点。泰勒提出了给员工设定指标的概念,通过奖励和惩罚激励员工,使员工听从上级指示执行任务,而不必理会其背后的原因。

德鲁克提出的MBO概念将员工感受纳入考虑范围。员工对上级的服从是有条件的,是基于共同认可的工作目标,而不是因为权威压力。上级通过对员工的目标完成情况进行定期复盘,来提供支持和优化建议。

到了OKR(目标与关键结果)时代,领导首先为自己设定目标,并确定实现这些目标的关键结果。下级以支持领导的关键结果为工作目标,并在实现工作目标的过程中,允许通过创新的方式来超越规定动作,以实现上级的目标。

KPI侧重于执行力和工作量的考核,MBO注重岗位结果的执行力与创造力,而OKR更加强调员工自主工作和完成目标的能力,如表6-2所示。

表 6-2 3种管理方式的比较

名称	员工的权力意识	员工的体力要求	知识密度	权力来源	协作要求	员工的关注点	管理价值导向
KPI	低	高	低	上级授权	纵向服从	工作量	有执行力
MBO	中	中	中	职责要求	横向沟通	岗位结果	执行力与创造力
OKR	高	低	高	任务要求	立体网络	完成目标	自主工作

KPI、MBO和OKR在企业管理中体现了一种递进关系。纪律性和服从性要求逐渐降低,创造性和自主性要求逐渐增高,体现出当员工处于低权力意识和低知识密度阶段时,只能听话照做,才能获得认可和价值;当员工权力意识逐渐增强,具有较高的知识水平,能够熟练操纵各种设备进行自主工作时,资本权力呈下降趋势,员工权力呈上升趋势,从而实现了目标管理和员工参与度的提升。

(二) 管理侧重点的变与不变

对于管理层来说,基本的管理动作是相对恒定的。定目标、定策略、调整流程、绩效考核等工作在一间会议室里就可以完成。然而,基层岗位的工作形态和方式却有巨大变化。如果管理的侧重点不能与业务的变化相匹配,对企业来说就是一场灾难。

电商中的客服岗位,最早的角色是处理售后,考核重点放在响应速度和用户满意度上。后来,岗位逐渐被前置化,主要职责变为促进成交。与销售业绩相关的询单转化率、客单价等指标成为考核的重点;当发现通过文字与顾客交流效率太低时,沟通方式就逐渐视频化,主播场景本质上也是客服销售动作的视频化表达。

无论工作形式和任务有什么变化，最终一定指向销售额、利润、增长等指标。只是由于工作任务不同、工作形式不同，呈现出来的技术指标也各有不同。

用考核售后客服的尺子来考核主播，无疑是刻舟求剑。CEO 未必真的理解主播应该做什么、做到什么程度才算优秀，那就让主播自己根据店铺发展需要进行自我设定，通过 360 度评估，最终能够指向帮助店铺增产、增收、增长就可以了。

现在掌握企业管理权的大部分是"70 后""80 后"。在他们当员工的时候，企业管理的形式是工业化的服从制，前辈对年轻员工要求严厉、惩罚苛刻。当这些"70 后""80 后"走到管理岗位时，迎来了数字时代。机械性、重复性、体力性的劳动越来越少，创新性、智力性的工作越来越多。如果想在"90 后""00 后"新一代的员工身上复刻呆板、教条的管理方式是非常困难的。

无论是要求员工听话，还是要求员工创新，最终都要指向完成业绩目标。管理者要放弃家长制的优越感，要承认一代更比一代强。**一个 CEO 能够承认自己有知识短板，能够在必要的时候"闭嘴"，放手让员工去做，真的是一种美德。**

（三）融合使用 KPI 和 OKR 工具

1. KPI 和 OKR 的内在价值是统一的

从 KPI 到 MBO，再到 OKR，对员工在服从性方面的要求逐渐降低，对创造性、自主性的要求逐渐提高。

在一次谷歌进行的 OKR 研讨会上，有位学员特别纠结于 OKR 与 KPI 的区别，谷歌的高层说出了这样一句话：OKR 其实就是 KPI。

刘润[①]老师也提出了一个有趣的比喻：如果说 KPI 是秒表，OKR 就是指南针，左手根据指南针确定方向，右手拿秒表快速奔跑。

如果把上面的观点再延伸一下：个人奔跑的方向一定要在公司的目标框架内。如果个人偏离了这个目标，无论跑得多快，都没有意义。在公司的目标框架内，能够充分调动岗位资源和横向资源去实现突破，拿到了目标结果，任何奔跑姿势都是优秀的。

2. KPI 和 OKR 的侧重点不同

KPI 注重结果，强调对工作结果的量化评估，明确要求员工必须做什么和怎么做。OKR 注重过程，允许员工参与目标制定，理解目标需要达成的结果，并对达成情况进行考察。

一名新员工通过家族关系，为公司获取了一个非常大的订单，他肯定可以获得丰厚的物质奖励。年底评优的时候，能否认为他是一个优秀的员工，予以晋升呢？按照结果标准，他的业绩第一，就应该获得晋升，但按照 OKR 标准，不仅要关注他的目标完成情况，还要关注其完成的动作是否实现了关键结果（KR），并进行评测。

---

① 著名商业顾问、财经作家，著有《底层逻辑》《进化的力量》等作品。

360 度评测是 OKR 体系经常被诟病的缺点。搞评测会消耗大量的工作时间。复杂的同事关系、部门关系也影响了评测的客观性，导致行业内卷情况愈演愈烈，所有的工作都要留痕迹、做证据，造成了资源内耗。

KPI 是对业绩指标中的重点指标进行考核，注重预期成果，也直接关系到员工的收入。OKR 则更重视完成业绩指标的过程，尊重每个人的积极努力和创新，更适合评估员工的长远发展和综合能力。因此 KPI 和 OKR 之间不存在替代关系，而是相互补充的关系。

3. KPI 和 OKR 都是管理的工具

KPI 和 OKR 都是为经营服务的工具，但不能成为管理者的信仰。CEO 不必纠结于具体的管理方法，凡是能够激发资源进行高效率配置的工具，都是有价值的。

企业为员工提供了发展才能的舞台，员工通过优秀的创意、勤勉的工作在这个舞台上展现个人价值，并得到物质上的回报和行业的影响力。企业也由于优秀员工的努力产生了较好的商业价值，回报了股东和社会。在双方合作过程中，不管是企业制定的业绩指标，还是员工制定的关键结果，只要能够完成，就理应获得对应的报酬和奖励；如果没有完成，那理应受到批评和指责。

企业也是社会舞台的表演者。企业通过高效率地配置社会资源和人力资源实现盈利，回报投资者和社会，也会得到社会相应的认可。企业在创造财富的同时，也承担了保证产品质量、保护劳动者权益、尊重竞争规则、依法纳税等社会责任。

无论使用哪种管理工具，最终都会指向奖优罚劣、优胜劣汰。

（四）围绕目标确定行动方案

在新的一年，天璇公司计划将销售额从 2 000 万元上升到 2 800 万元。经过拆解，预计访客数需要增长 20％，转化率需要增长 4％，客单价需要上升 5％，还要增加至少 10 个爆款产品。

（1）以销售额作为业绩公司目标时，情况如下。以访客数为例，访客数要增长 20％。从哪里增长呢？多开店铺、增加推广、增加新品，都可以提升访客数。CEO 不仅要分配任务，还要帮助各部门找到实现任务的路径和所需要的资源。

运营部：确定今年要多开 3 家店铺，分别实现 200 万元销售额。公司会以现在的产品作为支持，也允许运营部独立寻找新产品，进行销售测试。

推广部：运营部在新渠道开店，要学习新平台的推广方法。公司会增加 50 万元的推广预算，但是要求推广部现有流量成本降低 15％。

采购部：想做好 10 个爆款产品至少需要 100 个产品做销售测试。为此需要新增供应商，由于公司当前付款周期长、审批流程慢，导致采购不畅。公司要求运营部和客服部分别从数据端、用户需求端、采购部提供市场需求信息。对于 2 万元以下的采购，只要与运营部和客服部做过沟通，采购经理可以直接付款采购，手续后补。

（2）以 ROE 指标作为公司目标时，情况如下。今年公司的业绩目标是 ROE 达到 50%。已知产品 A 进货价为 180 元，销售价为 250 元，当前库存 20 万元，计划能够实现 25 万元利润，于是提出下述问题。

运营部：计算当产品在 220 元、235 元、250 元 3 个不同价位时，应当产生多少销量。哪一个销量是当前最容易达到的？

推广部：预估在不同价位下分别需要多少预算，才能实现最佳推广效果。哪些环节可以节省，哪些渠道需要加大推广力度？

采购部：了解产品采购价是否能压低。如果供应商只有大量采购才会给优惠价格，那么最优采购量是多少？

不管以销售额为业绩目标，还是以 ROE 为业绩目标，都要围绕实现业绩拆解具体工作。通过分析和讨论，客观地看待在能力、资源上的不足，耐心地寻找业务的突破口，用合理、科学的方法，完成理性的任务目标。这个过程也是完成 CEO 的 OKR 的过程，目标（O）明确，关键结果（KR）清晰。所有人充分了解上下级和同事彼此的 OKR，便于实现内部协同。对存在的风险和困难也有一定的预估，这是 OKR 体系必备的业务特征。通过层层分解，让各部门员工立足岗位，找到自身角色，为完成目标去尽一份力。

分解任务、落实责任的过程，也是企业识人、用人的过程，实现从业务到管理，从管理到业绩，从业绩到奖惩的闭环，如图 6-3 所示。

图 6-3 不同视角下的业务指标

第三节 ｜ 拆解目标，形成部门职责

基于 CEO 的 OKR，各个部门要对工作责任进行划分，把上级目标与关键结果拆解成

个人的目标和动作，最终实现业绩闭环。为了解决工作中的交叉、模糊地带，减少扯皮和内耗，CEO邀请各部主管就各个部门的职责，进行了综合打分，帮助各部门在现阶段划分责任边界，如表6-3所示。

表6-3 各部门职责分工表

ROE	指标	采购部	推广部	设计部	客服部	直播部	运营部
利润率	利润率	√√√					√√
资金周转率	访客数		√√√	√	√	√√	√√√
	转化率		√√	√√√	√√√	√√√	√√√
	客单价			√	√√		√√
	存货量	√√					√
权益乘数	账期	√√					

备注：√√√代表全面负责，√√代表进行优化，√代表持续关注。

在转化率指标中，设计部、客服部、直播部都要对本部门业务范围内的转化率负责，而运营部则需要对全店铺（公司）的转化率负责。表6-3依据相关性、增长性、低成本、协同性这4个原则进行目标责任划分，以此CEO有了继续拆分业绩目标的参照标准。

在划分内部责任的时候，不同公司在不同的阶段会有不同的划分方式。相关责任也会有阶段性的主观色彩，可以根据实际情况定期做调整。

一、采购部的职责和业绩目标

（一）采购部的业务职责

压低采购成本：压低产品采购价格，减少采购过程中的损耗和费用。

延长账期：变相帮助企业获得一定的短期无息贷款。

减少库存量：保证热卖品安全库存，减少非热卖品的进货量，减少整体资金占用。

（二）确定采购部的任务

采购部负责所有产品的利润率。

近期，产品价格波动比较频繁，对公司利润影响很大。CEO决定由采购部负责店铺的利润率。提升利润率有很多方法：不断开辟新场景，增加新产品；压低采购价格，减少产品损耗；优化产品设计，提升销售价格等。这些工作未必都是采购部的职责，所以这项工作安排有"赶鸭子上架"的味道。对此，CEO有如下考虑：

首先，寻找新品、压低采购价格、减少产品损耗都属于采购部的职责，符合相关性原则。

其次，近几年来，采购部新开发的供应商数量较少，进货价偏高，应该给其增加一些工作压力。公司信誉较好，如果采购价格短期无法下降，也可以通过延长账期，提升公司资金充裕程度，提升权益乘数指标，符合增长原则。

再次，公司现有的采购流程相对完善，资金相对充裕，通过降低采购成本提升利润率也相对容易，且其他部门的日常琐事比较多，符合成本原则。

最后，采购经理是与CEO一起创业的老部下，人品端正，也容易得到其他部门在数据、信息方面的支持，符合协同原则。

（三）完成采购部的业绩谈判

KPI体系强调员工的服从性，不太重视沟通。"一支笔、一言堂"，领导说什么，下级就要做什么，这种管理模式有效率高、信息损耗低的优势，但也缺少纠错机制，很多问题到了"病入膏肓"时，才会显现出来。而OKR体系非常重视谈判，无论是目标设定，还是关键结果，都强调上下级之间的沟通、同事之间的沟通，可以较早发现各种问题（也存在效率低下的缺点）。

听到要由采购部负责利润指标的消息，采购部经理面露难色："供应商涨价，我没法控制；运营部要给产品降价，我也没法控制。结果采购价涨了，销售价跌了，再让我承担利润率降低的责任，显然不合理。产品售价、推广渠道、主播水平、营销活动等事情都会影响利润指标，各部门都有责任，我又不是他们的直属领导，出了问题为什么让我来承担？"

面对这样的质疑，CEO与采购部经理认真地沟通了自己的想法。

问题1：供应商涨价，导致利润率下降，怎么办？

采购部不是公司的送财童子，其天然职责就是处理供应商的涨价、供货不及时等问题。即使某个产品在市场上只有一家供应商，经销商没有议价能力，那么要涨价，大家都涨价，终端销售价也会上涨，对利润率的影响是有限的；如果只对咱们涨价，那就不是价格问题，而是双方信任问题，还得由你出马处理。

店铺里不会只有一种产品，"东方不亮西方亮"。产品A的价格降不下来，但是产品B、C、D的价格总能降下来，最终实现整体（毛）利润率的稳定或者上升。

问题2：运营部降价，导致利润率下降，怎么办？

首先，公司会制定规则，运营部要降低某款产品的售价，必须事先告知采购部，以便做好补货准备，防止因销量上升导致断货。如果及时补货有难度，采购部可以提出反对意见。所以，对运营端的调价，采购部是有一定发言权的。

其次，产品降价，销量上升，从完成利润率指标的角度来讲，采购部也应该主动出击，压低采购价格，减少降价对利润指标的影响。

再次，即使运营部压缩了产品A的利润率，也拉升了产品销量。这样的成功案例可以用于采购谈判中，帮助压低产品B、C、D等的采购价，获取整体的利润率上升。毕竟，最终公司是以全店商品的利润率为考核指标，而不是以一两个爆款为考核指标。

问题3：如何处理各部门关系和业绩问题呢？

首先，产品的利润率与店铺视觉、视频品质、直播效率、产品定位都有关系，本质上体现了品牌力在经营中的作用和价值。只有把工作做得精益求精,才能实现产品的更高溢价和更好的转化效果。大家目标一致,可以形成合力,不会互相掣肘。

其次,产品成本是公司比较机密的内容。采购部对成本比较清晰,可以对产品的毛利空间给出建议,防止其他部门为了提升销售额进行胡乱降价。这也是内部控制、交叉监督的客观需要。

最后,利润率不会作为采购部的唯一考核指标。在价格无法下降的时候,是否能够延长账期,让店铺有更多的周转资金,让供货方承担运费、合理地开具发票等工作,都体现了采购部的成绩。我作为CEO也会及时跟进采购的业务,帮助协调各个部门的工作,实现团队共赢。

经过这样坦诚的交流,采购部经理也无法反驳CEO的理由,只有领命回去,与团队协商,重新理顺工作,制定部门的业务方案。

(四)采购部的业绩目标

采购部经理仔细盘点了手头的资源与公司经营现状,围绕采购产品的五要素(见图6-4)形成了自己部门的OKR,制定了业绩目标方案。

图6-4 采购产品的五要素

采购部的业绩目标方案,主要考虑以下几个方面因素:

1. 到货及时性

O_1:到货及时率达到95%以上。

KR_1:3个月内货款支付率达到90%以上。

KR_2:产品的入仓前损耗控制在3%以下。

KR_3:拓展5家以上重要品类供应商。

2. 资金占用率

O_2:当前资金占用率从70%降低到65%。

KR_1:核心产品供应商账期增加到40天。

KR_2:60%以上滞销产品可以退回换新。

KR_3:与供应商共同优化产品包装与物流,降低4%以上附加成本。

3. 核心产品利润率

O_3:核心产品毛利润率保持在25%以上。

KR_1：调研核心产品的供应商成本，引入新供应商，核心产品采购价下降10%。

KR_2：缩减普通产品供应商数量，提高单一供应商采购量，采购价下降20%以上。

KR_3：20%以上订单可以实现逆销售周期下单，争取淡季低价。

无论是提升到货及时性，还是减少资金占用，或是引入更多供应商，这些都是重要的业绩指标。

从CEO的视角来看，采购部经理的3个OKR，无论是目标还是结果，最终都指向25%的毛利润率指标是否达成。达成了有奖，达不成有责，此时与KPI的考核又结合到了一起。

如果采购部经理的OKR方案得到了认同，就会发给全公司，其他部门在设计OKR时，要避免工作重复和工作冲突，保持信息沟通，最大程度上形成组织合力。

运营部看到采购部的核心产品毛利润率为25%，根据ROE要达到50%的目标，意味着核心产品的资金周转率必须达到2以上。由此，他们要分析核心产品的销售速度是否能够达标，如果不能达标，则要跟采购部进行协商，在不改变大目标（ROE=50%）的前提下，找到解决方法。

在采购谈判时，运营和推广部要拿出销量数据、竞品数据给予信息支持；在调整销售价格时，要及时与采购部沟通；客服部也要及时反馈用户需求和信息；财务部对资金和付款进度，也尽可能做到透明化。

需要注意，采购这项工作直接与人打交道，与供应商之间的私人关系在很大程度上也影响着采购价格。这种需要社会经验、行业经验、企业忠诚的岗位，有很多细节是难以量化的。采购部经理的人品、CEO的信任、公司资金的充裕程度，都影响着最终的利润率。在进行OKR评估的时候，无论是自评还是同事环评，都要以业绩为中心的同时，考虑诸多变量。

4. 监督职能

为了多卖产品，经营者有天然的降价冲动，希望以低价格、高推广的形式，实现销售额的快速增长。

运营部：价格越低，卖得越多。

推广部：推广（相对于竞品价格）低价产品，流量高，花费少，转化好。

直播和客服部：推荐不赚钱的产品，效果好。价格越低，越容易转粉互动，越容易成交。

但是，上述低价的结果都是卖得越多，亏得越多。

没有利润支撑的销售额是没有价值的。采购部最了解产品成本，基于自身利益（公司要考核利润率指标）会把控利润率，防范低价风险，保证店铺可持续发展。

即使店铺（或者公司）没有独立的采购部，直接由CEO负责采购工作，事实上也要承担前述的责任。

二、推广部的职责和业绩目标

(一)推广部的业务职责

推广部的业务职责,即低成本地增加有效访客数。

(1) 低成本原则。在推广预算有限的前提下,不断追求低成本引入流量。

(2) 增加有效访客。增加的访客要符合店铺定位,且能够成交(能够关注、收藏、加购、分享的访客也可以认为是有效的)。

(二)确定推广部的任务

店铺中的大部分工作与销售额、销量相关,为了避免"和尚多了没水吃,指标多了没人背"的情况,也要按照相关性、增长性、成本性、协同性原则,确定相关责任。推广部的核心任务是低成本引流。

按照访客数和转化率①可以将访客分为三大类,如图6-5所示。

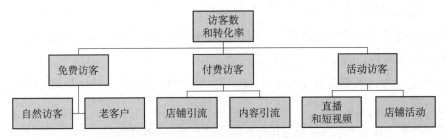

图6-5 搜索电商店铺访客来源简略图

根据公司ROE指标分解的结果,资金周转率要达到2以上。假设在推广预算不变的情况下,访客数量需要增加15%,才能在现有流量结构中完成访客增加的任务。由此,他们的任务也就非常清晰、明确了。

付费引流工作不宜盲目追求低成本。如果用户人群不精准,不能形成有效转化,再便宜的流量也是浪费。尤其在直播场景中,要严格把控访客数量、引流成本和成交转化率三者之间的关系,不可盲目增加访客人数,以免造成引流成本上升和转化率下降。

由于推广部还肩负着测图、测款等工作,所以不宜过于强化其对转化率的责任;同理,虽然访客的购买力也会影响成交客单价,但是由于其成因复杂,也不适宜在此考核。设计部做了一张好的推广图,大幅度地提升了点击率,但这仍属于推广部的工作范畴,大部分功劳还是要放在推广部的。

(三)推广部的业绩目标

从业务和管理的角度考虑,推广部经理制定了如下业绩目标方案。

---

① 在实际工作中,要根据实际情况进行分类,此处仅作示例参考。

1. 调整内部考核机制

O_1：调整推广部内部考核机制。

KR_1：每周进行一次复盘会，重点分析本周推广效率最高和最低的产品。

KR_2：区分正常推广与测图、测款类测试推广，进行分类考核。

KR_3：推广部内部采用竞标方式，确定直播间推广负责人，签对赌协议。

2. 调整现有推广渠道

O_2：优化推广渠道。

KR_1：每月对所有付费引流的渠道、产品进行排名，对末位产品暂停推广。

KR_2：梳理各个平台的用户画像，在优势推广渠道上加大投放。

KR_3：减少低产出的推广渠道推广费50%。

3. 全面提升推广能力

O_3：推广效率提升20%。

KR_1：重点产品、重点渠道日常点击率提升10%。

KR_2：优化重大活动期间的推广，深挖低成本引流渠道，学习新的平台玩法。

KR_3：直播间推广转粉率提升25%。

公司制定的推广效率提升要求是15%，推广经理显然做了加码，将目标（O）提升到了20%。

如果一个企业在多个电商平台上开有店铺，由于资金、精力所限，不可能在所有平台、所有产品、所有推广工具上同时实现高效能推广，一定要有舍有得。因此，在关键结果（KR）上，推广经理的思路是分清责任、分段考核、提升员工能力、减少低效率推广，腾出预算投入到重点产品推广中，充分调动基层员工积极性，在优势领域和低成本渠道上实现增长。

A员工负责淘宝店铺推广工作，在重点推广的4款产品中，有两个新款和两个老款。推广这4款产品用了13个计划，有测试计划，有针对不同人群的计划，也有针对不同地域的计划，筛选下来，对效率高的加大推广，对效率低的停止投放。

B员工负责抖音店铺引流，在巨量千川（巨量引擎旗下的电商广告平台）中做了多项计划，还要在直播期间配合主播实时调整引流节奏。对于大部分直播间而言，人数过多会影响转化率，影响直播间免费流量。因此推广要在直播间人数少的时候适当投放，增加直播间曝光量；当人数多的时候，适时减少推广，避免由于无法应付造成用户流失。

公司可以在内部对于各种新渠道、新玩法展开公开招标，让有想法、有闯劲的员工勇挑重担、快速成长，通过鲶鱼效应[①]保持团队活力。不同员工使用的平台不同，产品不同，

---

① 挪威人喜欢吃沙丁鱼，但捞上船的大批沙丁鱼会窒息死亡，有人在沙丁鱼槽里放进几条专以沙丁鱼为食的鲶鱼，让其四处游动，沙丁鱼十分紧张，加速游动，四处躲避，从而获得了大量氧气，延长了存活的时间。后人通常将通过增加竞争激发组织活力的方法叫作"鲶鱼效应"。

工具不同，合作对象也不同，优化可以优化的工具，舍弃效率较低的渠道，在大胆测试、小心验证中获得访客数量的增长。

公司可探讨对赌的形式，按照提升推广效率的比例给予奖励，将工作压力与工作效果结合起来。

三、设计部的职责和业绩目标

（一）设计部的业务职责

设计部的业务职责，即提升转化率，并配合各部门做好视觉支持工作。

（1）转化率。提高产品的视觉展现效果，让用户快速成交。

（2）事务性工作。配合运营、推广、直播部，做好有关宣传图片和活动页面等。

（二）确定设计部的任务

设计部要对访客的特征、需求、喜好进行深度挖掘，按照各个部门的需求，设计出能够吸引访客的内容；配合推广、运营、直播部做好相关素材，通过视觉端与目标客户产生共鸣，勾勒出用户消费后的幸福场景，促进产品成交。

严格地说，点击率与转化率都与视觉设计有密切关系。考虑到点击率受较多因素影响，且已经有推广部在负责，为了避免职责交叉，设计部业绩中要以产品转化率作为重点。

（三）设计部的业绩目标

充分考虑各种业务之间的轻重缓急，采取抓重点、抓核心的策略，设计部制定了如下业绩目标。

1. 提升核心产品转化

O_1：排名前 10 的热卖单品转化率提升 1%。

KR_1：简化页面，减少信息罗列，直击内容痛点。

KR_2：提升页面停留时间 5%。

KR_3：降低跳失率 7%。

2. 做好协作，完成支撑工作

O_2：高效配合其他部门的视觉要求。

KR_1：根据活动日历，活动报名开始 2 天内完成所有素材设计和提交。

KR_2：对于临时性需求，24 小时内给出两个以上方案。

KR_3：做好推广素材与反馈结果之间的分析报告。

设计部门的工作有很多属于配合性工作，工作量再大，也不容易体现出自身的价值。因此，设计部负责人在制定 OKR 的时候，可以区分重点业绩类工作和日常事务性工作，以 10 款最热卖产品作为优化的切入点，观察产品转化率、跳失率、页面停留时长的变化，只要数据能够持续向好的方向发展，就说明设计工作发挥了重要的作用。

在搜索电商中，用户完全通过图片来了解产品。图片的好坏，会直接影响产品的销量和推广引流的效率。曾几何时，有种说法，网上卖货，就是卖图。

到了直播场景中，直播间的封面质量、产品弹窗图片的吸引力，也会直接影响直播间的流量和转化。有的店铺的视觉部门还肩负了摄影、摄像、短视频制作等工作，任务越来越多。在业绩方面，对于这样重要的支持部门，指标过于激进，效果会适得其反。

在电商平台上，搜"男士皮鞋"，如图 6-6 所示，展示画面多呈现 45°对角线摆放。从理论上说，如果别人都采用 45°倾斜摆放，我采用 90°摆放，岂不是更加醒目，更容易吸引用户吗？当然可以尝试，也确有店铺会做此调整。从另外一个角度思考，为什么主流商家会采用 45°摆放呢？他们不知道创新吗？其实，这个角度往往是平台、商家经过多年测试，发现这个角度的点击率和转化率最好，才会呈现这样的结果。电商行业已经有 20 多年的发展历程，大量数据、经验沉淀已经形成了很多惯例。十几年前，或许有一个创意、一个"神图"就能一飞冲天，横扫整个行业，但是现在这种可能性微乎其微。

图 6-6　男鞋大部分呈 45°倾斜摆拍

四、客服部的职责和业绩目标

（一）客服部的业务职责

客服部的业务职责，即提升客户的转化率和客单价，做好售后服务，支持运营、直播等部门工作。

（1）转化率。咨询客户都是高意向客户，应千方百计促成成交。

（2）客单价。提升咨询用户客单价。

（3）支持工作。处理好客户纠纷，避免矛盾升级，为其他端口输送确定性流量。

（二）确定客服部的任务

一般来说，客服不承担直接引流的责任。在手机购物和直播购物场景中，咨询客服这件事情变得不方便，凡是愿意在线咨询的用户，都具有深度意向，努力让用户成交就显得尤为重要。

客服部要及时处理各种售后纠纷，避免因为消费投诉，影响到整个店铺评分以及权重。

(三) 客服部的业绩目标

根据客服主管的测算，需要将询单转化率从 48% 提升到 52%，客单价提升 5 元以上，才能完成业绩目标，由此制定了如下业绩目标方案。

1. 提升团队综合业务能力

O_1：综合业务能力提升。

KR_1：每月总结优秀客服话术，提炼培训手册进行学习。

KR_2：平台的智能客服使用率达到 30%。

KR_3：与直播部配合，提升互动成交率。

KR_4：设置售后预算，缩短售后时间，避免售后升级。

2. 提升询单转化率

O_2：询单转化率提升到 52%。

KR_1：用户首次咨询响应时间缩短到 15 秒。

KR_2：减少多余的问候性用语，直击主题，快速回复用户关切。

KR_3：分发一定比例优惠券，用于促进成交。

3. 提升客单价

O_3：平均客单价提升 155 元以上。

KR_1：推荐组合装，并能快速说清"对客户有利的理由"。

KR_2：对于高单价订单，全程跟踪，确保用户体验。

KR_3：将重点客户拉入私域运营群，独立运营。

客服部的角色从被动处理客户投诉到主动推荐产品，甚至承担着老客户维护、私域运营等工作。很多客服从幕后走到镜头前，开始了直播销售之路。

每个公司对客服工作的定义都有所不同，在拆解业绩指标的时候，要根据每个员工的不同工作内容和工作要求进行设计。

每一笔订单的背后，都是一个鲜活的人。他（她）有对生活的纠结，有对学业的烦恼，有对工作的压力，有对健康的焦虑；有欢乐，也有忧伤，会开怀大笑，也会怒发冲冠。大数据模型可以分析用户的性别、年龄、喜好，但是没法分析出用户对产品的期待、开箱瞬间的感受、使用产品时的心情、确认收货时的犹豫、给评价时的纠结。但客服部员工能通过与顾客的交流感受到这些信息，面对顾客，他们代表公司；面对公司内部，他们代表顾客。

公司所有部门都应该经常倾听客服部门的反馈：顾客收到产品后，感觉与宣传的相符吗？顾客收到货时，包装破损的原因是什么？顾客急着要发票的时候，能及时开具吗？顾客给了五星好评，是因为产品让他惊喜，还是仅仅出于谅解？

这样做，可以让各部门在工作的时候更理解顾客，也让客服部门更容易开展工作。

五、直播部的职责和业绩目标

（一）直播部的业务职责

直播部的业务职责，即通过提升转化率，提升直播间流量，推动销售额最大化。

（1）转化率。在直播间人数有限的情况下，尽可能用话术、活动等形式拉升转化。

（2）直播间免费流量。提升直播间权重，减少付费的引流成本。

（二）确定直播部的任务

直播成为销售产品的重要渠道，直播部也为此承担了巨大的销售压力。直播对"人力"需求比较高。一个稍具规模的直播间，至少需要3～4个人分工协作才能正常运行。同时，淘宝、抖音、视频号、小红书等多个平台都有直播需求，对于多平台开店的企业，也面临着巨大的成本压力。如果想同时做好多个平台，最好的方法就是加人、加直播间。当人手数量有限的时候，在同一时段只能精耕一个平台①，但是每天的高转化时段有限，必须在短时间内，完成最大的销售任务。

（三）直播部的业绩目标

公司希望直播部能够实现年销售额500万元的任务。至于卖什么、怎么卖可以由直播部门自己掌控。直播部负责人制定了如下业绩目标方案。

1. 增时长，增品类，保销售额

O_1：销售额提升，达到每月50万元。

KR_1：播出时长由现在的4小时，延长到10小时。

KR_2：优选当季热卖产品，打造场景促进成交。

KR_3：提升直播间整体运营能力，能够保持同时在线人数100人以上。

2. 提升主播能力

O_2：主播业务能力提升。

KR_1：主播增加到4人，形成赛马机制。

KR_2：打造主副播形式，尝试多种不同直播风格，形成操作手册。

KR_3：直播互动比率提升15%，转粉率提升25%。

3. 增强跨部门合作

O_3：直播业务流程优化。

---

① 如果一个主播同时在3个平台直播，可能会违反有关平台的规则，且播出效果也较差。

KR_1：与客服部门形成交叉引流。

KR_2：提升直播间引流效率，引流预算增加15%，引流成本下降20%。

KR_3：优化直播间装修，启用高清直播。

4. 短视频实现二次销售

O_4：直播内容切片分发。

KR_1：将直播内容进行切片，作为短视频进行分发，提升销量。

KR_2：招募合作账号100个以上，分发短视频，给予佣金回报。

KR_3：招募优秀短视频或直播达人，进行内容合作。

"交个朋友直播间"等直播间采用了视频切片的形式做二次营销。通过招募一定量的合作账号，将直播时的精彩片段做成短视频进行发布，增加了直播间的品牌影响力和二次成交的概率。

不同商家的主播能力、团队配合情况、产品能力、引流能力各有不同，呈现在直播间里的人数、成交额也有很大差异。大部分直播间在初始阶段需要多关注停留时长、互动转粉等基础指标，在磨合中总结经验，稳步上升；待直播业务进入正轨后，就将重点放在提升转化、提高引流效率、扩大销售额方面。

因此，在制定OKR的时候，一定要因人制宜、因店制宜、因时制宜，深度理解平台规则，根据具体情况，选择合适的发力点。

对于专门的直播电商店铺来说，直播是主要的引流手段和成交手段，所有其他部门的工作都要为直播成交服务。对于传统电商企业来说，直播是店铺整体营销的一部分。直播引流效率受店铺的粉丝数量、团队配合程度、单品权重、店铺权重等因素影响，直播团队自身的努力只是诸多因素中的一个环节，如果其他部门不能及时配合，也会影响直播效果。

需要注意，如果由推广部负责直播间引流，那么有关引流效率、精准性的要求就不能放在直播部进行考核。

六、运营部的职责和业绩目标

（一）运营部的业务职责

运营部的业务职责，即统筹好店铺（直播间）的访客数量，提升访客的转化率和客单价，参与各种平台活动，并对产品的品类、规格、销售速度进行分析。

（1）访客数。关注各个部门、各个端口的流量情况以及成本。

（2）转化率。关注各个部门、各个端口的转化情况，并对低转化进行分析、预警。

（3）客单价。牵头各部门对产品、竞品进行分析，提升客单价。

（4）存货量。与采购部、财务部密切沟通，不断优化产品、压低库存量。

（二）确定运营部的任务

例如，完成当年的 2 800 万元销售额目标，协助 CEO 完成 ROE 指标，把控店铺整体运营节奏。

1. 销售额任务

由于运营部要对流量、转化、客单价 3 个指标负有重要责任，也就意味着运营部要对最终销售额负责。所以，运营部不仅要完成本职工作，还要监督、协调其他部门的工作。

如果店铺规模小，那么运营人员等于同时要做推广、设计、客服、内容，甚至还要负责打包发货。如果店铺规模大，各个部门就要在运营部的调度下，共同协作，这也是很多店铺 CEO 兼任运营部负责人的原因。

2. 净资产收益率任务

在实现 ROE 的目标过程中，净利润率指标由采购部负责，权益乘数由 CEO 负责，运营部的职责是提升销售速度、监督推广效率、控制经营成本、提供数据支持。

（三）运营部的业绩目标

运营部具有一定的管理角色。工作内容有横向协调各部门节奏，也有纵向完成销售额的具体任务。

1. 横向协调工作

O_1：提升数据支撑业务的能力。

KR_1：制定与产品相关的核心数据手册，作为各部门分析报告的基础。

KR_2：产品测款在店铺端和直播间同时进行，用于交叉数据比对。

KR_3：每周三出具重点产品数据分析报告，推动各部门优化。

上述任务属于典型的事务性工作。在每周的例会上，各部门都会说自己上一周的成绩斐然，但是店铺整体数据却没有起色。此时，需要运营部来给大家形成一套共同的话语体系。

运营经理要帮助 CEO 聚焦工作话题：在日常工作总结中，只讨论转化率和客单价这两个指标；分析新产品时，要讨论免费流量、付费流量、点击率等指标；评价新主播时，只讨论播出时长、转粉率、互动率这几个指标。

只有大家在同一个话题上讨论，才能提高沟通效率，聚焦重点内容，形成改善方案，推动持续优化。

面对店铺流量下降的事实，每个部门都会有自己天花乱坠的说辞，总结起来只有一句话：不是我们的责任，流量下降都是别人的问题……核心意思也只有"甩锅"二字。

此时，运营部就要拿出"放大镜"，逐步分析。

以渠道为单位分析，在免费流量、付费流量、直播流量中，哪一个下降得最大？

假设，付费流量下降较快，则进一步分析。

首先，当前有多个推广工具在同时推广，哪一个下降了？下降的原因是操作问题还是预算问题？

其次，究竟是哪一个计划、哪一款产品或者哪一个主播在哪一个时段的引流能力在下滑？

再次，具体又是哪几个关键词，哪几个定向的人群产生了下滑？

经过层层筛查，找到问题症结所在，由相关部门带着责任回去修改，再根据优化的结果进行分析，进一步优化，直到解决问题为止。无论是分析问题，还是修改漏洞，都是所有成员能力提高的过程。大家通过参考行业、分析数据，在完成工作的同时，也在相互督促下共同学习。

2. 销售额目标任务

O_2：实现销售额 2 800 万元。

KR_1：根据产品分层，多开 5 家新店，新店年均销售额需破 200 万元。

KR_2：保持产品优胜劣汰，新款销售额达到 40%，删除无流量、无转化的产品。

KR_3：对销量居中的潜力款产品，展开各种测试，总结经验，反哺其他产品。

KR_4：协调推广、直播、客服等部门，集中力量拉升单品转化，提升单品权重。

上述工作具有突破性，要在原有的成绩上形成新的增长。

从产品定位、数据分析，到用户体验、私域运营，都是运营部门需要完成的工作，其工作庞杂，涉及的指标众多。指标越多，每个指标的重要性就会弱化。因此，所有的指标都要归拢到实现销售额 2 800 万元这个清晰、可量化的数字上。

（四）运营部的监督职能

运营部门要为最终的销售额这个硬指标负责，而其他部门的指标往往是增长率、转化率等软指标，为了防范舞弊行为，运营部门可以将转化率作为一个监督指标使用。

1. 防范唯流量论

随着店铺引流成本的提高，店铺要充分挖掘每一个访客的价值，实现高转化率：如果店铺一天能够成交 100 单，那么一天只需要有 100 个访客就够了。不能产生价值的流量，就是浪费。

唯流量论盛行的时候，有一种"种草"的说法：客户当前不下单没关系，只要他认识了你，收藏、加购了你的产品，就可以在未来通过定向的广告投放对他进行唤醒，最终还可以在你这里成交。这种说法表面上看有一定道理，但是逻辑上存在瑕疵：客户既然已经认识我了，为什么还要我再花广告费呢？

客户对着大同小异的商品、似曾相识的画面、千篇一律的视频，已经出现了审美疲劳。"种草"只是掩盖转化能力不足的借口而已，很可能产品做得千好万好，仅仅因为同行便宜1元钱,"我种的草,就被别人收割了"。

2. 防范部门作弊

现在的访客数(流量)是一个复杂指标。按照成本区分,流量有免费流量、付费流量等;按照渠道区分,有单品流量、店铺流量、活动流量等;按照用户区分,有新访客流量、老客户流量、粉丝流量;按照场景区分,有短视频流量、搜索流量、直播流量等。流量的来源复杂,质量无法稳定。

为了快速完成任务,有个别人会产生"走近路"的想法。例如,推广部可能为了突出个人业绩,购买垃圾流量,充盈直播间人数,对店铺内的产品进行点击,从数据上呈现出来的直接结果是:访客量提升,单笔推广费降低,但是店铺转化率会下降,影响店铺权重(见图6-7)。

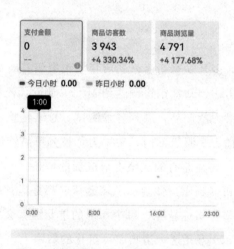

图6-7 访客量很高,但是没有支付金额

商品的访客数量很高,推广部可以说自己实现了低成本引流,商品浏览量也不错,取得了较大的进步。但是在这些工作最终成交额为0、转化率为0的情况下,无论如何解释,都无法掩盖引流不精准、优化不到位的现实。运营可以通过低转化率,发现当前的流量质量有问题,让舞弊行为得到曝光。

销售客服和主播,在日复一日的重复工作中,非常容易产生疲劳感,表现出来的结果就是(咨询)转化率下降。当运营发现同等客户接待量下,转化率下降时,就要及时介入,进行干预。

视觉部门,有可能忙于很多事务性工作,忽视了自己的OKR任务之一,"O_1=排名前10名的热卖单品转化率提升1‰"。运营可以通过产品转化率持续下降的情况,进行预警。

所以,通过运营部把控各流量渠道的转化率,可以防范各部门的流量作弊行为和工作偏差,保障销售额任务的顺利完成。

七、其他部门的职责和业绩目标

储运、财务、行政、人力资源等部门一般被视为支持部门。

有些小规模的店铺或者公司,产品一件代发,不需要储运部,财务、行政、人力由老板娘一肩挑。既然如此,也无所谓业绩指标。但对于一些有规模的电商企业来说,各个部门肯定要有业绩标准,也要分析他们与净资产收益率指标的密切程度。

(一) 储运部的职责概述

对于自建仓储、打包、发货的公司来说,入库、检查、盘点、保洁都属于围绕发货而进行的基础工作。他们的工作效率、工作质量,直接影响利润率和资金周转率。发货中,成本和损耗越小,利润就越高;发货速度越快,资金周转率就越高。

如果工作流程、工作量相对稳定,那么通过制定刚性指标就可以确定职责。比如,要求24小时内发完货,货损率要控制在1‰以内,平均每件产品的包装耗材成本控制在1.8元以内,等等。

(二) 会计部的职责概述

企业通过代理记账形式完成记账报税工作,也不存在考核需要。即使有独立会计的企业,会计部门也只是一个执行部门,很少能对经营提出意见——管钱的人,对赚钱这件事情却没有发言权。随着国家金税四期的普及,以及行业竞争的加剧,越来越需要具有财务决策能力的专业人士为经营提出指导意见。

提升权益乘数(融资能力)方面的工作,属于CEO的职责。尤其是涉及对外融资时,无论是投资方还是贷款方,都会非常在意企业的经营能力和负责人的信誉。当前财务人员[①]最多只能起到提供数据的能力。

(三) 行政和人力资源部的职责概述

这两个部门的工作非常琐碎,从员工入职之后的门禁卡、签字笔,到员工培训、薪酬计算、人员招聘等许多工作都由这两个部门负责。他们的工作结果与业务之间的关系并不紧密。

设计部抱怨计算机速度太慢,影响了出产素材的速度,行政部肯定有责任;但是反过来说,是不是计算机好了,设计部的各项指标就能一路飙升呢?

上述部门的特点都是稳定,一般采用由其他部门对其环评打分的形式,评估其工作成果。只要指标没有大幅度下滑,就不要在其管理中付出太多精力。在人类的商业史上,还从来没有哪个企业是因为支持部的工作优异,而实现基业长青的。

[①] 严格地说,财务与会计是两种工作形式。财务更倾向于决策,其最高职务是CFO(首席财务官),能够对经营管理提出决策性依据。按照任正非先生的说法:"称职的CFO是能随时接替CEO的人。"会计更倾向于事务性工作,按照《企业会计准则》对账目进行合规化处理。

本章小结

本章将侧重点放在制定业绩目标和分解业绩目标上,通过介绍 KPI、MBO、OKR 等管理工具,逐渐形成了围绕 OKR 体系的目标管理体系,帮助读者理解 CEO 制定大目标(O)和关键动作(KR),以及部门根据上级 OKR 拆解任务的过程。

本章通过不同的关注点和侧重点,呈现出对不同岗位、不同问题的思考方向;通过尽可能多元化的案例,为电商企业中常见的部门分别设计了岗位职责和业绩目标。

每个企业可以根据自己的情况,参考书中的方法,制定符合实际情况的岗位职责和业绩目标,切不可简单复制。

第七章
合理回报，薪酬组成结构解析

在前面的章节中，我们对产品做了数据分析，呈现出了盈利的策略和标准，形成了科学的工作目标。各个部门可以围绕盈利的大目标，制定出具体的工作目标和关键结果，通过持续优化经营动作，实现经营业绩。

在员工实现业绩的同时，公司也要支付薪酬作为回报。在这个过程中，会出现几种矛盾。例如，资本与员工的矛盾：资本追求投资回报率，薪酬是一种成本，薪酬越高，资本的投资回报就越少；评估标准与工作成果的矛盾：业绩评估标准单一化，而工作成果多样化，如果创新得不到认可和保护，员工的工作积极性会受挫，影响企业发展；职责职级与工作能力的矛盾：岗位级别高、工作年限长的员工享有收益分配的优先权，而一线员工的利益容易被忽视。

所以，应当制定合理的薪酬方案，尽可能公平地将工作业绩体现在薪酬上，确保团队相对稳定、健康地发展。需要注意，**薪酬方案只是绩效管理的一部分，而绩效管理只是企业管理的一部分**，如果指望有一套完美的薪酬方案，企业就能蒸蒸日上，完全是刻舟求剑的做法。

在薪酬方案中要重点考虑3件事，即有多少钱（蛋糕有多大）、薪酬方案怎么分（蛋糕怎么分）、如何保证公平（蛋糕的结构），三者的排名不分先后。

第一节 | 科学设计"薪酬蛋糕"

当每个部门和员工有了清晰的目标和确定的职责时，就可以根据业绩的完成情况评判

（业绩考核）其工作效能，并给予实际的回报（薪酬结构）。从企业角度来看，所有人的努力都指向利润；从个人角度来看，所有的努力都指向薪酬。科学地设定"薪酬蛋糕"，有助于激发员工的积极性，也有助于企业调整销售额和利润额之间的关系，实现可持续发展。

A店铺，今年利润额实现了14%的增长，达到了282万元。

B店铺，今年销售额实现了34%的增长，达到1233万元。

请问，这两个团队，谁的工作更好，更应该获得奖励呢？

显然，二者完全不具备可比性，甚至这两个店铺的业绩价值都是存疑的。

A店铺虽然利润额达到了282万元，但如果销售额是1亿元，那么这点利润额并不值得夸耀，甚至变卖资产也可以实现利润额大增[①]。如果A店铺业绩考核标准是利润额，那么无论利润率多么低，该店铺也要按照利润额比例支付薪酬。

B店铺销售额增长了34%，看起来形势喜人，但如果行业增幅是46%呢？那34%的增幅就不值得夸耀了；过千万元的销售额，利润是多少呢？产品亏本卖得越多，亏损就越大。如果B店铺业绩考核标准是销售额增幅，那么无论比行业增长落后多少，也要按照销售额增幅比例支付薪酬。

由此可见，设计薪酬结构的第一步就是要制定"蛋糕"标准，即薪酬资金从哪里来，以什么标准发薪酬，做好哪些动作，完成了哪些目标，才会让蛋糕变得更大。以此为指引，确定每一个岗位的努力方向，确定每项工作收入的标准。目标清晰、收益明确，才能指引员工通过努力获得较好的收入。

一、参照利润额定"薪酬蛋糕"

参照利润额作为支付薪酬的标准，符合收益分配的逻辑。如果一个店铺或者公司没有利润，就无法持续以薪资的形式回报员工劳动。同样，以利润贡献确定收入水平，有利于激励员工开拓业务、控制成本。

其优势已经清晰明了，此处不做赘述。

下面重点分析一下这种方法的缺憾和不足，以便CEO能够立体地理解这种分配方法。

（一）成本不清晰

1. 产品成本不清晰

以利润额为薪酬的基础是必须明确产品成本。产品成本是公司里的重要秘密，即使为了考核需要，CEO在宣布成本的时候，往往也会藏一手——报出虚高价格，这就会造成团队互不信任；即使这个CEO非常诚实，但是由于批次的原因，每次进货价格不同，成本统计起来非常复杂且工作量大，亦会加剧互相不信任。

[①] 2019年，上市公司海马汽车为了避免连续亏损导致退市，于是销售401套房产，当期实现8519万元的利润，扭亏为盈。

2. 经营成本不清晰

经营中的推广费、差旅费等成本，与业务相关，但与具体的员工不相关。设计师可以认为：为了控制成本，最好不要做推广，也不要有差旅，减少了成本支出，利润才会增加。

的确，增加推广费或者天天出差，未必能增加利润。可是真的放弃了推广支出，企业就不能扩大销售额；减少差旅，企业就减少了对外合作，这样就能够提高利润吗？显然这种想法既不合理，也不现实，却非常符合设计师从利润出发的利益需求。

（二）资金不清晰

1. 资金用途有争议

到了年底，公司账面有 200 万元资金。面对年货节大促活动和发放年终奖两个选择，企业和员工的利益会发生矛盾：CEO 希望将资金用来进货和做产品推广，让业务再上一个台阶，而员工则希望可以及时发工资和年终奖，让生活得到改善。

CEO 为了企业持续发展，会说："用这些钱，咱们可以赚更多钱，回头大家可以多分一点。"员工对此未必感兴趣，毕竟能够发到手的钱，才是实实在在的。将这笔钱再投入生产，就算赚钱了，个人收益也未必会增加多少；万一亏损了，个人的年终奖就泡汤了。

曾鸣教授在《智能商业》[1] 中讲了阿里巴巴的一段往事："2007 年，阿里巴巴估值约 100 亿美元，阿里巴巴 B2B（企业对企业）部门在香港上市后，市值蹿升到 200 亿美元级别。当时给员工一个选择，可以把拥有的集团股票中的 30% 转成 B2B 上市公司的股票，也可以留下来作为集团的股票，等待未来增值，也就是未来以淘宝和支付宝为主的增值。绝大部分员工选择相信上市公司的增长，而没有选择淘宝的未来。2012 年，发生了同样的故事，那一年是阿里巴巴上市前的最后一次融资，不到 400 亿美元的估值，也允许员工卖掉 30%，基本上都卖掉了。"

不要看他怎么说，而要看他怎么做，即使嘴上喊着爱公司，身体却仍然是诚实的。从理论上说，阿里巴巴的员工属于收入比较高、不缺钱的人群，然而在远期诱惑和近期收益之间，他们都选择了立即套现。要知道，如果继续保留那些股票，到 2014 年阿里上市，股票至少可以增值 6 倍，在 2020 年股价最高的时候，甚至会增值 20 倍。

2. 账面盈利难评估

大部分电商企业缺乏系统、规范的会计体系，说不清楚自己是否赚了钱、赚了多少钱，即使能算清楚，会计上的概念与实践中的体感也有很大的差异。

天璇公司积压了一批价值 100 万元的运动鞋，而公司当年账面盈利恰好是 100 万元，等于工作了一年，赚了一批货，陷入了赚钱却没有钱的尴尬境地。从资产角度看，这批运动鞋是价值 100 万元的资产；从资金角度看，这批货却是占用资金的累赘。如果把这批运动鞋以 60 万元的价格清仓，虽然增加了 60 万元资金，账面却亏损了 40 万元。

---

[1] 曾鸣. 智能商业 [M]. 北京：中信出版集团，2018.

从经营角度上看，仍然建议快速清仓、回笼资金；从薪酬分配角度上看，却很难给员工解释，究竟是赚了，还是赔了。

与此类似，还有固定资产折旧、损耗等成本支出，都会让最终的利润变得模糊不清。

（三）根本利益不一致

股东和员工是两种不同的身份关系，其根本利益是不一致的。

股东是投资者，只有公司盈利，才能够享受到投资收益。其投资回报的金额是不确定的，也没有任何法律、保险予以保障。当然，股东既可以是投资者，也可以是劳动者，甚至可以利用自身决策的优势地位，通过给自己支付较高的薪酬的方式，提前享受投资收益。虽然这种做法合法合理，但又造成了与员工薪酬上的差异。

员工是劳动者，无论公司是否盈利，都有权利获得公司承诺的劳动回报。劳动报酬的金额、发放时间、发放形式是受法律保护的，是企业的刚性义务，与企业是否盈利无关。

总之，以利润作为"薪酬蛋糕"的基础，本质上是将员工视为股东，将薪酬视为分红，企业只能单方面承担支付义务，却无法让员工像股东那样承担风险，且计算复杂，是执行难度较大的一种方法。

二、参照销售额定"薪酬蛋糕"

以销售额作为支付薪酬的标准，是公司与运营团队协商好分配比例，按照销售额完成额度支付薪酬的一种方法。这种计算方法简单清晰，团队成员对收入能有确定性预估，更容易起到激励作用。其优势已经清晰明了，在此不做赘述。

下面重点分析一下这种方法的缺憾和不足，以便CEO能够立体地理解这种分配方法。

首先，容易陷入价格战。当个人收益与销售额挂钩之后，只要产品能够卖出去，个人就能获得高收入，就不会在乎利润情况。运营团队会产生以低价格换高销量的冲动。企业可能为此损失了产品利润，还要支付更多的运输成本和管理成本。

其次，重度依赖推广。与低价销售类似，运营团队愿意通过购买流量来推动销售额提升，而不关注推广成本。为了漂亮的销售业绩，请达人带货的佣金可以给到60%以上。

最后，忽视长期建设。沉淀客户资源、维系客户黏性、树立产品标杆、建设私域流量池等工作，都有利于企业降低流量成本，为品牌升级打下基础。但是，在以销售额为导向的经营思路中，凡是不能立刻提升销售额的事情，都不会有人做。大家愿意关注能够立竿见影有回报的项目，而长期建设容易造成品牌透支，很少有人愿意为远期回报付出劳动。

总之，以销售额为分钱的依据，容易使个人利益与企业利益脱离，会忽视产品利润，影响企业长期发展。

三、参照身份制定"薪酬蛋糕"

在制定"薪酬蛋糕"的过程中，无论是参照利润额，还是销售额，都各有优缺点。为了尽量发挥其优点,防范缺点,可以通过交叉授权、互相监督的形式,参照员工身份设计分配"薪酬蛋糕"的方案。

(一) 员工围绕销售额分钱

经计算,天璇公司的薪酬支出约占销售额的6%。当销售额为2 000万元时,应当支付的薪酬支出[①]约为120万元。为了激励业务发展,每年增幅部分单独提取3%作为团队奖励。次年,团队实现了2 800万元销售额。

$$次年总薪酬 = 基础绩效比例 + 增量单独绩效比例$$
$$= 2\,000 \times 6\% + 800 \times 3\%$$
$$= 144(万元)$$

当员工分享销售额带来的收益时,CEO要将利润率(额)作为底线,把控产品销售价格和推广预算的审批权,实现利润基础上的销售额增长。防止随意采用低价销售的方式扩大销售额,可通过监督计算推广投产比,实时监督推广效率,完善内部管理制度、业务流程,避免经营日常中的"跑冒滴漏"行为。

(二) 股东围绕利润额分钱

天璇公司当年销售额为2 000万元,支付完工资和税费之后,可用于分红的金额是433万元。这笔钱可以按照出资比例或者约定进行分配。有股东认为需要用这笔资金投入新产品开发,经协商,大家同意象征性分红133万元,其余300万元继续投入经营中。

股东不仅在乎短期收益,也考虑长期收益,会在二者之间做出最符合其利益的选择。如果股东没有参与日常经营劳动,那么只享受分红是比较合理的;如果参与了劳动,除了可以获取分红,还可以获得作为劳动者的合理薪酬。

公司内部还存在着一部分核心高管。他们没有参与公司投资,但是能力突出,公司往往也愿意以分红的形式,让其共享公司发展的成果。因此,他们的收入构成往往同时参考销售额和利润额进行分配。

第二节 | 制定科学的薪酬方案

一、薪酬方案的综合性需求

个人下海、朋友合作、夫妻创业是很多电商企业的起点。这种企业(店铺)没有复杂

---

① 包含整个团队所有的工资、奖金、提成、福利、五险一金等。

的股权关系，没有高昂的信任成本，没有标准的业务流程，甚至没有薪酬支出成本。所有的工作自己做，所有风险自己担，所有利润自己拿。

这种经营方式，就像在天气晴朗时骑自行车旅游，成本低，可以自己把控方向，还能看到沿途的一些风景。缺点是走不远，抗风雨的能力也很弱。如果想走得更快、更远，收获更多，有更强的抵御风险的能力，就需要借助高铁、飞机等先进的交通工具。

企业管理者如果不满足于小富即安，就要让渡一部分利润，聘请专业人士帮助完成工作。通过分工实现高效率，通过高效率获得低成本，做大整体的业务规模，最终获得更大的收益。

（一）薪酬方案要有引导性

薪酬方案本质就是分蛋糕的标准，是综合了多重复杂因素后妥协的产物。它应当随着各种情况的变化而适时调整。在制定过程中要考虑稳定性，让员工对收入有确定性预期，也要考虑引导性，促进团队努力奋进，还要考虑到企业中长期的发展，如图7-1所示。

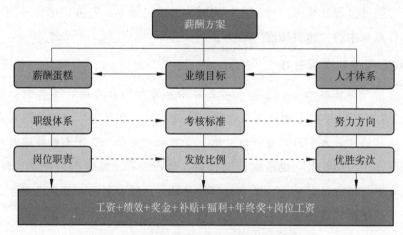

图 7-1　薪酬方案需要考虑的多重关系

1. 横向分析

薪酬方案要给员工明确的预期，完成哪些业绩目标、能获得多少收入方面的回报、体现多劳多得的人才价值。这里的"劳"是符合薪酬方案的"劳"，而不是形式上的"劳"。如果不能够完成既有的业务目标，在工作内容和工作方向上与个人的OKR相背离，哪怕每天工作24小时，其劳动的价值都是存疑的。

薪酬方案要给员工明确地描绘出职级体系之间的差异、达到某个职级的考核标准、努力的方向，以及如何才能在职级上有所提升。

薪酬方案要让员工理解每个岗位所要承担的责任，以及不同职责下不同的收入结构代表了公司对工作的哪种需求导向。公司会支持和晋升优秀人才，淘汰不合适人员。

2. 纵向分析

薪酬蛋糕与职级体系和岗位职责有关系。职级越高的人获取的蛋糕份额越大，高收入意味着要承担更多的责任,而不是因为其拥有更老的资历。

业绩目标与每个员工的业绩目标有关系。每个人可以根据清晰的考核标准算出自己的当期收入。

人才体系与员工的努力有关系。其体现出公司对不同岗位员工的能力要求、赞赏哪方面的成就、鼓励员工提升哪方面的技能,反对哪种行为和工作方法、惩罚哪些违规和敷衍行为,让努力可以获得回报,让懈怠承担风险。

(二)不同岗位有不同标准

同一个部门中根据经验和职责的不同,考核标准会有差异。

公司对新主播和资深主播都会有相似的要求,比如必须准点到岗,按照标准化妆、试音、试镜等。公司也会有不同的要求,新主播必须按照约定的话术、产品的规范、上架的顺序一板一眼地介绍产品;而资深主播就可以根据现场情况自由发挥,根据产品销售情况,灵活调整发言,有侧重性地跟观众互动。

对新主播的考核体现在提升个人能力上,考核用户停留、互动、粉丝增量等指标;而对资深主播的考核就是销售额。

在不同考核标准的指引下,他们的努力方向也不一样。新主播的努力方向是要尽快成长为游刃有余的资深主播;资深主播的努力方向是扩大销售额,运营好直播间,帮助公司建设直播梯队。

(三)不同职级有不同要求

在制定薪酬方案的时候,不同层级之间也有差异。高层岗位看发展,中层岗位看进步,基层岗位"双有限"。

1. 高层岗位看发展

公司高层管理的薪酬方案要注重长期发展。他们的工作相对宏观,既要企业在短期内有比较好的盈利,又要打造高效能的经营团队,建设良好的上下游合作关系,为企业的长远发展服务。

高层管理者往往也是公司的投资人、合伙人,肩负着发展的重任,因此他们的收入应该主要来自企业的长期盈利,以分红为主,以薪酬为辅。

2. 中层岗位看进步

中层岗位管理者的薪酬方案要体现带领团队拿成绩的能力。他们的工作要注重团队的成长和发展,只有团队能力提升了,创造了更好的业绩,中层管理者才有价值。

形式上要完成OKR,本质上要完成KPI。中层管理者要带领部门同事在完成既定任务的同时,不断地培训、发现优秀的下属。一个只会上传下达的传声筒,一个只会揣摩领导意图、给下级层层加码的中层管理者是不合格的。

中层管理者是公司的中坚力量。在他们的收入结构中,分红占比较低,薪酬占比较高；在薪酬中，固定工资占比较低，绩效和奖金占比较高；在绩效和奖金比例中，完成存量任务的奖金比例较低，完成增量任务的奖金比例较高。

3. 基层岗位"双有限"

基层的薪酬方案，要遵循有限责任与有限收入相结合的原则。有限责任，意味着要明确岗位核心职责。根据OKR的原则，相关职责和结果的数量最好控制在3个左右，最多不超过5个，以确保考核的有效性和针对性。有限收入，是指基层人员的薪酬与职责相匹配，一般来说相对较少。基层岗位注重实践，能够完成岗位职责和OKR承诺或者完成量化的指标即可。结果固然重要，个人的成长性、可塑性也是公司应当观察的重要因素。

权限少、收入少是基层员工的主要特征。如果这些工作是事务性、重复性的，那么确保薪酬与业绩成果相匹配，就是很好的运作方式。

下面举例说明。

行业数据显示：某城市，有3年工作经验的设计师岗位，月薪基本在1.5万元左右。

A公司需要一名设计师负责产品宣传材料的设计工作。由于位置偏僻，上下班通勤成本比较高，公司愿意开出1.8万元的岗位薪资。

B公司已经有7位设计师，当前薪资也在1.5万元左右。CEO希望有赛马机制，因此不断招募新人，增大现有团队压力，以促使员工保持良好的状态。但是，如果开出较高薪资就会引起现有员工不满，因此也只能开出1.5万元的薪资。

C公司为国内知名设计机构，被称为"电商视觉领域的黄埔军校"，目前仅开1.2万元薪资。

三家公司的招聘薪资都指向了1.5万元这一个行业平均水平。A公司上班距离较远，开价略高，多出来的钱可以理解为通勤费用。B公司招聘的目的是给现有团队增加压力。钱少，招不到人；钱多，又会引起现在团队的不满。C公司业务水平高，具有3年工作经验的员工，入职后可能只是实习生水平，所以薪酬略低。

虽然公司招聘时的目的各不相同，但只要人员到岗，就要让有限的薪酬发挥更大的价值。一个优秀的薪酬方案会综合考核公司的背景、工作环境、员工成长性。企业清晰地表达需要什么能力，员工也要清晰地了解入职之后个人的发展轨迹。

入职A公司，会接触到各种各样的项目和工作，视野会大大开阔，管理能力和业务能力都会有很大提升，可能很快就可以独当一面。但是，由于身边没有同行交流，专业技能提升有限。

入职B公司，专业技能会有所提升。当然，提升更快的是职场生存技巧，如果只关心技术能力，很难在这个公司有发展前途。

入职C公司，专业技能会有快速提升。但是由于公司内部高手如云，很难在个人收入和职位上获得提升。

二、薪酬方案所具备的特征

如果将薪酬视为一种成本，一定要尽量压缩；如果将薪酬视为一种投资，就必须科学有效。科学的薪酬方案应该具备以下特征。

员工收入的多少，主要取决于业绩情况而不是级别和资历。虽然在企业中，不可避免地要尊重职级和资历的差异，但是论资排辈式的薪酬方案一定会削弱企业的竞争力。

在传统的农业社会和工业社会中，生产经验都靠口传心授。老前辈见多识广、经验丰富，可以让后辈减少很多风险，论资排辈是有一定道理的。

当前经济已经进入数字化时代，年轻人的创新力、对新技术的掌握能力越来越强。僵化的薪酬方案和熬年头的晋升制度，让很多企业失去活力。这也是很多大型商业机构在数字化转型的时代节节败退的原因。

（一）业绩考核，要具有客观性

如果把薪酬视为一块"蛋糕"，那么业绩考核就是"切蛋糕"的标准。

对于员工来说，业绩目标是来自公司要求或者基于工作需要制定的。在KPI体系里，这就是一个"命题作文"；在OKR体系里，就是一个"自选题作文"。公司会给出一定的标准，比如"字迹工整""文字流畅""想象力丰富"等。当员工交卷之后，"老师"会用考核标准进行衡量，作文内容是否与题目相符、是否与业绩相关、是否符合各种规范标准，然后给出分数，确定薪酬。

1. 考核体系要突出个人能力

在考核体系中，考核指标必须与"命题"密切相关。由于每个人完成工作的方法、动作有所不同，OKR体系又强调创新性，所以不能用僵化的考核体系去衡量所有人。考核指标要看动作、看结果，更要看是否完成了目标（命题）。考核，要让优秀员工脱颖而出，获得更多的回报；同样，也要对落后的行为进行负面评价，通过降职、降薪给予其压力。

2. 考核体系要尊重规则

考核体系必须公开、透明，让每一个员工都了解。如果需要改动，必须提前通知，给员工调整的时间，不能在临近考核时随意更改。

在实践中，偶尔会出现某个人指标完成好、收入高，但是整体业绩指标没完成的情况。此时，必须尊重规则，按照规则给予奖励和认可，确保规则的权威性。然后反思规则，业绩未完成与当事人获利之间是否存在因果关系。

对基层员工来说，公司利润是一个非常遥远的事情。他们能做好本职工作，完成部门业绩就已经是非常好的表现了。此时，公司如果不尊重规则，不信守承诺，就会伤害员工对制度的信任，对收入产生不确定性的恐慌，在后面的工作中也会瞻前顾后，有所保留。所以，如果发现规则有漏洞，可以在以后进行调整。当下，仍然要按照已有规则执行，兑现承诺。

如果再深入剖析这个话题可以发现：实现公司利润是 CEO 的核心职责。CEO 基于共同利润目标，拆解出了部门业绩指标，如果部门业绩指标合格而公司利润未能实现，只能说明下属合格，而 CEO 不够合格。

项羽，力拔山兮气盖世，是一个充满革命浪漫主义的英雄人物。这种能力放到今天，绝对是一个商业上的大 IP。但把他放到以成败论英雄的考核体系中时：兵败垓下、四面楚歌、自刎乌江的结果，无论怎样都是不合格的。

范增是项羽集团的重要谋士。他给项羽出了很多主意，甚至筹划了鸿门宴等可以决定集团命运的重大行动。可惜，项羽刚愎自用，未能察纳雅言，还与范增心生嫌隙，将其逐出军中。从考核角度上说，范增未能得到领导信任，甚至惨遭解雇。但是从业绩上说，范增的贡献和能力不应该被抹杀。

3. 用业绩考核实现良性竞争

用客观的评估标准完成业绩考核，有利于团队形成优良的内部竞争。当某位员工业绩未能达到预期时，他的收入会减少，他的直属领导可以通过其收入变化，直观地发现问题；高层领导可以通过几个员工薪酬的下降，发现相关部门存在的短板。不同层级的管理者可以从不同的角度，帮助员工和部门分析收入下降的原因，找出改善的关键节点，以提升收入为起点，优化工作方法，提升工作效能。

经过多次努力，如果该员工仍然未能改变，为了保持公司业绩的持续发展，该员工可能会被调岗或者辞退。

（二）重置成本，决定岗位价值

衡量岗位价值的方法要看岗位技能的稀缺性、责任的可替代性、人员的独特性。

1. 技能的稀缺性

由于技术变化，岗位失去其领先性，就会出现岗位薪酬下降甚至岗位消失。

在电商企业中，传统上推广、客服、设计的岗位比较重要，收入也比较高。随着技术的发展，这些岗位都有被替代的趋势，对应的收入就会由高变低。

（1）推广岗位。早期的推广工具是一台"手动挡汽车"。每一个参数都需要人工设定，需要长时间地摸索，无数次地试错，才能总结出适合这个产品、这个店铺的推广方案。

这种"独门秘籍"成为岗位上的独特价值，薪酬也水涨船高。随着技术的发展，现在的推广工具已经开始高度智能化，逐渐变成"自动驾驶汽车"，只要输入推广的预期，系统会根据商家的预算、推广目的，自动设计方案。当一辆自动驾驶汽车摆在面前时，会开手动挡汽车的技能就变得毫无价值。技能无价值，则岗位无意义。

（2）客服岗位。客服通过"聊天"的方式与顾客交流，解决顾客对产品、价格、服务上的疑惑。随着 AI 技术的发展，智能客服正迸发出巨大的能量。当前最新的客服系统已经可以自动回复98%以上的内容,甚至可以实现自动推荐商品、与顾客讨价还价、处理售后纠纷、安抚顾客情绪等功能。可以清晰地看到,传统的客服岗位正在被智能技术所瓦解。原来20名客服的工作量,现在只需要3个人处理剩余2%的复杂问题即可完成,而这3个人处理复杂问题的内容,又会成为智能客服学习的模板,因此,未来客服岗位的需求量会大大减少。

(3)设计岗位。从美工成长为设计师,既需要有一定的天赋,又需要不断地努力。这使行业内优秀的设计人才长期处于高度稀缺状态。现在,随着AI技术的发展,只需要在智能系统中输入想要的元素,一张高清图片甚至视频就可以制作出来。例如,在系统中输入"皮克斯、宇航员、兔子、萌、月球的第一步、手拿棒棒糖、微笑、充满力量",AI就会生成如图7-2所示的图片。

图 7-2　用 AI 制作的一幅图

这种颠覆性的技术,对于许多创意类岗位都产生了重大冲击[①]。

与此同时,如果负责推广、客服、美工的同事,能够快速掌握相关领域的智能技术,并能够在实践中充分利用这些技术,反而会随着技能的提高而身价倍增。

2. 责任的可替代性

如果岗位上承担的责任有限,可替代性强,那么这个岗位的待遇是很难提高的。

仓库中的打包员,每天就负责装货、打包。工作虽然非常辛苦,但是几乎人人都能做,工作出错,其损失也有限,风险亦可控,收入就相对较低。就打包工作而言,包服装和包玻璃器皿相比,显然后者的难度更大,待遇也会略高一点。

在2016年到2021年之间,直播行业快速膨胀。在上海、杭州等地,主播的月薪普遍在3万元以上。直播间运营负责人的月薪更可达到5万元,甚至更多。人才稀缺推高了收入,高薪固然能够吸引人才,也导致行业极度浮躁。随着行业入局者越来越多,竞争也日

---

① 2023年4月,国内知名的4A广告公司蓝色光标为了全面拥抱AI技术,停止了创意设计、方案撰写、文案撰写、短期雇员4类相关外包支出。

趋激烈，能拿到高薪的主播越来越少。企业为了控制风险，也调整了主播薪酬结构，降低了固定部分的工资，提升了销售业绩部分的回报。

随着未来新技术的发展，AI技术虚拟的数字人主播已经出现。未来主播的收入会逐渐两极分化，普通水平的主播收入会下降，而少数高水平的主播收入会更高。

技术的发展总会不断催生新岗位，也会淘汰旧岗位。员工要想不被替代，就要不断学习，勇于承担更多的责任。企业也要有意识给有责任心的员工更多展现才能的机会，这样对个人发展和企业发展都是有利的。

3. 人员的独特性

如果一个员工有特殊的资源①、背景、技能，能处理其他人处理不了的工作，能解决其他人不能解决的问题，他的岗位独特性就强。

但是，这些特殊员工，往往也有一些委屈：能者多劳，结果多劳的永远是能者。因为他在某个岗位工作出色，没有人能够替代，就长期被"锁定"在这个岗位，得不到晋升和奖励。"因为干得越多，所以干得越多"，长此以往，员工就容易产生离职倾向。

小李是一个优秀的客服，她看到直播火热，希望朝这个方向发展。为此她努力工作，希望获得转岗的机会。可是客服主管担心她离开后，会影响客服部门的业绩，就一直不同意她转岗。最终，小李只能选择离职，在新的公司寻找机会。

员工找工作难，企业招到合适的员工也难。遇到优秀的员工，就要给予更多的关注，让他有更多的发展空间。如果企业能给出行业最高的薪酬，就容易掌握选人的主动权，即使选到的人不合适，也可以快速汰换。但是企业往往希望以平庸的薪酬招到一个优秀的员工，这种可能性并不大。

在灵活就业的市场上，能力和身价是相匹配的。在经济下行、就业压力大的时候，优秀员工可能愿意短期压低薪酬预期，可是一旦就业行情发生变化，他们非常容易受到外部岗位的诱惑而离职，会出现一个优秀员工离职后，他留下的工作，三四个人都应付不过来的情况。

"我教会了你这么多，你却没有感动过。"一名员工在领导的悉心教导下，从一个职场"小白兔"成为明星员工，有一天突然提出离职，领导顿时陷入极度的愤懑中。

小贾是新来的运营助理。面试时，CEO从他身上看到了自己当年的影子，双方聊得颇为投缘。入职之后，CEO对小贾格外重视，让他在各个岗位轮岗，并以记录员身份参加公司的高层会议，甚至以小贾的名义开设了一个公司的直播间。小贾也不负众望，每天都在加班学习，业务能力快速成长，很快就能独当一面。转眼两年过去了，小贾却突然提出离职。

---

① 公司中的关系户、裙带关系等，其实也是一种特殊纽带。关系户代表资源互换，裙带关系代表信任成本低。一旦这个纽带消失了，继续合作的价值也就不存在了。

顿时，CEO 心中充满了愤怒、委屈之情，感觉受到了背叛。自己手把手教出的徒弟，居然没有一点感恩之心，羽翼刚刚丰满就想逃之夭夭。

可是，小贾也心生委屈：员工培训本身就是领导的职责之一。领导教我技能，也是为了我能做出更大的贡献。两年以来，我几乎每天都在加班，做了那么多工作，仍然只是初级员工的待遇，现在有机会通过跳槽获得更高的收入，为什么不能去呢？怎么会是背叛呢？

这种矛盾就是传统的师徒制与现代人才制之间的矛盾。师徒制讲究"一日为师，终身为父"，强调了徒弟对师父的依存关系，必须通过无条件的服从，回报师父的培育之恩。现代人才制，重视人人平等、等价交换。你教我手艺，我付你学费，或者我在学习期只拿很低的薪酬，其余部分作为给师父的回报。

曲艺领域在处理师徒关系时，有一种古老的习惯，叫作"三年学艺，两年效力"。徒弟跟着师父学艺三年。其间，师父管吃管住，教授技艺。徒弟学成之后，为师父免费演出两年，作为回报。这种交换方式的背后是双方都以最低成本实现了资源的最大化利用。

在现有的劳动法规的框架下，并不承认师徒制。员工对企业并没有无条件的忠诚义务。要想解决员工成长后离职的问题，可以采用"人才重置法"：以小贾当前的业务能力，重新评估小贾在就业市场上的身价。

小贾当前月薪 1 万元，以他的能力可以找到月薪 2 万元的工作。那就应该以 2 万元作为基准，调整他的薪酬水平。虽然这样做，对企业来说似乎有些不公平，毕竟公司也教会他那么多东西，难道就不应该支付点学费吗？可是换一个角度思考，如果小贾离职了，依然可以获得 2 万元的收入，但是公司教授给他的知识，就完全为竞争对手服务了。

企业招聘职场"小白兔"入职，很大程度上就是看中这些新员工成本低，容易打磨成企业需要的样子。那么，当这些员工成长为企业需要的样子时，也应该重新评估其价值，这样对双方都是有利的。

（三）薪酬方案中的常见误区

对于员工，CEO 会有天然的疑虑：他能胜任吗？会偷懒吗？诚实吗？他获得的成绩是运气还是能力？这种疑虑导致设计薪酬方案的时候，会有意识地设计各种规则，来规避企业风险。

1. 刻意压低薪酬

压低合同薪酬，即将劳动合同中的工资金额写得小一些；压低固定薪酬，即固定工资少一点，变动工资多一点，员工干得多，才能赚得多；尽可能地压低支付的总薪酬，以减轻公司成本。

2. 刻意定较高的指标

通过制定较高的工作指标的方法来增大工作压力，员工因为无法完成任务，而产生收入损失。某些企业甚至会通过这种方式,作为逼迫员工离职、减少劳动赔偿的手段。这种做法,虽然可能在某一个时段能让企业获益,但不符合企业长远利益。薪酬方案是公司凝聚团队的重要制度,业绩指标是团队工作的重要方向,如果为了蝇头小利而破坏了整个企业的职业生态,是得不偿失的。

如果企业内部陷入上下级互相欺骗的境地,组织内耗就会非常严重:上级每天对下级进行检查、调度、督促,下级忙着编材料、留痕迹、找证据应付上级,没有人真正把精力放在实际业务上。

3. 侵犯员工权益

通过一些不合理、不合法的手段减少薪酬成本,侵犯员工利益,例如延迟支付工资、不给员工缴纳社保、强迫超长时间加班、设计罚款制度等。

这些方法可能会在短期内降低公司成本。但从中长期来看,员工也会出现"专心致志"混日子、"认认真真"磨洋工的工作状态。当企业对员工实施不诚信、不合法的管理手段时,凭什么要求员工能够勇于担责、甘于奉献呢?要知道,在应付工作任务、应付工作检查方面,老板们永远不是员工的对手。

况且,员工作为一个自由人可以随时离职寻找新的机会,而公司却没有随便改换赛道的能力。有些侵犯员工权益的做法,直接违反了法律规定。如果产生了劳动纠纷或者诉讼,不仅会给公司带来赔偿的风险,甚至会引起连锁反应——所有的员工都要主张权利,导致企业经营陷入停滞。

4. 不公平,不透明

工作中经常会听到这样的声音:"为什么我俩做同样的工作,却拿不一样的钱?"这种问题可能是考核方式不公平或者不透明造成的。比如,按照出勤时间、工龄长短作为发放薪酬的依据。

小周与小宁都负责公司的直播间引流工作。

一场直播中,小周花费1 000元,实现了5 000人的场观,其中粉丝增加250人,45人下单,销售额7 500元。

小宁在一场直播中花费了1 000元,实现了3 000人场观,其中粉丝增加470人,32人下单,销售额5 300元。

从该数据上看,两人的业绩各有千秋。一个注重当下成交,一个注重长远发展,孰优孰劣?如果公司以"当下成交"作为考核依据,那么"粉丝增量高"的小宁收入就较低;如果以"长远发展"为考核依据,那么"销售额高"的小周收入就较低。

此时,就需要有一个相对公平的方案。比如,注重提升销售额、兼顾粉丝增量,那么销售业绩较好的小周会获得较好的收益,粉丝增加数量较多的小宁的工作也可以得到肯定。

公平的方案，要结合个人的OKR，通过目标与行为动作的统一性，进行评估。而评估的标准是公开透明的，所有相关方都应知悉相关规则。

三、薪酬方案的主要关注点

在制定薪酬方案时，企业往往愿意释放出"蛋糕越大，收益越高"的信号，将公司发展与员工个人利益绑定，形成良好的工作氛围，吸引员工能持续稳定地努力工作，降低流失率。因此，薪酬方案要关注持续增长性和岗位责任与价值。

（一）持续增长性

薪酬方案与企业盈利状况息息相关。每个员工都需要为增加营业收入和减少成本支出做出贡献。

受通货膨胀和行业竞争的影响，员工对于个人收入有一定的增长预期。如果薪酬增长低于员工预期会增加离职风险。一旦出现岗位空缺，企业要支付的招聘成本和培训成本约等于该岗位月薪的3～5倍。从这个角度理解，涨薪不是企业的恩赐，而是企业控制薪酬成本的一种方法。

当然，涨薪并非企业无条件的义务，更不能为此形成吃大锅饭的模式。薪酬调整是对员工创造的价值的肯定，也是多劳多得理念的实践。如果某个员工创造的价值较高，但收入较低，可能会导致员工离职或不积极工作；如果此人创造的价值很低，但是收入很高，其他员工就会产生抱怨和不忿，也会影响团队士气。

一个优秀的活动方案取得了预期的成果。但在分配奖励的时候，出现了扯皮现象：员工A策划了方案，员工B负责执行，员工C进行总结汇报，领导D居中调度。4个人都有成绩，其中做出重大贡献的可能只有一个人，但是奖励能只给一个人吗？在见者有份的习惯下，个人努力的增长性也就被抹杀了。

当企业规模小的时候，CEO能够叫出所有员工的名字，沟通的机会也比较多。一旦公司规模增大、层级变多，很多信息就会被修饰，很多人的功劳会被抹杀，这就非常考验CEO的管理水平。薪酬方案总会具有一定的滞后性，如果经常走到一线，就能掌握很多信息，让真正付出努力、取得成绩的员工在报酬上获得增长，这也应当是薪酬方案的一部分。CEO如果总是坐在办公室里听汇报，得到的信息失真的概率就会比较大。

（二）岗位责任与价值

薪酬方案是体现岗位价值的形式。薪酬不是发给某个人，而是发给承担某种责任的岗位。只有承担了岗位的责任，并取得了相应的业绩后，在这个岗位上的人才能获得相应的收入。如果某人无法胜任某个岗位，即不能享受这个岗位的薪酬待遇，就要被调离这个岗位。

直播部为了迎战"双11"，准备了一场144小时不打烊的连续直播。7位员工连续直播了6天，其间经历了从兴奋到疲劳，到崩溃，到坚持的过程。他们不仅取得了出色的销售业绩，也在行业里形成了一个标志性事件。企业应当如何奖励员工呢？

在薪酬方案中，往往有对销售额的考核，却没有对"连续销售"的奖励。如果对于这样的创造性努力，只是按照既定规则支付薪酬，意味着企业并不在意这种奉献，也会寒了员工努力奋进的心。只有给出超乎寻常的奖励，才能体现岗位的价值。

薪酬方案也应体现了企业对工作的价值判断，尤其是对员工主观行为的判断。如果企业鼓励创新，就要对创新失败给予一定的兜底支持；如果企业抵制推卸责任，就要对那些勇于承担责任、积极解决问题的员工给予支持；如果企业注重销售额增长，那么销售冠军则是受人尊重的明星员工；如果企业注重成本节约，那么改善工作流程、提出节能降耗方案的员工也会受到赞赏。

总之，薪酬方案应当能够鼓励员工创造价值，并在利益分配时实现公平和激励。

第三节 | 薪酬方案的组成结构

在人才可以自由流动的市场上，员工可以通过不断变换工作，获取合适的薪酬。企业却会为此付出高昂的招聘成本和培训成本。一份具有公平性、领先性的薪酬方案，就像一个看得见、摸得着、吃得到的"蛋糕"，既可以提升员工的满足感，又可以降低经营的成本。一个好的薪酬方案，同时保障了员工和企业的双向利益。

在薪酬总额固定的情况下，薪酬方案可以包含固定工资、个人绩效、奖金、岗位工资、福利、补贴、年终奖、分红等诸多要素。通过对它们进行不同的组合，调整其比例关系，形成员工薪酬，一方面体现出企业支付薪酬的强制性义务；另一方面，可以通过弹性的薪酬制度，鼓励员工朝着公司期望的方向发展，保持了管理的灵活性。

1月，小李与小胡都拿到了2万元的薪酬。由于二人岗位不同，任务目标不同，虽然金额一致，但呈现出来的收入结构并不相同，如表7-1所示。

表7-1 员工薪酬结构表　　　　　　　　　　　　　　　　单位：元

姓名	基本工资	个人绩效	奖金	岗位工资	福利	补贴	年终奖	分红	合计
小李	6 000	2 000	1 500	0	500	0	8 000	2 000	20 000
小胡	4 000	9 000	500	1 000	500	1 000	4 000	0	20 000

小李的基本工资、年终奖都比小胡要高，甚至还有年终分红。小胡的个人绩效和岗位工资要比小李高，还有补贴收入。通过薪资的不同组成，可以看出两人可能在工作年限、岗位分工、职级上都有差异。

一、固定工资

（一）固定工资的定义

固定工资指员工所在岗位的基本报酬，与工作结果无关。劳资双方约定之后，此人只要每天正常出勤，公司都要无条件支付。一般来说，对专业技能有较高要求或者工作成果缓慢体现的岗位，固定工资在整体薪酬中所占的比例较高。以设计岗位为例：一个优秀的设计师，能够帮助产品实现溢价，对店铺整体经营起到促进作用，对于这种优秀的人，要"哄着"他工作，不宜采用更多的考核手段。**提升固定工资比例，增强收入的确定性和可预测性，有助于提升员工的稳定性，也使这个岗位更容易招聘。**

（二）固定工资占收入的比例

对于某些与业绩挂钩的重要岗位，基本工资额占整体收入比例应当较低。这些岗位对公司的经营决策影响大，应当在收入中增加变动部分的比例，让风险与收入形成对等关系。

天璇公司以年薪 20 万元招聘一名高级副总裁。现在，两个候选人的履历和专业都符合要求，他们的薪酬结构如表 7-2 所示。

表 7-2　薪酬结构对比　　　　　　　　　　　　　　　　　单位：万元/年

高级副总裁（负责与平台对接业务资源）			
待遇	20		
候选人	固定薪酬	变动薪酬	合计薪酬
吴先生	18	2	20
夏先生	10	15	25

吴先生的期望薪酬与公司最契合，但风险也更大。这个岗位对公司非常重要，如果工作成果不利，会影响公司整年的销售业绩。如此高比例的固定工资，如果做不出成绩，对吴先生来说几乎没有损失，但是对公司来说损失很大。

夏先生的薪酬期望较高，但是对固定薪酬要求占比较低。如果他不能完成工作目标，也会承担较高的风险，个人利益能与公司利益绑定，对公司是有利的。

夏先生入职之后，需要给他配备一名助理。这名助理的固定工资比例一般比较高。因为助理属于支持型岗位，只要其工作技能可以达到基本要求，即为合格。如果做过多考核，反而不利于岗位的稳定性。

随着 AI 技术的发展，能够熟练地用 AI 进行交互创作的人员，其价值也会在短期内快速提升。这类岗位有一个特点：他说的，你听不懂。给他提一个要求，他可能用各种专业术语来解释，为什么不能做，为什么做不好，而领导对此往往也无可奈何。对于有知识垄断性质的岗位，可以采取以结果为导向的高薪酬。（高固定工资的模式，不管什么理由，做得好了，就可以"升官发财"，做得不好，就要惨遭淘汰。）

法务、会计等岗位也具有类似特征，这些工作都有其专业的语言。出于职业要求和风险控制，这些部门经常对业务需求提出比较严苛的合规性意见，导致业务无法推进。此时，需要 CEO 及时介入，综合评估对应的风险，尽可能地在合规与合理之间、安全与效率之间找到平衡。

（三）固定工资的种类

基本工资、合同工资、全额工资、平均工资、岗位工资都叫作工资，但是在实际应用中它们有明显的差异。

1. 基本工资

对于大部分企业来说，基本工资往往是基于岗位和市场习惯，约定的企业支付给员工的无责任底薪。有时候基本工资也叫作底薪，基本上以双方口头约定为主。

2. 合同工资

合同工资是指双方写在劳动合同上的工资。其金额一旦确定，未经双方同意，不能轻易改变。

夏先生入职天璇公司后，双方在劳动合同上签署的工资为 8 300 元。即使公司经营状况不佳，也必须如约为其支付 8 300 元工资。如果没有特别约定，即使夏先生做出巨大贡献，业绩蒸蒸日上，公司每月只给夏先生支付 8 300 元工资，也并不违法。

由于调整合同工资的手续比较烦琐，有些用人单位不愿意如实填写。例如：双方约定基本工资为 8 300 元，在实际签署劳动合同时会写成 5 000 元，但仍按 8 300 元支付实际工资。

3. 全额工资

习惯上，全额工资是指某个岗位上月度（年度）的总收入。

在公司的招聘启事上，对岗位薪资有一个区间描述，表示这个岗位会支付的总体薪资范围，而固定工资只是其中的一部分。比如前述案例中，副总裁的工资区间为 20 万元。

4. 平均工资

与全额工资概念接近，平均工资是指员工在公司的平均月收入，包含基本工资、岗位工资、个人绩效、出差补贴、年终奖、分红等收入，是影响社保基数、个人所得税和劳动赔偿的重要依据。

夏先生于 3 月 1 日正式入职，到 12 月 31 日，工作时长为 10 个月。他的基本工资为 83 000 元（8 300×10），岗位工资为 20 000 元（2 000×10），个人绩效为 120 000 元，出差补贴、误餐补贴等为 2 000 元，年终奖为 18 000 元，个人支付社保以及公积金 14 000 元，平均工资为 22 700 元，如表 7-3 所示。

表7-3 夏先生平均工资计算表 单位：元

收入情况	合计	基本工资	岗位工资	个人绩效	出差补贴	年终奖	社保公积金
总收入	229 000	83 000	20 000	120 000	2 000	18 000	−14 000
总工资①	227 000	83 000	20 000	120 000	—	18 000	−14 000
平均工资	22 700	总工资÷入职时间（月）＝227 000÷10＝22 700					

按照有关规定，22 700元也是夏先生在次年缴纳社保的参考依据。如果公司要辞退夏先生，也将以每月22 700元工资作为基础，与夏先生协商劳动赔偿事宜。

5. 岗位工资

岗位工资有时候也叫岗位补贴，一般是用来强调岗位特殊性的收入。公司可以根据不同的岗位设置不同的岗位工资，体现了钱是发给岗位的，而不是给个人的。

夏先生作为公司副总裁，每月有2 000元的岗位工资。因工作需要，他被调整到龙腾公司任CEO。龙腾公司的基本工资比天璇公司要高5 000元，但是不设岗位工资。夏先生接受这个工作调整也意味着他接受了新的待遇。

岗位工资还可以起到隐性福利的作用。一般来说，级别越高，岗位工资越高。高管们经常通过高额的岗位工资与基层员工拉开收入差距。

二、个人绩效

个人绩效简称绩效，是指对经过验证的业绩结果发放的收入。常见的有两种形式，即按照业务完成量计算和按照业务完成进度计算。

（一）以业务完成量为标准

以业务完成量/达标量为基础，按照约定的比例兑现相应的收入，如表7-4所示。

表7-4 绩效比例表

销售额/万元	10	10～15	15～20	20～25
绩效比例/%	1	1.5	2	2.5

假设，运营部按照销售额计算绩效。当月完成了17万元业绩，按照两种方案设计绩效如下。

方案一：100 000＋50 000＋20 000＝170 000（元），

个人绩效＝100 000×1‰＋50 000×1.5‰＋20 000×2‰＝2 150（元）。

方案一将17万元的销售额分解为基础10万元、增量5万元和增量2万元。在每一档上按照比例进行了计算。既体现了对存量销售额的认可，又体现了对增量销售额的奖励，

---

① 误餐补贴、出差补贴等部分补贴，不计入总工资。

客观上也控制了薪资成本。其优势是对有限增量进行了有限奖励；缺点是计算过于精细，给员工一种"斤斤计较"的感觉，且绩效金额也比较少，缺乏激励感。

方案二：170 000×2‰＝3 400（元）。

方案二直接按照成交额计提绩效。其优势是激励感强，体现了只要有大产出，就有大奖励的导向；缺点是未能客观地分解存量与增量，只要有少量业绩增幅，就有可能获得较高提成比例，可能助长惰性思维。

上述两种方案各有千秋，**都可以作为阶段性的实施方案。双方可以约定一个实施期限，达到期限之后，根据市场环境的变化，对方案进行调整。**

表7-4中的销售额，可以替换成其他指标，绩效的比例也可以换成固定的金额[①]，如表7-5所示。

表7-5 以金额为绩效的发放标准

岗位	考核项	A	B	C
客服	询单转化率/％	48	50	52
设计	点击率/％	2	2.4	2.6
主播	停留时间/秒	40	50	60
绩效金额/元		2 000	2 500	3 500

假设绩效的资金池为2 000~4 000元。

当客服询单转化率达到49％时，属于A区间，绩效金额为2 000元。

当设计做的产品点击率达到2.6％时，属于C区间，绩效金额为3 500元。

当主播能让观众平均停留时间达到53秒时，属于B区间，绩效金额为2 500元。

（二）以业务进度为标准

公司有很多项目需要较长周期的努力才能看到结果，比如品牌建设、私域用户维护、全年销售任务等。公司在制定薪酬方案时会陷入两难境地：如果按照月度发放绩效，钱发完了，业务没有达到预期怎么办？如果按照年度或者项目完成后再发放绩效，员工在当期得不到收入保障，也不可能安心工作。

此时，需要公司与员工协商好工作进度的考核节点。每到一个节点，就兑现一次收入。

某人计划用10天时间从广州骑自行车到北京。有商家愿意赞助4 000元，为了防止他中途放弃，这笔钱可以分4次支付：到达长沙，支付500元；到达武汉，支付500元；到达郑州支付500元；到达北京，支付剩余的2 500元。

1. 确定绩效发放方式

天璇公司今年的销售额为5 000万元。新任运营总监计划明年冲击6 000万元销售额。

---

① 绩效只是员工收入的一部分，此处仅为示例，希望用此表帮助大家理解按照业务完成量计算的多种不同模式。

同时，他也希望将销售额的1‰（约60万元）作为团队绩效奖励①。如果能够带来1 000万元的业务增量，公司当然乐意支付60万元的个人绩效，可是应该何时支付、如何支付呢？

理论上说，只有实现了1 000万元的增量，才可以兑现60万元的销售额绩效。但是，按照以往销售速度，即使一切顺利率也要到11月才有可能完成上一年度的5 000万元销售额，之后的销售额才是增量。如果那个时候才发钱，运营团队恐怕就没有积极性，绩效也起不到激励作用。况且，经营中总有大量的不可预测性，如果行业下滑了30%，经过运营团队努力，本公司仅下滑10%，也是了不起的成绩，如果公司以未完成业绩拒绝支付个人绩效，也会让团队寒心。

如果直接按照1‰的比例发放绩效，又容易滋养惰性。哪怕全年只实现了4 500万元的销售额，也可以心安理得地拿到45万元的绩效收入，这样对公司也不公平。

以业务进度为标准的绩效发放方法，可以将业务进度与业务目标进行分解，按照业务完成的进度进行发放，既能保持团队的积极性，又可以减少公司的业务风险，如表7-6所示。

表7-6　按照销售进度计算绩效

月度收入占70%		季度收入占20%		年度收入占10%		合计100%
月度收入	数量/单位	季度收入	数量/单位	年度收入	数量/单位	—
3.5万元	12个月	3万元	4个季度	6万元	1年	60万元
42万元		12万元		6万元		

首先，将个人绩效60万元分为3份，分别是月度收入②（占70%）、季度收入（占20%）、年度收入（占10%）。

其次，按照预定比例计算。

月度收入占总收入的70%，按照一年12个月进行平分。计算出每个月完成进度后，该月份应当获得的收入为

$$月度收入 = 60 \times 70\% \div 12 = 3.5（万元）$$

季度收入占总收入的20%，按照一年4个季度进行平分。计算出每个季度完成进度后，该季度应当获得的收入为

$$季度收入 = 60 \times 20\% \div 4 = 3（万元）$$

年度收入占10%，计算出完成全年任务后，应当获得的年度收入奖励为

$$年度收入 = 60 \times 10\% \div 1 = 6（万元）$$

按照进度完成计划后，每个月、每个季度以及年终奖分别可以拿到的收入，就已经完

---

① 为了计算简便、便于理解，此处暂时不考虑固定工资、奖金等收入结构问题，亦未计算五险一金和个人所得税。
② 一年12个月，3份之间的占比可以根据具体情况灵活协商，月度在总占比中比例较高，一般以60%~80%为宜。

全算清。

再次,根据月度收入金额与每月销售任务之间的比例关系,计算出月度收入的绩效系数。

年度销售目标为6 000万元,平均季度销售目标为1 500万元,月度销售目标为500万元。根据前文计算,完成500万元销售额之后,当月的绩效收入应该为3.5万元。以绩效收入占销售额比例为0.7%(3.5÷500),作为绩效系数。

最后,根据每个季度和年度应当完成的销售任务,制定季度和年度收入发放的金额,如表7-7所示。

表7-7 实际业绩完成情况以及绩效发放表　　　　单位:万元

类别	1月	2月	3月	4月	5月	6月	7月	8月	9月	10月	11月	12月	合计
销售额	400	100	800	780	680	840	290	500	400	280	800	450	6 320
月度绩效 (占销售额0.7%)	2.8	0.7	5.6	5.46	4.76	5.88	2.03	3.5	2.8	1.96	5.6	3.15	44.24
季度绩效 (刚性算法)	0			3			0			3			6
季度绩效 (柔性算法)	2.6			4.6			6			3.06			16.26
年度绩效	6												6

2. 计算月度绩效

用实际销售额乘以绩效系数0.7%,计算出每个月的销售绩效。卖得多,提得多;卖得少,提得少。这部分收入直接体现了团队的劳动成果,让付出能够得到即时回报,如表7-7所示。

1月份,完成销售额400万元,则绩效为2.8万元(400×0.7%)。

2月份,由于春节放假因素,销售额只有100万元,则绩效为0.7万元(100×0.7%),以此类推。

3. 计算季度和年度绩效

季度绩效有刚性和柔性两种计算方法。

(1)刚性计算法。只考核刚性指标,完成任务才有收入。未完成,则需要受到惩罚,没有对应的收入。

第一季度和第三季度,销售额均未达到1 500万元,则季度绩效为0;第二季度、第四季度超额完成,则按照计划只给3万元。这种方式体现了规则的严肃性,防止在某个阶段出现懈怠的情况,也略显苛刻。

(2)柔性计算法。根据完成比例,计算绩效金额。只要有收入就有绩效,肯定团队的每一点努力。

第一季度销售额为 1 300 万元，占预计销售额 1 500 万元的 86.67%。按照表 7-7，季度绩效基础金额为 3 万元，则绩效收入为 2.6 万元（3 万元×86.67%≈2.6 万元）。

第二季度销售额为 2 300 万元，占计划销售额的 153%，季度绩效比例为 3 万元，则绩效为 4.6 万元（3 万元×153%≈4.6 万元），以此类推。

这种方式尊重了劳动成果，容易被员工接受；也存在销售额自然浮动，有人不劳而获的可能性。

CEO 可以结合前述两种方法的优缺点，与团队充分沟通，灵活制定季度发放方案。

年度绩效的计算方式与季度绩效类似，如果没有完成全年目标，可以按照差额部分或者全部扣除年度绩效。如果超额完成全年目标，也可以全额，甚至加倍发放年度绩效。

这种计算方案，不考虑淡旺季的影响，完全根据销售额进行分配，只要卖得多就可以拿得多。月度指标相对稳定，一旦制定，必须严格执行，切不可朝令夕改。季度绩效和年度绩效可以在一定制度之下灵活调整。

每一种算法都有独特的价值，体现了不同的业绩导向。CEO 要将收入的"风筝线"攥在手里，既能给团队压力，也能给团队动力。**在贯彻具体制度之前，一定要与相关人员做深入探讨，实现公开透明，做好利弊分析和心理建设，避免在工作过程中由于预期与实际不符而造成矛盾和内耗。**

三、奖金

（一）奖金的定义

奖金是具有奖励性质的钱，是一种偶发的、非常规性的收入，只有超过预期的成果才有资格获得。在一定程度上，奖金体现了公司对于员工表现的评价。这种评价可能与工作直接相关，也可能与工作没有关系。

有的企业会把个人绩效也叫作奖金，这样描述是不准确的。一个员工来上班，就可以领取固定工资[①]，这笔收入与出勤有关，与是否有工作成果无关。如果按照要求完成了工作，理应获得个人绩效收入，工作绩效与工作完成度有关。只有超过大部分人表现，创造了惊喜的结果，才可以获得奖金。

（二）奖金的价值

完成了工作，并没有资格获得奖金；高标准地完成了工作，才可以获得奖金，这代表公司对认真负责的工作态度的肯定。在公司群里转发行业热点文章，并没有资格获得奖金；能够定期组织大家学习、乐于分享，才可以获得奖金，这代表公司对终身学习的肯定。准点上班，并没有资格获得奖金，但是十几年风雨无阻，从不迟到、不早退，可以获

---

① 根据有关规定，员工办理入职手续之后，即使没有上班，企业也有支付薪酬的义务。

得奖金，因为这代表公司对信守承诺的肯定。

2011年7月2日下午，阿里巴巴客服员工吴菊萍在上班途中发现一个2岁女童突然从10楼坠落，她奋不顾身地冲过去用双手接住了孩子，救了孩子一命，但巨大的冲击力导致她左臂三处骨折，伤势严重，幸好救治及时，脱离了危险。公司为了表彰她的英勇行为，奖励了20万元。

马云先生就吴菊萍的事迹在社交媒体上这样写道："二战后，孩子问：'爷爷，战争中你是英雄吗？'爷爷说：'我不是。但爷爷和一群英雄一起战斗过，共事过！'荣幸与吴同学共事七年，祝孩子和你早日康复。"

吴菊萍获得奖金的理由，与工作并没有直接关系。公司通过奖金的形式，肯定了这样的行为，树立了典范，彰显了公司的价值观。

（三）奖金发放的形式

奖金可以通过直接支付现金的形式体现，也可以以奖励假期、外出培训等多种形式体现。由于其代表了公司倡导的价值观，在发放的时候，一定要具有某种仪式性，由公司的CEO或者尽可能高一级的领导做简短致辞，说明发放的理由、倡导的精神、鼓励的形式，并号召大家向其学习。

四、补贴

（一）补贴的定义

补贴是指公司给员工在执行某项工作中付出的额外代价的对价补偿。最常见的是出差补贴、误餐补贴等。

出差补贴：因为出差比较辛苦，且有一些支出并不易取得票据，无法报销，公司按照出差天数，给予一定的补贴。

误餐补贴：因公在城区、郊区工作，不能在工作单位就餐或返回就餐，公司根据有关标准发放的补贴。

按照税收政策，这两笔收入属于"不计入个人所得税的应纳税所得"范畴，说明这种收入具有损失补偿性质。

产生损失是补贴的前提，也要兼顾公平性。客服、主播等岗位，经常需要在夜间加班，深夜之后，没有公共交通工具运营，就应该给员工额外的交通补贴。这些员工中，有的住得非常近，并没有特别的通勤成本，那么是否要给交通补贴呢？从现实情况来看，他并没有付出额外代价。但是，过于精细的计较，会让员工心寒，反而得不偿失。

（二）减少补贴浪费

考虑补贴的公平性与杜绝浪费并不矛盾。例如，夜班员工通勤成本问题，可以通过技术或者规则来解决。

现在很多的打车软件都可以设置企业账号，公司统一支付享受折扣，还可以控制打车时间和目的地，达到控制费用的目的。

为了避免由于员工居家距离、通勤方式的差异产生混乱和浪费，公司可以根据历史情况预估金额，进行补贴发放。比如直播部上个月12人次共计报销了1 000元打车费，那么公司可以将这笔钱分配到直播部作为内部基金，如果有剩余，可以自由支配。一旦变成自己的钱，使用的方式就会发生变化：能走路的，就不再打车；能拼车的，就不会单独打一辆。虽然未必能直接降低补贴成本，但是节约出来的费用可以用于聚餐、团建，客观上也节约了公司的成本。

（三）补贴是为了公平

补贴是为了体现公平，为了弥补少数人的损失而支付的费用。不能用一种公平，造成另外一种不公平。

公司可以有交通补贴，但是不能因为小朱通勤距离短，走路上班就不支付，也不能因为小马是开车上班就多支付。

公司可以发放住房补贴，但是如果只给租房子的同事进行补贴，本地买房的同事就会心生不满："他拿补贴，是因为要租房，可是我也要还房贷，压力比他更大呢。"

如果因为发放补贴，带来更多的内部争议和矛盾，就丧失了补贴本身的意义。

五、福利

（一）福利的定义

福利是一种雨露均沾的收入，一般作为对员工的感谢和祝福，以发放日的人数作为基数，根据公司整体预算进行发放，起到增强凝聚力、鼓舞士气的作用。常见的福利有节庆礼品、生日蛋糕、员工体检等。

某公司人力资源部门在准备中秋节福利。截至中秋节前，公司共有在岗员工45人，包含1名休产假员工和1名住院员工，实习生2名，另外还有1名员工已经递交了辞职信，预计在中秋节后离职。应该准备多少份福利呢？

福利包含了公司对员工付出的感谢，并非公司的法定义务。从控制成本的角度看，发给谁，发多少，是公司的权利。在中秋、春节这样的节假日之前，很多公司会发各种礼品、礼金等。企业的员工之间也会有比较。发了，员工未必会感激；不发，员工一定会有怨念，影响团队士气。

如果公司资金状况允许，采取人人都有、见者有份的分配方式或许是一个非常好的选择。给新来的实习生准备一份礼物，让职场新人感受到企业的温暖；给马上要离职的老员工一份礼物，毕竟合作一场，聚是一团火，散是满天星。通过这样的方式体现出公司的情谊价值。

（二）福利发放的形式

发钱好，还是发东西好？从员工的角度来说，肯定是希望发钱。如果企业有足够的实力，发钱也是效率最高、成本最低的做法。

如果公司预算有限，那么回归到发放福利的目的，发钱能起到鼓舞士气的作用吗？很难确定。你公司发了600元，隔壁公司发了2 000元，员工会感恩戴德，还是心生抱怨呢？

电视剧《大染坊》里有一个片段：到了年底，掌柜陈寿亭说，过年给每个员工发两个肘子。因为给了工人钱，他也舍不得买肘子吃。但是，你要是给他发了两个肘子，他能吃一个春节，每天吃饭的时候就想着你的好！

在企业资金实力有限的情况下，以物品的形式发放福利产生的获得感要大于发钱。

试想一个画面，员工早上一进公司，看到办公区整整齐齐码放了烤箱、啤酒、零食大礼包，心中的感受是不一样的。看着堆积如山的礼品，工作积极性也会上涨很多。虽然这些产品的价值可能比隔壁公司的钱少一点，起码在形式上给员工更多的满足感。

发物品，要本着"要么过目不忘，要么终生难忘"的原则。

过目不忘，指这个礼品过于惊艳，远远超过员工的预期，例如新款的手机、外出旅行的套票等，由于其价值过高，具有一定的情感冲击力。当然，这种惊艳的礼品，第一次使用效果较好，第二次使用就会成为日常标准，如果不能再次加码，其情感冲击力就会大大减弱。

终生难忘，指这个礼品有较长的使用周期，员工在很长时间内都能看到。烤箱、电火锅、音箱、微波炉、空气炸锅、按摩椅、啤酒、食用油、零食包都是不错的选择。这些礼品的共同特点是体积大、分量重。员工要想把它们拿回家，就要费劲地搬运，搬运的过程，也放大了福利的仪式感。公司准备这些福利产品需要几天时间，员工最终"消化掉"这些产品，短则几周，长则几年。

即使员工自己用不上的东西，也罕有拒收的，哪怕是艰难地搬运给亲戚朋友，或自己到闲鱼平台去转卖，也要打上"公司福利"4个字。

试想员工在吃火锅，抬头一看：火锅炉，公司福利！羊肉，公司福利！啤酒，公司福利！热菜的微波炉，公司福利！

在预算有限的情况下，让福利具有仪式感，让员工和员工亲属能时刻想到公司、感念公司，才能充分体现福利的价值。

六、年终奖

（一）年终奖的定义

习惯上，年终奖是在春节之前，公司根据经营业绩情况发放的奖金。有的公司年终奖是标准化的，写在劳动合同中，或者做过承诺。这种钱本质上是工资和业务绩效的延伸，并不属于当前讨论范畴。

有一些企业没有固定的年终奖标准，奖金会根据经营情况和老板的慷慨程度进行发放。这意味着年终奖具有一定的主观性。给谁发、发多少，都需要认真思考。如果发了年终奖，还被员工嘲笑小气或者不公平，那么年终奖就失去了其价值。

（二）年终奖的隐含意义

表面上，年终奖是根据上一年度员工的贡献发放的奖金，是对员工上一年度工作的肯定。本质上，年终奖是一种期许，通过这笔奖金去肯定、认可员工的表现，进而期望其在未来一年更加努力工作。

所以，年终奖并不是奖励过去，而是预定员工未来一年的奋斗。

小李是新入职的直播运营。都说"00后"要整顿职场，这句话用在他身上恰如其分。来公司一周，小李就在内部会议上对运营经理的"618"方案提出好几条意见，并且通过邮件论证自己的观点，发送给了CEO，还抄送给了全公司。

平时工作中，小李脑子灵活、学习速度快、工作效率高。他还抽时间研究AI技术，开始尝试用AI制作视频、用数字人直播等，解决了长期困扰内容团队的创意能力不足的问题。当然，一些过于激进的做法也触碰了一些规则红线，让店铺受到了处罚。他的耿直和毛躁的性格，让直播部的主管对他是又爱又恨，而运营经理见了他就翻白眼。

那么到了年底，该给小李发多少年终奖呢？

发不发年终奖、发多少年终奖，很大程度上取决于公司来年是否打算继续用这个人。如果公司认为小李是一个秩序的破坏者，就会少发或者不发年终奖，甚至希望通过这样的方法，让他感到委屈、愤怒，继而辞职。

如果公司认可他工作勤奋和聪明，也能容忍他的鲁莽，可以参照平均水平发放年终奖；如果公司欣赏他初生牛犊不怕虎的冲劲，不仅要发较高的年终奖，甚至CEO可以单独给他发一个大红包。

为什么对小李的认可，要放在年终奖中体现呢？这也是CEO的管理心计：小李优缺点并存，如果一有成绩就奖励，一有错误就惩罚，他的情绪也会忽高忽低。年轻人还是需要一些磨砺，才能更好地承担工作的责任。

虽然小李表现优秀，但是对于公司来说，运营经理和直播部的主管才是顶梁柱，这两个人对小李也有一些不满，如果在平时就给小李较高的奖励，客观上就否定了他们二人的专业性和管理职能，反过来也会影响到小李的创新工作，还会给经营工作带来麻烦。

既然是"奖"，就要与前文提到的"奖金"有所区别。年终奖可以用在无法用奖金体现的奖励上。

某款产品，公司计算的合适采购价为400元，一次采购700件。但是在这个采购量上，供应商报价是450元，在没有可替代供应商的前提下，采购主管老姜约供应商吃饭，想拉近关系。在酒桌上，供应商说，喝一杯白酒降价10元，老姜毫不犹豫，5杯白酒下肚,不仅拿到了低价,还获得了一些样品支持。一场酒局,让双方增加了信任,加深了合作。老姜也因过量饮酒在医院休养了2天。

那么,老姜的行为是正常履职,还是值得奖励呢?

首先,与供应商谈价格是他的责任,老姜完成了公司的业绩目标要求,公司应该给予老姜对应的绩效回报。但客观上讲,双方互不相欠,不能说老姜做得"超乎想象的好",只能认为是正常履职,因此不能发放奖金。

其次,喝酒并不是一个健康的、积极的价值导向。饮酒对身体不利,过量饮酒对个人、对公司都是潜在的风险,并不值得鼓励,因此不适合直接发奖金。

最后,如果老姜的行为得不到鼓励和回报,将来还有谁会为公司"卖命"?如果战士们在一线浴血奋战,得胜凯旋的时候,在后方的将军道貌岸然地指责战士们军容不整,那下次再打仗,恐怕就没有人愿意冲锋陷阵了。

既然不能直接去奖励,就要在年终奖中体现出来。

日常收入讲规则,年终奖金讲贡献。对于基本工资、个人绩效、奖金、岗位工资、补贴、福利等支出,公司有一定之规:每一个员工都可以通过公司的薪酬制度,计算出每个月能有多少收入。

CEO对年终奖的决定权体现出强烈的主观性。为了减少自身局限性带来的失误,可以从公司发展、未来需求、个人贡献几个角度制定一个参考标准,并根据员工情况进行调整。在发放年终奖的时候,CEO要尽可能与每一个员工谈话,表达对他的赞赏和期望,也指出他的缺点,以及在未来企业将如何帮助他,与其共同发展。

通过谈话会了解到非常多的信息,如果发现在分配上有偏颇,也可以考虑日后补发。目的就是用年终奖激励认真负责、敢于创新的员工继续努力。

(三)年终奖发放的形式

如果可能,尽量发放现金。现在电子支付越来越普遍,生活中已经很少使用现金了,年终奖的金额大,且具有相当强的鼓励作用,以现金的形式发放,可以增强仪式感,如图7-3所示。

图7-3 某公司年终奖发放现场

七、年底双薪

年底双薪制是一种承诺。有的公司会在招聘启事中提示年底有双薪、三薪等待遇。

对于应聘者来说，确定性的年底双薪肯定比不确定的年终奖更加具有吸引力。所以，双薪制有利于降低企业招聘成本。有些企业在实际支付双薪的时候，把"薪"定义为金额较小的合同工资或固定工资。虽然这样能够压低成本，但是有戏耍员工的嫌疑，会导致员工离心离德。

总之，无论是年终奖，还是双薪，重点仍然是用钱激励员工在未来一年更加努力工作，是企业对员工的尊重和诚意，如果其中夹杂太多的算计，效果会适得其反。

八、股份与分红

很多企业会以分红的名义给员工发一定的酬劳，希望通过这样的方法深度绑定员工与企业的利益，形成更强的认同感和团队稳定性。但我们要辩证地理解这种方法的科学性。

（一）员工与企业利益不统一

员工和企业的利益不统一。不客气地说，员工对工作的需求是钱多、活少、离家近，企业对员工的期望是能加班、有创意、多干活、很听话、少拿钱。

从员工的角度来说，如果要增加分红金额，必须降低成本，而他自己的薪酬正是公司的成本。难道员工会为了拿更多的分红，而不要工资了吗？另外，很多企业，甚至部分上市企业的财务报表的真实性是非常可疑的。一个账都做不清楚的企业，利润分红比例的真实性就更令人难以相信了。分到手里的钱是真实的利润体现，还是公司为了敷衍而做的虚假陈述？

从投资者的角度来说，分红是对投资者的回报，薪酬是对员工付出劳动的回报。员工既拿分红，又拿薪酬，对投资者是不公平的。

（二）员工与企业发展关系弱

很多大企业在员工入职的时候，就为其配置了一定的股票。对于一个市值几百亿元、几千亿元的公司来说，员工手中的区区几百股，真的能给收入带来巨大的影响吗？基层员工的努力，真能给市值带来上升吗？员工在一线辛辛苦苦地打拼，高管们在乱投资、乱讲话，造成股价大跌，难道也让员工买单？员工唯一能做的就是看看股价，算算这些股票值多少钱，多久能够套现成真金白银。

中小民营企业的平均寿命只有3年，强行给员工分配股份，除了给自己增加管理成本，真实的意义非常有限。

"钱才是真爱的试金石"，如果一个男孩追求女生，每天嘴上说着各种甜言蜜语，却连一颗糖都不肯送，对女孩子工作、生活遇到的困难也从来不管不顾，其爱情的可信度几乎为零。

员工认为公司有前途、有发展，愿意投入资金入股，说明他相信当前的投资能给他带来更大的回报。如果强行让大家购买股份，或者配发股份，很可能适得其反。

（三）分红是否会增强凝聚力

有些企业给员工股票之后，员工有分红权，没有经营决策权。如果企业收益不佳导致分红减少，员工不仅会因为收入减少而愤懑，还会因为不被尊重而沮丧。

有些企业通过发放股票的形式，减少当期薪酬支付的压力。将薪酬转变为股票，如果公司能够在未来上市，自然皆大欢喜。如果能像华为一样，即使不上市，也可以通过持股计划，让员工获得比行业高十几倍的薪酬，那也是非常好的选择。但是这样的案例实在太少了。

2014年，阿里巴巴登陆纽交所，大量持有股票的员工一夜而富。多年的辛勤努力获得了巨大的回报。昨天的打工人，今天身价可达几千万元，那么他还会每天辛苦地上班吗？马云为此发表了著名的公开信——《我们这么辛苦，可不是为了变成一群土豪》，重新倡导公司的愿景使命和价值观。

还有一部分企业，到了分红的时候，以一句"经营不佳，没钱可分"作为结束。员工遇到这种情况，会继续努力工作，等待来年分红，还是把所谓的股票扔到一边，另谋高就？

总之，如果想给员工发钱，理由有很多，分红并不是最有效的方法；如果想让员工入股，要看员工是否自愿掏钱。

九、薪酬制度的延伸思考

（一）薪酬制度是否要保密

很多企业有密薪制，要求员工不得互相打听收入，甚至将"不得互相打听薪酬"写入《员工手册》。实际上，这种规则无论是在制度层面还是在现实层面都没有意义，薪酬几乎都是公开的秘密。

只要企业做到规则透明，就没有必要刻意要求员工不得互相打听。企业根据不同员工的业绩表现，给出不同的薪酬回报，是一件天经地义的事情。客观上说，很少有员工会对薪酬满意，而真正引起员工愤怒的是业绩评估制度不公平，低业绩人员拿到了高收入。如果有员工对薪酬不满，公司要做的不是要求薪酬保密，而是认真倾听其意见，并分析当前绩效体系和薪酬方案是否有问题，员工是否完成了自己的关键结果（KR），是否达到了预想的目标（O）；要从"程序"出发，分析当前全公司的评估标准是否客观，评估方式是否合理。

如果员工能够对公司的制度、程序提出异议，说明员工对企业和领导的公平性抱有希望。这时，企业要跟员工解释清楚，为什么会产生这样的差异，如何让他提升工作效能，从而获得更好的收入。员工有问题，企业要帮助员工解决问题；企业有问题，也要自我改革，完善制度设计。CEO 关注制度和规则的合理性，远比关注某一个员工是否打听了他人的薪酬重要得多。

（二）高薪酬带来的新思考

薪酬可以是一种成本，也可以被视为对未来的一种投资。美国网飞（Netflix）公司在薪酬设计上采用了独树一帜的做法。

《不拘一格——网飞的自由与责任工作法》[①] 一书介绍了网飞公司自己关于高薪酬的理解："我们决定，对公司所有操作型的工作，根据明晰的标准，按照市场中间价开工资。但是对于创造型工作，我们会给某一名能力超强的员工开出市场上最高的工资，而不是花同样的钱去雇十几名或者更多表现平平的普通员工。这样，我们的团队就得到了精简……事实证明，这种方式非常成功，我们的创新和产出速度突飞猛进。

同时，我还发现，精简员工还有一个附带优势，要管理好员工是一件费时费力的事情，管理普通员工更是如此。通过精简团队，每位管理者需要管理的员工会更少，也能管得更好。如果一个团队都是非常出色的员工，那么管理者就会管得更好，员工也会做得更好，整个团队就会欣欣向荣，并得到飞速发展。"

网飞的经验就是不做复杂的、细节的薪酬方案。所有重要岗位，都需要专业技能超强的员工。他们相信，一个高水平的员工能够比几个或者十几个普通员工要有价值，直接给高水平员工开出高薪酬。在国内职场，这种做法就叫作"一个人干 5 个人的活儿，拿 3 个人的钱"。用高薪酬，让团队规模缩小，管理难度减小，综合算下来，反而节省了成本。

网飞的做法值得参考。但在实践中仍然要结合实际情况，由于区域发展不平衡，当前很多电商企业，在薪酬和盈利之间，遇到了"先有鸡，还是先有蛋"的难题。行业盈利能力有限，限制了人员的素质，所在地区相关人才储备较少，高薪也比较难招到合适的人。破局的方法只能是先快速发展业务，用明确的经营目标、科学的业务管理，增强企业盈利能力，进而提升薪酬总额，让员工能够获得更好的收入，从而实现自我成长和业绩提升。

本章小结

本章从薪酬设计出发，分析了薪酬的来源和制定标准，提出了制定薪酬方案的需求和方法，并分析了薪酬的组成结构。

制定薪酬方案的方法非常多，不管哪一种方法，都要围绕公开、透明的原则制定，充分听取员工意见，如果需要变动，事先应沟通。表面上，薪酬是对员工过去工作的肯定，实际上薪酬是对员工未来工作的期许。合理的规则会降低企业的沟通成本、招聘成本。

---

① 里德·哈斯廷斯，艾琳·迈耶. 不拘一格——网飞的自由与责任工作法 [M]. 杨占，译. 北京：中信出版集团，2021.

第八章

定岗定责，薪酬体现劳动价值

在前面的章节中，我们搭建了公司的薪酬方案。方案是统一的、标准化的，但是员工是个性的，业务水平也参差不齐。有的人天资聪颖，但是工作懈怠；有的人埋头苦干，却不得要领。因此需要确定岗位、确定标准，对工作进行衡量。

随着公司规模的扩大，不可避免地会出现不同部门、不同职级、不同任务之间的差别，这种差别在薪酬上体现得最为明显。公司要从晋升制度上，让所有人坦然地面对差距，找到发展的机会；要在薪酬方案上，让努力的人、承担责任的人、完成业绩的人获得回报。

第一节 员工的定岗与定责

一、职级划定的思路

"不想当元帅的士兵，不是好士兵。"拿破仑的这句名言误导了很多人——一个好士兵所受的训练和工作要求，与一个元帅是完全不一样的。

士兵需要有过硬的身体素质，能熟练地使用枪械设备，坚定地服从上级指挥，在战争中要善于消灭敌人、保全自己。重点要关注体力、技能和意志力。

元帅不需要有冲锋陷阵的能力，要有快速分析各种情报、统筹各种资源，以最小的代价获取更大的战果的能力。重点要培养决策力、协调力和大局观。

在战争中，元帅和士兵扮演着不同的角色。元帅居于幕后，运筹帷幄；士兵冲锋陷阵，决胜疆场。双方只有在自己特定的角色里发挥出优势，才能体现出自身的价值。

一个非常优秀的主播擅长在镜头前展现产品，留住客户，完成销售任务。但是，他未必能够统筹全公司的直播业务，成为一个合格的业务负责人。如果强行让他承担更多的责任，反而会把工作搞得更糟。

一个入职3年的员工，长期负责店铺的推广工作，无论是传统电商推广，还是直播间投流，都能得到非常好的效果。他寡言少语，不善于跟人交往，是一个推广专家，但是未必能成为推广部门的经理。

在传统的晋升体系下，"升官"与发财总是绑定在一起的。员工只有通过"升官"才能获得更好的收入。但是有限的晋升通道，限制了员工获得晋升的机会。当发展无望的时候，优秀员工就会流失。同时，"升官"意味着要承担更多的管理职能，并非每一个优秀员工都具备相应的能力，对其强行提拔未必能够做好工作，也难以服众。

为了解决上述矛盾，在企业内部逐渐衍生出了两种序列：P序列和M序列[①]。通用电气（General Electric，GE）曾经采用这种方法对员工的表现进行评估。由于阿里巴巴也曾经长时间采用这套职级体系，其逐渐为国人所了解。

这个模式将员工的职责通过P序列和M序列区分出来。在P序列的员工，从事相对容易量化的工作，工作对象以"事"为主，例如推广、产品、设计等方面的工作。在M序列的员工，从事偏管理方面的工作，工作对象以"人"为主，例如人力资源、客户满意度、团队协作能力等方面的工作。

金庸先生在小说《鹿鼎记》中是这样描述少林寺的内部机构的：达摩院是少林寺最高等级的武学研究机构，专门研究本门派武功，加入者必须对本门武学有精深的研究；般若堂是研究本门派之外的武学，外出的少林弟子回寺后，要去般若堂汇报此行见到别的门派的武功，凡有可取之处，记录存档加以研究。

达摩院就相当于P序列，专注自身能力、业务技能。般若堂相当于M序列，不仅要了解自己，还要有横向情报收集、资源整合的能力。

通俗地理解，P序列是做事的，M序列是管人的。每个序列都可以分成多个层级，每个层级对应不同的收入。

这种模式的优点是：为有专长的员工提供了两条晋升道路。一种是只要做事，不需要管人。哪怕从普通的客服岗做起，只要做到足够好，也可以变成资深客服、金牌客服、专家客服。虽然还是做着客服的工作，但是因为专业序列提升了，收入也水涨船高。另外一种是能做事，可管人，不仅专业能力好，还表现出了较强的管理能力。从P序列转移到M序列，即成为跨岗位、跨部门的横向领导者。

---

① 最初P代表生产（production），逐渐也代表技术型岗位；M代表销售与市场营销（marketing），逐渐也代表管理型岗位。

这种模式的缺点是：双线的职级制度，需要企业有强大的组织力和培训能力，管理团队必须关注到每一个员工的成长和发展，管理成本相对较高。企业太小，领导的精力重心放在业务增长上，缺乏内部管理的能力；企业大了，人员众多，内部关系复杂，这种制度也容易流于形式[①]。

对于大部分电商企业来说，不要纠结、拘泥于名称，要探索背后的逻辑，根据自己的情况设计自己的体系。

二、职级划定的标准

双线职级划定的方法给企业在人员晋升、职级划定中提供了有益的思考框架。由于规模所限，大部分电商企业很难给员工提供职业荣誉感和晋升通道，又必须通过管理层级，解决职权划分、收入差距、人才招募的问题。双线职级划定的方法帮助企业在内部设了多个职位，这些职位也许永远填不满，却可以通过调整级别来解决某个优秀员工的薪酬问题；如果要招募一个特别优秀的人，也有高薪岗位虚位以待。

天璇公司设计部有3个员工。其中，一个员工工作效率高，做事勤勉。CEO想给他一些奖励，可是现有的薪酬体系是"锁死"的，不能为某个人随意调整；想让他升职做设计主管，可是其性格沉默，不擅与他人打交道。CEO把他的职级从P3调整到P4，这样，级别上升了，待遇也随之上升，但是工作职责变化不大，他仍然是一个普通的基层员工，不需要承担管理责任。通过一次晋升，不仅让当事人满意，还给其他员工一个明确的信号——努力工作总有回报。

近期，有一个优秀的设计师来应聘。从已有作品来看，他是经验丰富的行业翘楚。但是其薪酬预期比较高，公司陷入两难境地。如果按照现有标准，该岗位的底薪都是8 000元，而这个人的期望是10 000元。如果给他10 000元底薪，现有员工肯定会不满意，那就先定一个较高的职级，来解决短期内薪酬的问题。如果他能达到相应的业务水平，其他人也不会有什么意见；如果他达不到相应水平，级别也是可以降下来的。

公司用职级体系可以清楚地列出每个级别岗位的能力要求，也标识出对应的基本工资和岗位工资[②]，如表8-1所示。

表8-1 天璇公司的公司职级体系

P（技术）		技能特点		M（管理）	能力要求	基本工资/元	岗位工资/元
P1 助理	基础型	—	—	—	—	略	—
P2 专员	基础型	技术型	—	—	—	略	—
P3 主管	—	技术型	专业型	M1 主管	专业管理型	略	2 000

---

① 阿里巴巴集团随着组织架构的不断调整，已经开始逐渐淡化传统的P序列和M序列在公司内部的色彩。
② 不同部门、不同岗位的基本工资不同，在此处暂不表示。

续表

P(技术)	技能特点		M(管理)	能力要求		基本工资/元	岗位工资/元
P4 经理	—	技术型	专业型	M2 经理	专业管理型	—	8 000	4 000
P5 总监	—	—	专业型	M3 总监	创新决策型	经营参谋型 参谋型	10 000	4 000
……	—	—	—	M4 合伙人	—	战略决策型	10 000	4 000

(1) P1 助理。大学实习生、初入这个行业的人士，一般定 P1 级别。公司对这个级别员工的要求比较低，能按时到岗、听话照做，完成预定的工作即可。

(2) P2 专员。有一些简单的工作经验的基层员工。一般指大部分的客服、初级的主播、只会修图的新手美工等。他们的工作虽然具有一定的技术性，但尚达不到较高水平。初级会计、出纳、人力资源等岗位，这些工作具有管理属性，也需要一定专业技能，但由于其资历相对较浅，仍然要在主管授权下处理具体事务，并不具有决定权，仍然视为专员较为合适。

(3) P3 和 M1 主管。两个职位都具有一定的管理职能，可以给基层员工提出要求和建议，并针对一些问题，向高层领导反馈以寻求支持。需要在专业领域有足够的经验，能够参与到具体工作中：一方面"教别人"，一方面还要"自己练"。

P3 更注重本专业领域的纵向晋升。如果运营部门主管是 P3，应更关注产品、流量结构、产品节奏等内部职责。运营部门主管如果是 M1，那么不仅要关注内部职责，还要关注诸如推广节奏、直播效果、美工设计等其他部门的工作，完成一定的跨部门管理职能。

会计、人力资源等部门的主管，由于具有天然的跨部门管理职能，也适合定为 M1。

(4) P4 和 M2 经理。与"P3 和 M1 主管"基本类似。P4 级别，可能是特别有创意的设计师、擅长研究数据的运营专家等。他们可能没有管理能力，也不太懂人情世故，但是有很强的专业技术能力，通过职级肯定其专业能力，保持其良好的待遇。对于同级别的M2，横向的沟通能力、协调各部门的能力要求则更高。

(5) P5 和 M3 总监。在本企业里，P5 总监级成员相当于"达摩院首座"。他是专业领域中最优秀的人，有自己独特的方法论和业务路径，能够独树一帜，对业务有前瞻性思考。M3 总监级成员，相当于"般若堂首座"。他非常熟悉公司的业务流程，了解业务优势和劣势，通过自身的协调和组织能力，实现企业的战略目标。

(6) M4 合伙人。指公司的股东、CEO、高管等。他们不仅要有足够的专业能力，还要有更好的创新思维和战略思考能力。在制定战略方向时，能从既有数据中找出业务的薄弱点，还能在竞争环境中找出新机遇，制定出科学增长、稳健落地的战略方向。

如果在"双 11"大促之前，店铺的优惠券领用量暴增。对于 P3 运营主管来说，分析一下优惠券领用的渠道，估计一下转化率，通知采购及时备货，就属于合格了。对于 P4

运营经理来说，就要从备货能力、发货能力、资金周转、产品关联、后续爆款打造等多个角度思考当下的"双11"预热和"双11"之后的经营情况。对外要与工厂、快递公司落实备货、发货能力；对内要与财务、产品、推广、主播等部门协调运营节奏，甚至会通过"提前放价"的形式，预先销售部分产品，减少"双11"期间的业务压力。

三、如何确定员工级别

（一）确定定级标准

每个公司都可以根据自己的业务情况，将职级划分为5～10级，不必每一级都有人，可以适当地空置一些层级为员工发展留出空间。

公司设定职级制度之后，首先要给现有员工确定级别。在实施这项工作时，要考虑3个要素，即业绩目标、考核标准、薪酬待遇，并确保定级工作不能造成内部混乱，影响正常业务。对于不同级别所承担的业绩目标和考核标准，可以召集相关员工进行讨论，讨论越透彻，在执行中效率就越高。

可以按照"罗列工作，区分重要程度，细化工作要求，制定完成标准"的顺序进行讨论。在讨论过程中，力争让每一个人都能表达自己的看法。这也是员工认真思考、自我对照、寻找自身差距的过程。对于一些领导和员工认知有差异的选项，要分析各种条件因素，共同讨论后形成结论。

结论很重要，讨论的过程也很重要。考虑到市场行情，业务形态在随时变化，公司人员也有更替，这种讨论宜每年进行一到两次，每一次都是对所有人岗位职责的洗礼，能够从员工内心发现当前自身的短板。

天璇公司要对直播部门岗位进行定级，召集了直播部所有的同事，以及密切合作的运营部、推广部同事共同参加。

经过讨论，大家认为直播中用户停留、转粉率、互动率、商品曝光率、商品点击率、成交额等数据是最重要的。直播运营者要掌握这些数据，推动直播间快速实现场观人群稳定，销量增长。做好这些工作，应该是P3主管一级的责任，如表8-2所示。

表8-2 直播运营定级内容讨论表

序号	讨论内容	评判
1	这些指标，是不是能推动场观人群稳定，销量增长	接受
2	这几个指标是不是我们当前的重点方向	接受
3	肩负这个责任的人，是否应当是P3级的主管	正确
4	主管应当通过数据给出方法，并指导实行	存疑

从投票结果看，大部分观点达成一致。对于有争议的观点，也提出了补充意见。通过一次求同存异的讨论，部门内部以及协作部门都确认了直播部主管的职责；也确认了哪些

事情归他管,哪些事情不归他管,哪些事情需要他出面负责协调,把这些工作做到什么程度才是合格的。大家也理解了如果一个员工想要成为直播部主管,应当具备哪些能力,应当符合哪些标准,需要提升哪方面的能力。

在讨论职责的时候,**不建议将薪酬问题纳入讨论话题**,毕竟所有人都希望收入越多越好。

(二)新员工的定级

当岗位有空缺的时候,需要新人来承担责任。招聘新人,是一个量体裁衣的过程:不符合工作能力要求的,肯定不能用;能力太强,大大超过岗位需求的,恐怕也不敢用。

直播间急需一个运营助理。这是一个偏初级的岗位,级别是 P2。岗位要求如下。

(1)根据直播效果,适时进行直播间引流。

(2)配合主播节奏,实现产品上下架。

(3)配合主播选品、排品。

(4)在直播期间,兼职氛围组。

一个人要做多个岗位的工作,说明这个直播间分工不细致,专业性不高。不要求这个助理专业精深,只希望他是一个能同时承担各种角色的"万金油"。

"万金油"性质的岗位,薪酬也不会太高。此时,如果有一个经验丰富、负责过多个大店铺直播间的"资深直播运营"前来应聘,应该定什么级别呢?给他定 P2,显得太不尊重行业经验;给他定 P4,又担心他徒有其表,因此会产生很多疑虑。

招聘的时候,简历特别优秀、有丰富经验,又对薪资要求非常低的人士,总是容易引起用人单位的疑虑。

如此"大神",为什么会看上我们这个"小庙"?其中会不会有诈?如果有货真价实的能力,可能当前只是遇到一些困难,不得不降低身段、降低薪酬预期来找工作,但是一旦困难期过去,"大神"会不会再度跳槽,造成新的岗位空缺呢?

"大神"们的技能,往往是高举高打:大预算、强产品、高投入。而我这个"小庙"没有特别多的预算,产品优势有限,广告投放能力也不足,"大神"未必能发挥出自己的能力。

"大神"专业性强,能不能屈尊做一些排品、气氛组等基础工作呢?万一他架子放不下来,又会产生各种新的问题。"大神"的能力是达到了 P4,但是这个位置上已经有人了,或者考虑到人力成本,暂时不将这样位置填满,该如何处理呢?

从理论上说,企业应该不断地吸收优秀的人才。在实践中,也要考虑人才的适应性和稳定性。如果"大神"到岗后不能适应,工作几天之后就离职,会对团队产生伤害。同样,一旦有了优秀的新人,就强硬地把公司老员工替换掉,公司里就会人人自危,也不利于团队的稳定,与我们传统上的文化习惯也不太相符。

因此,在给新人定级时,应以双向选择、留足空间的原则为宜。如果要招聘一个 P2

级别的岗位，可根据对方的能力、经验进行洽谈，并在试用期内对其能力进行评估。如果能力不符合要求，就需要快速考虑汰换或者培训；如果能力超出要求，就应尽快寻找合适的机会，调整级别和待遇，留住人才。

（三）老员工的定级

对新员工定级，是根据"坑"找合适的"萝卜"；对老员工定级，是根据"萝卜"的形状去找"坑"。

给老员工定级时，非常容易产生矛盾。如果给某个员工级别定高了，超过了其心理预期，他在暗自窃喜的同时，也会有几分理所当然；级别定低了，他会心怀不满，可能在工作中出现懈怠，甚至辞职的情况。

因此，在给老员工定级时，除了要考虑能力因素，还要考虑工作年限、收入波动性、岗位可替代性、心理满足、收入差距等几个因素。

1. 工作年限

工作年限长，不能直接成为较高级别的原因，也未必能代表好的业务水平。从另外一个角度上说，其工作技能和能力得到认可，是在现有条件下符合企业预期的人选。老员工对企业有较强的认同感，也是促进业务发展、稳定团队的"定海神针"。

因此，虽然工作年限不能成为定级的标准，但可以作为职级认定中的一项参考因素。

2. 收入波动性

为了减少定级过程中的阻力，一般不要因为定级影响到员工的现有收入。某员工原薪酬为 7 000 元，该岗位 P2 级约为 6 000 元，P3 级约为 8 000 元，为了定级工作顺利进行，定 P3 比较稳妥。少数情况下，一些员工也存在能力与职级要求不匹配，只能降级、降薪的情况。直接主管和人力部门要对其做好沟通工作，给出改进方向和培训支持。

级别评定具有主观性，存在由于判断失误导致个别员工受到不公正评价的可能。如果员工因此愤怒，进而懈怠工作，经过沟通仍没有改善，那么可以考虑终止双方的合作关系。员工如果遇到了不公平待遇，可以在后面的工作中证明自己，企业甚至可以补发由于错误评价给员工造成的损失，但是以情绪化的形式影响公司级别评定工作，是不可接受的。

收入有升有降，本身就体现了多劳多得的原则。企业选择能够配合工作、保持效率的员工，淘汰落后者，这是对努力工作员工的保护，是更好地保护劳动者权益的表现。

3. 岗位可替代性

评定级别时，要本着"就高不就低"的原则，去评定不易替代的重要岗位。如果因为定级造成人员离职，又找不到替代者，就得不偿失了。例如：店铺中的主播、运营、设计等岗位，不仅要有专业技能，还要对店铺产品、经营风格、运营节奏有感觉，能够深刻理解用户的喜好。即使公司认为其能力和收入并不匹配，也不要贸然给一个低职级；在给其较高级别的同时,也要给机会、给压力。

如果其能力实在无法达到要求,公司可以逐渐寻找替代人员,实现岗位平稳过渡。

4. 心理满足

职级评定体现了企业对员工工作的认可程度。因此,要考虑到员工的心理满足程度,减少不满情绪。

我俩做同样的工作,为什么他级别比我高?我天天在加班,为什么级别还不如到点下班的呢?这次级别评得低,一定是因为我不会拍马屁。你看某某人,他嘴巴甜,所以级别高。

企业无法约束员工的情绪,也无法限制员工讨论。与其让大家在私下抱怨、吐槽,不如把所有问题放在桌面上。企业应公开业绩标准,在评定过程中做到公开透明,在评定结果上做好深度沟通,给予每一个员工足够的、哪怕只是形式上的尊重。

世界本来就不存在绝对的公平。定级也是为了让付出得到更好的回报,让劳动得到尊重。通过公开的定级标准帮助每个人找到晋升的通道,也是职级评定的应有价值。

总之,在老员工的职级评定中,既有客观的业绩标准,也有主观的妥协因素,甚至会为了某些稳定性做出退让。从长期来看,有了标准,就有了比较,如果德不配位,周围的竞争者一定会出现,到时候再做替换也比较容易。

5. 收入差距

在设定各级别岗位的基本工资以及收入差距的时候,要尽量求稳,不能因为定级导致收入大幅度波动而影响员工积极性和团队稳定性。

在公布定级结果之前,要将员工过去几个月的收入和定级之后的收入进行比较,如果整体稳定或者略有提升,说明这个定级方案的通过阻力会很小。只要方案能够得到大部分员工的认可,那么以后就可以根据不同级别的责任要求进行考核。

下面是主播岗位的定级方案,如表 8-3 所示。

表 8-3 主播的定级以及基本工资方案

主播级别	工作内容	工作要求	任职资格	基本工资/元
P1 助理	完成与主播的配合,做好直播间氛围营造	(1) 配合主播进行产品介绍。 (2) 协助主播处理直播间各种突发情况	(1) 口齿清楚,普通话标准。 (2) 反应灵敏。对产品有足够认知	4 000
P2 专员	在 1 小时直播中,完整介绍产品,并能够与粉丝进行互动	(1) 销售收入、互动率、停留时间等指标可以达到全店均值的 80%。 (2) 其他要求同 P1	(1) 有 3 个月以上工作经验。 (2) 具有独立销售能力。 (3) 能够执行公司标准话术,实现客户停留、互动、下单	5 000

续表

主播级别	工作内容	工作要求	任职资格	基本工资/元
P3 主管	能够完成 4 小时以上直播，实现产品销售、粉丝增长	(1) 完成主要直播工作。 (2) 个人销售额达到全店直播销售额的 30% 以上。 (3) 互动等指标达到全店平均水平	(1) 有 1 年以上工作经验。 (2) 熟悉店铺产品和行业产品，能深度解析产品优势。 (3) 形成自己的独特风格，能够应对直播间各种突发情况	7 000
P4 经理	能够完成 4 小时以上直播，并能根据流量和粉丝情况，调整直播节奏，达到最好的直播效果，能总结出相关方法论	(1) 根据店铺情况，帮助其他主播制定个性直播脚本。 (2) 挖掘直播团队的潜力。 (3) 与产品、推广部门密切配合，把控每场直播节奏。 (4) 不断创新直播形式	(1) 有 P3 的工作能力。 (2) 根据数据进行选品、排品，并设计直播方案。 (3) 能够根据流量结构快速调整直播方式。 (4) 能够培训新的主播	12 000

在这个定级标准中，主播是一个纯技术性岗位。一个 P4 经理级的主播要有较强的纵向能力：

能在直播中形成自己的风格，游刃有余；

能够跟产品、流量部门配合，实现最好销售收入；

能够不断提升直播间的运营水平；

能够培训新的主播，形成业务梯队。

从这些要求来看，P4 经理级的主播，不仅要有镜头表现力，还要有能力带团队，帮助其他主播成长；有全局观，从流量角度控制直播节奏，从产品角度设计直播内容。

从 P1 到 P4，收入[①]差越来越大，也体现了对不同层级能力要求的差别。P1 到 P2 属于基础业务能力的提升；P2 到 P3 鼓励员工通过经验积累，能够独当一面；P3 到 P4 要求有横向协调能力和培训团队的能力。

需要注意，这里的工作内容和工作要求，与个人的 OKR 是内在统一的。工作内容都是将公司总体的业绩目标（O）拆解细分后放到自己部门的部门目标（O），工作要求是这个岗位普遍性的关键结果（KR）。每个不同的责任人应当根据自己的优势，选择不同的工作侧重点。

（四）员工的晋升

晋升的决定权一定归上级领导。要想在晋升中做到公平，让能者上、庸者下，就要把晋升的路径和必要的要求，通过讨论、公开标准的形式，让所有员工知晓。

常见的晋升模式有 3 种：原地晋升、纵向晋升、横向晋升。

---

① 这里的薪酬金额仅作示例之用，并非薪酬建议，且未包含变动部分的收入。

1. 原地晋升

原地晋升是指岗位不动，级别提升。通过提升级别，肯定员工的工作能力和专业性。

小张是公司里唯一负责推广的员工，几年以来，工作兢兢业业，为店铺业绩增长做出了较大的贡献。职位也从刚入职的 P2，一路晋升到了 P4，薪资收入也节节上升。

这种晋升模式是对长期稳定地完成业绩的一种肯定。其管理对象仍然是自己，只要把自己的分内工作做好即可。

2. 纵向晋升

纵向晋升是指岗位变动、级别变动，让业绩突出、专业能力服众的人获得晋升。某人如果没有好的业绩，却贸然得到提拔，也很难得到团队成员的认可。纵向晋升对经验和领导力也有一定的要求，需要被晋升的员工在技术上给其他同事足够的支持。

小李原来负责淘宝店铺的推广工作，后来公司让他去负责抖音店铺的推广工作。他很快适应了新岗位的要求，同时也帮助其他同事顺利接手淘宝店铺的推广工作，在团队中有一定的威信。因此他获得晋升，成为推广部经理，负责公司推广部门的管理工作。

小李能够得到晋升，不仅因为业绩好，而且体现出了一定的领导力，晋升只是确认其能力的过程。

当然，业绩好、有威信只是晋升的重要条件，不是必要条件。必须承认，企业里存在论资排辈的情况，如果一个人进公司时间很短，就因为表现突出获得晋升，反而会遇到"木秀于林风必摧之"的情况。原来平级的同事变成了上下级关系，原有的平等与无条件支持变成了命令与考核，关系就会产生重大的变化。因此，在晋升令下达之前，晋升者与被晋升者都要站在岗位角度，分别填写如表 8-4 所示的表格。

表 8-4 工作预期对照表

业务分类	业务计划	自我规划	工作方向	纵向关系	横向关系	隐形关系	核心任务
业务方向	部门任务是否清晰	是否有独特能力	目前工作策略是否需要调整	上级能否给我足够的支持	跨部门能否协作顺畅	公司中的裙带关系	开拓业务密码和信心
信心指数（1～5分）							
关键指标							
业务方向	如何与上级的OKR耦合	现有工作流程是否需要改变	当前业务存在的主要问题	下级能否给我足够的支持	团队内部是否合作顺畅	团队成员的业绩和离职风险	核心防范措施
信心指数（1～5分）							
关键指标							

做好事情，要有信心，也要有正确的方向和方法。通过打分，晋升者与被晋升者之间

可以对照出彼此的认知差距。如果分数比较接近，说明对未来岗位的难度认知是一致的。如果差距较大，说明双方对工作重点的认知不同，需要做进一步的讨论：为什么差距会比较大；哪些项目差距比较大；领导需要给下属哪些具体的支持，以帮助他解决问题。

这个表格本身并不影响晋升结果。它用于发现上下级之间的认知差距，毕竟上下级的工作目标、方向都一致，才容易开展工作。在晋升下属的时候，管理者一定有清晰的晋升目的：为什么要晋升小李，而不是小胡、小聂呢？因为小李有其他人所不具备的、超越业绩之外的能力。管理者通过对表 8-4 的分析，也要告诉小李，公司对他晋升后的要求是什么，能给他哪些支持，需要他具备什么能力，解决当前的哪些问题，当前团队中又存在哪些风险。因此，下属也要明确、具体地了解自己被晋升的原因，明确新岗位的职责和任务。

CEO 决定晋升小李为推广部门负责人，直接向 CEO 汇报工作，在进行晋升谈话之后，CEO 和小李同时填写工作预期对照表，如表 8-5 所示。

表 8-5 工作预期对照表（节选）

双方打分	CEO 打分表		小李打分表	
业务分类	业务计划	自我规划	业务计划	自我规划
业务方向	部门任务是否清晰	是否有独特能力	部门任务是否清晰	是否有独特能力
信心指数（1~5 分）	5	5	3	3
关键指标	稳定现有推广效果，提升多平台引流效率	和同事关系好，业务经验丰富，学习能力强	稳定传统渠道推广效率，在直播端提升推广	直播端的推广经验还不够丰富
业务方向	如何与上级的 OKR 契合	现有工作流程是否需要改变	如何与上级的 OKR 契合	现有工作流程是否需要改变
信心指数（1~5 分）	3	5	5	2
关键指标	重新分配推广费，合理控制推广成本，促进利润与销售额的双增长	不需要改变	适当减少传统平台推广预算，增加直播端的投入，摸索适合店铺特点的打法	产品侧和运营侧给的信息滞后，推广预算制度粗糙，缺乏各渠道精细化数据分析。部门既有 OKR 经常被打乱

（1）"业务计划"分析。在"业务计划"栏中，有"部门任务是否清晰"和"如何与上级 OKR 契合"两个选项。双方想法接近，都是 8 分。

在"部门任务是否清晰"选项中，有分数差距，但是内容一致，都认可稳存量、寻增量的思路。

在"如何与上级的 OKR 契合"选项中，CEO 比较看重结果，小李比较关注流程和成长性，虽然表达不同，但有异曲同工之处。

（2）"自我规划"分析。在"自我规划"栏中，有"是否有独特能力"和"现有工作流程是否需要改善"两个选项。双方想法差距较大，CEO 为 10 分，小李为 5 分。

在"是否有独特能力"选项中,CEO看重的是小李的领导力,而小李担忧自己的专业力。此时,CEO需要就这件事情跟小李进行沟通:作为部门负责人,当然要了解业务,但更要有能力激发自己的下属,发挥所有同事提升能力的积极性,岗位变了,角色也要有变化。

在"现有工作流程是否需要改变"选项中,CEO认为当前流程运转良好,而小李从推广部门的角度提出了很多问题,也涉及多个部门。此时,CEO应当重视这些问题,并给予积极正面的支持,可以与小李约定一个时间期限,详细梳理,逐步优化相应的问题。

虽然这些意见非常重要,但是不建议将其作为小李"新官上任三把火"的内容。可以由CEO来牵头,对一些问题提出优化意见,责成小李负责进行整改,向领导汇报。通过这种方法,**让CEO"做坏人",以减轻小李上任后的压力,减少同事之间的不配合,帮助他尽快进入工作角色。**

特别提示:表8-4的内容可以根据每个企业的实际情况进行调整。同时,读者也要理解某些信息具有失真性。对于"公司是否存在裙带关系"选项,但凡有点情商的员工,都不会把公司里七大姑八大姨的关系网戳破。设计此项是为了让CEO表达自己了解企业内部的一些问题,并尽可能地避免这方面的影响。

3. 横向晋升

横向晋升是指岗位变动、职级变动或者序列变动。P序列看重专精能力,M系列看重整合能力。如果说P序列需要智商优先,那么M序列则需要情商优先。横向晋升,是P序列和M序列之间角色的转变。大部分时候是从P到M。

有些企业,店铺较多,会存在店长岗位。纵向看,店长要通过管理运营、推广、设计等人员,完成业绩任务;横向看,要与公司的客服团队、仓管团队、产品团队协调,争取最好的资源。这种角色往往会被定为M序列。

当员工涉及横向晋升的时候,也可以进行打分,如表8-6所示。

表8-6 员工横向领导力评分

横向领导力评分	候选人1	候选人2
收集行业信息,及时发现相关行业的动态变化。了解新技术,掌握新玩法,对平台新产品、新规则具有高度敏感性		
能够对内部的盈利模式、引流方式、业务形态进行探索和梳理,能够高效地调配资源,注重盈利,注重投产比		
对于店铺指标变化具有高度敏感性,深刻洞察各个环节的关联性		
系统分析各种变化带来的影响和结果,并提出分析和预警		
在汇报工作时,有总结能力,也有前瞻性,对未来潜在风险和机遇做好准备		
能够超越部门、岗位的角度来思考问题,具有跨部门协调能力		
能够发现普通工作之外的问题,敢于担当,能够主动处理突发问题		
针对例外事件,可以本着最优原则进行快速处理,并能够客观听取他人意见,独立预判后果,做出正确决策		

无论有几个候选人，CEO 都可以邀请有决策权的负责人、业务合作方的负责人分别打分，由 CEO 收集、整理，决定最后晋升结果。

晋升是企业对优秀员工能力的再挖掘。员工通过优秀的能力而得到肯定，公司给予其更大的信任、更多的培训、更多的自主权，让其承担更多的责任，同时给予更好的办公条件、更多的信息资源、更好的待遇回报。

员工不会听你说什么，只会看你做什么。对于大部分员工来说，晋升仍然是获得更多收入的渠道。如果你晋升的是加班的"老黄牛"，那么公司里很快就会出现自发的"996"，甚至出现每天故作加班、凌晨 2 点给领导发周报这种形式上的勤劳；如果你晋升的是阿谀奉承之人，那么办公室里马上就会弥漫起一股谄媚之风。

第二节 | 各岗位的薪酬方案实践

天璇公司的销售额一直在 2 000 万元左右，净资产收益率（ROE）一直在 20% 左右徘徊。随着经济复苏，期望在新的一年销售额达到 2 800 万元，净资产收益率达到 40%。已知当前公司的资产为 500 万元（包含账目资金、应收资产、库存货物、办公设备等）。

从员工角度分析，根据当前的任务，销售额要增加 40%，甚至利润也要同步上涨。从表面上看，公司收益很高，利润额可以达到 200 万元（500×40%）。员工感到压力很大，认为 CEO 好大喜功，却让员工承担责任。

从 CEO 角度分析，会发现即使达到了 40% 的收益率，其净利润率仅有 7.14%（500×40%÷2 800），同期融资成本也达到了 5.5% 左右，企业属于是微利经营。因此，当前公司要求提升销售额、提升利润率，重点还是要放在业务可持续发展和提升员工的福祉上。

基于同样的数据，两种观点的交锋会让"道理越辩越明"。双方能够从不同角度理解工作，对顺利开展工作起到重要的作用。

当任务清晰之后，各个部门要根据实际情况分解目标，制定具体的实践方案，最终落脚在薪酬制度上，实现收入回报的闭环。

我们以各部门为示例，通过不同的思考角度设计不同的薪酬方案。这些方案展现了基于任务、业绩、薪酬份额的多种思考角度。其中的计算比例、数据标准仅为示例，要注重算法背后的思考逻辑，而非具体的计算方法。在实践中要结合企业的实际情况灵活运营，不可直接复制。为了方便计算，在统计薪酬方案时，未考虑五险一金和个人所得税扣除问题。

一、采购部门的薪酬方案

(一) 明确责任

压低采购成本：压低产品采购价格，减少采购过程中的损耗和费用。

延长账期：变相帮助企业获得一定的短期无息贷款。

减少库存量：保证热卖品的安全库存，减少非热卖品的进货量，减少整体资金占用。

产品利润率：管控公司产品利润率。责任包括但不限于压低采购价，防止运营部门随意降价等。

引用前面章节的内容，为了确保公司利润率，采购部在制定 OKR 方案时，体现了以下 3 个重要的目标。

O_1：到货及时率达到 95% 以上。

O_2：当前资金占用率从 70% 降低到 65%。

O_3：核心产品毛利润率保持在 25% 以上。

(二) 确定比例

产品采购是企业中最大的一笔支出。由于资金方面限制，现有的采购计划经常受到临时性支出的干扰，影响正常采购流程，影响部门达成业绩目标。作为花钱的部门，采购部门容易受到供货商的追捧，商业贿赂情况也屡见不鲜。所以，过高的业绩考核意义不大，反而容易引发贪腐行为。

基本工资和当月绩效，参考"八二开"的比例是比较合理的。如果利润率达标，年底可以单独发放一份奖金。

(三) 确定指标

将相关指标与绩效直接挂钩，达到则奖，达不到则不予支付①，如表 8-7 所示。

表 8-7 采购部老姜绩效统计表

指标/绩效	A	B	C	D	E	F	G
到货及时率/%	93	94	95	96	97	98	…
到货及时率对应的绩效金额/元	600	800	1 000	1 200	1 400	1 600	…
资金占用率/%	65	66	68	70	72	74	…
资金占用率对应的绩效金额/元	1 200	1 000	500	0	−200	−400	…
核心产品毛利率/%	22	23	24	25	26	27	…
核心产品毛利率对应的绩效金额/元	−1 500	−1 000	−500	0	500	1 000	…
合计金额/元	300	800	1 000	1 200	1 700	2 200	…

---

① 根据有关法规，企业无权利对员工处以任何形式的罚款。

采购部本月到货及时率为95%（绩效金额为1 000元），资金占用率为68%（绩效金额为500元），核心产品毛利率为24%（绩效金额为-500元），合计1 000元。

无论业绩多么差，也不能出现员工上班一个月，因为绩效不达标，还欠公司钱的情况。实际工作中，的确存在出工不出力、完全没有绩效的情况。但是只要他上班了，就要支付基本工资。他没有业绩，绩效部分可以为0，但不能为负数。

（四）模拟测算

采购部经理老姜，级别为P4。当前级别工资为8 000元，另有4 000元岗位工资。经过测算，当月绩效收入为1 000元，如表8-8所示。

$$当月收入 = 基本工资 + 岗位工资 + 当月绩效$$
$$= 8\,000 + 4\,000 + 1\,000$$
$$= 13\,000（元）[①]$$

表8-8 采购经理老姜的月收入

单位：元

姓名	基本工资	当月绩效	奖金	岗位工资	福利	补贴	年终奖	分红	合计
老姜	8 000	1 000		4 000	—	—	—		13 000

二、推广岗位的薪酬方案

（一）明确责任

推广部职责：低成本地增加有效访客数。

低成本原则：在推广预算有限的前提下，引流成本要尽可能降低，访客精准性要尽可能提升（能够关注、收藏、加购、分享的访客也可以被认为是有效访客）。

引用前面章节的内容，为了实现资金周转率达到3的目标，推广部在制定OKR方案时，体现了以下3个重要的目标。

O_1：调整推广部内部考核机制。

O_2：优化推广渠道。

O_3：推广效率提升20%。

这3个指标涉及内部管理、渠道策略、实践成果3个方面。在不同员工的工作内容中可以细化具体职责。例如：要求某个员工，在某个推广渠道上完成推广效率提升20%的目标。

店铺推广部的小董深度研究了各种平台推广技巧，日常投产比可以做到1:4，粗略计算产品的毛利率为25%。那么他的能力算合格吗？就普遍类目而言，既然没有造成亏损，这个推广的成绩也能算中等偏上的水平。

---

① 为表达简单，未计算社保、公积金、个人所得税等项目，后同。

如果从净资产收益率（ROE）角度测算，现有成绩未必合格。因为推广工作并非由小董独立完成，前端需要客服、主播实现流量承接转化；后端需要运营定价，设计出图文内容。把这些工作量累加起来，再折合成薪资成本，在推广端仍然可能是亏损的。

随着竞争日渐加剧，付费推广由帮助店铺直接赚钱的工具，逐渐变成了扩大产品销量、增加有效访客、精准获取客户标签、助力分析经营数据的角色。现在的推广工作，有些像火箭在发射初期的能量消耗[①]。所以，小董的工作是整个运营周期中非常重要的一环。他当前完成了低价引流，如果能够帮助运营分析客户行为和客户反馈，对产品、直播、短视频提出解决方案，其工作还是有很大价值的，这也是该岗位未来的发展趋势。

围绕"推广效率提升 20%"的目标逐渐形成几个重要的考核指标：付费流量完成比例、付费流量成本，以及点击率、收藏、加购比率，数据支持能力等。

（1）付费流量成本。如果不考虑成本，单独谈流量是没有价值的。在计算付费流量价值时，一定要有成本控制，要考核付费流量成本，追求在有限成本下的流量最大化。

（2）点击率。点击率跟付费成本关系密切。点击率越高，相对的成本也就越低。

（3）收藏、加购比率。引导收藏、加购、关注主播等动作，可以强化店铺标签特征，有助于中长期转化、大促预热等工作。

（4）数据支持能力。帮助店铺分析产品、分析主播状态的工作，该指标具有一定的主观性，一般不建议纳入考核指标，与薪酬方案挂钩。

（二）确定比例

推广岗位花费了大量资金购买看不见、摸不着的"无形的访客"，如果能力不足、方法不当，会给企业带来损失。同时，由于行业竞争大，规则变化快，工具迭代频繁，对学习力的要求也更高。

对于高风险、高变化的岗位，一般会提高绩效比例，以鼓励员工增强学习能力，跟上变化的趋势。对于基本工资和绩效，参照"四六开"或者"五五开"的比例是比较合理的。

如果在面试的时候，发现某个员工经验丰富，或者是从其他企业中"挖"过来的人才，为了显示企业诚意，在双方磨合期，对基本工资可以提高一些。过了磨合期，仍然要把变动部分的比例调高。

（三）确定指标

经过领导与员工的共同分析，下一个月某款重点产品（全店）需要吸引 10 000 个有效访客，单个访客成本为 1 元，点击率达到 1.8% 才符合要求。这些要求也与推广部自己的 OKR 指标相吻合。据此，制定业绩考核的标准，如表 8-9 所示。表中 D 列为中位数[②]，

[①] 有数据统计，火箭在发射阶段的燃料消耗，约占整体消耗的 90%。

[②] 将一组数字从大到小排列，中间的数字即为中位数。比如，在 200、25、20、10、5 这 5 组数字中，20 为中位数，而平均数为 52。在这里使用中位数可以避免由于某项数值过大或者过小造成其他数据"被平均"的情况。

达到了 D 列指标,纵向分值累加正好为 100 分。指标向右表示成绩更好。

表 8-9 推广岗位绩效统计表

指标/绩效	A	B	C	D	E	F	G
流量完成率/%	85	90	95	100	105	110	…
流量完成率对应的分值/分	26	36	38	40	42	44	…
流量成本/元	1.3	1.2	1.1	1	0.9	0.8	…
流量成本对应的分值/分	10	20	25	30	35	40	…
点击率/%	1.40	1.50	1.60	1.80	1.90	2.00	…
点击率对应的分值/分	15	20	25	30	35	40	…
合计分值/分	51	76	88	100	112	124	…

这里选择中位数是为了保证大部分人能够达到或者稍微努力即可达到该数值。如果制定标准过高,大部分人无法达到,指标就没有了价值;如果定得过低则失去了激励的价值。可以根据通过同类产品的历史数据做出预判,形成中位数,并且按照重要性进行打分,越重要的项目,分数越高。

推广岗位要有强烈的重点突破性,要在店铺产品销量平平的时候,让销量破局;要在大促活动预热时,让粉丝沉淀;要在活动开始后,激活加购客户;要用流量杠杆,合理调整直播间观众数量和标签匹配度。所以,从业绩考核角度来说,不能简单地用一个产品、几个指标进行长期考核,而要根据当期店铺业务重点做任务分析,进行绩效协商,最终将当下业务重点与个人利益做绑定。

从表 8-9 可以看出,如果小董足够努力和优秀,所有指标都能做到 F 级,那么他的累计分值可以达到 124 分。

这从另外一个角度解释了,**采用"满分百分制"进行薪酬考核是不合适的**。很多企业的考核机制,最高分只有 100 分,无论员工怎么努力,都无法达到 100 分,从而拿不到公司对外宣称的岗位收入。从 CEO 或者 HR 的角度来说,通过这种"封顶"的做法,可以快速"锁定"每个岗位薪酬的最高值,有效地控制人力总成本。对员工来说,业绩考核变成了扣钱大比拼,无论怎么努力都得不到满分,入职时候的收入许诺,永远是看得见、拿不着。

每个员工都有自己擅长的一面,同一项工作每个人的完成方法都不一样,OKR 体系可支持这种创新行为。公司在制定制度的时候,不能口头上说鼓励创新,然后再用制度把所有创新的可能性堵死。只要做得好,就应该被承认。考核项突破 100 分,不应该有任何问题。

(四)模拟测算

推广部员工小董新进入职,级别为 P1,基本工资为 4 000 元。经统计,小董上月业绩情况如表 8-10 所示。

表 8-10　推广部员工小董绩效统计

指标/绩效	付费流量	流量成本/元	收藏加购率/%
预期完成量	10 000	1	1.80
实际完成量	9 600	0.87	1.9
完成率/%	96	—	—

结合表 8-9 确定的标准，计算出小董本月付费流量完成了 96%，在流量完成率的"C 和 D 区间内"从低计，得 38 分；流量成本为 0.87 元，在流量成本的"E 和 F 区间"从低计，得 35 分；点击率为 1.9%，得 35 分，合计得分 108 分，对应系数为 108%。最终得出小董的收入情况，如表 8-11 所示。

表 8-11　推广部员工小董月收入　　　　　　　　　　　　　　　　　　　　　单位：元

姓名	基本工资	当月绩效	奖金	岗位工资	福利	补贴	年终奖	分红	合计
小董	4 000	6 480	0	0	0	0	0	0	10 480

$$基本收入 = 基本工资 + 当月绩效$$
$$= 4\,000 + 6\,000 \times 108\%$$
$$= 10\,480（元）$$

（五）推广薪酬方案中的问题

推广部门是否要考核转化率？这是一个争议较大的话题。

支持者认为流量的精准性会直接影响转化率；反对者认为转化率只是推广职责中的一部分。推广需要的产品、素材、营销等内容都由其他部门提供，如果产品没有竞争力或者其他部门配合不力，再好的推广技巧也无力回天。

从广义上说，店铺里的任何一个岗位，都对转化率有影响。如果所有的岗位都考核转化率，那么就等于都没有考核。

在推广工作中，有很多技巧可以直接提高转化率。比如，针对老客户以及关注过、浏览过、收藏加购过的客户进行广告重点投放，就可以在短期内提升转化率。但是，推广的重要职责是拓展新的潜在客户、验证新产品、测试各种不同营销素材的反馈，这些工作本身就存在转化率不确定的因素，盲目考核转化率指标反而会带来风险。

因此，如果店铺规模不大，推广岗位和运营岗位都是同一个人在操作，那么可以考核转化率；如果推广岗位是一个独立岗位，则不建议考核转化率。点击率的问题情况与此类似，但操作会相反。如果推广岗位和运营岗位都是同一个人在操作，就不考核点击率；如果推广岗位是一个独立岗位，可以适度考核点击率，但是所占权重不要定太高。

三、设计师岗位的薪酬方案

（一）明确责任

设计部职责：提升转化率，并且配合各部门做好视觉支持工作。

转化率：提高产品的视觉展现效果，让用户快速成交。

事务性工作：配合运营、推广、直播部门做好有关宣传图片和活动页面等活动。

引用前面章节的内容，为了提升产品转化，增强各部门合作，设计部在制定OKR方案时，体现了两个重要的目标。

O_1：排名前10名的热卖单品转化率提升1%。

O_2：高效配合其他部门的视觉要求。

小周是店铺设计师，基于当前目标，可以将工作分成3项，如表8-12所示。

表8-12 设计师的工作任务图

业务类型	主要职责		考核重点	数据指标
重点业务	重点产品推广图	推荐场景封面图	质量为先，持续优化	质量+速度
日常业务	日常上新产品图	活动的承接页面图	先完成，再求质量	数量+质量
学习型业务	收集行业素材	竞品店铺视觉信息	数量优先	完成量

重点业务往往不会太多，却非常重要。无论是推广的图片素材，还是直播间的封面、活动页面，其宣传活动都有大量资金投入。好的视觉呈现能起到事半功倍的作用，所以重点业务在当月绩效分数中占有更高比重。

日常业务属于流程性工作。只要按照要求套用已有参考模板进行工作，就能完成基本要求，拿到基本工资。

学习任务属于重要但不紧急的工作，很难以数量来评估质量的优劣，是一个比较主观的目标。

从考核角度分析，数据指标一定是可量化、可对比，且有实际意义的。有些公司在薪酬方案中有爱岗敬业、工作认真、反应敏捷之类的要求。这些要求没有可对应的量化指标，缺乏科学评价标准，考核时容易陷入各种妥协和交易之中。

（二）确定比例

对于设计师来说，图片点击率、产品转化率、客户停留时间都可以清晰地反映出工作成果。

图片点击率与图片本身的吸引力有关系，也与广告投放的人群有关系；产品转化率与页面设计有关系，也与产品价格、店铺活动、主播介绍有关系；客户停留时间与视觉设计逻辑有关系，也与访客来源渠道、消费的时间段有关系。

由于优秀的设计师属于严重稀缺的人力资源，所以固定薪资的占比也就较高。基本工资和当月绩效遵循"八二开"或者"七三开"的比例是比较合理的。

这并不意味设计岗位是一个高枕无忧的工作。在就业压力较大的时候，收入稳定的工作会面临非常多的应聘者，如果在职员工不够优秀，很容易被后来者替代。随着AI技术的发展，Midjourney等智能作图工具已经给设计岗位带来很大的挑战。未来，基础型、重复劳动型的设计岗位需求会越来越少，懂消费心理、懂审美、善于使用AI技术辅助工作的高端设计岗位会受到追捧。

(三) 确定指标

固定薪资确定后,可以根据任务需求,选出重要的工作项目,以及每个项目的得分中位数,以此来设计业务提成部分的收入。

面对马上来临的大促销,天璇公司选择3款产品作为主力销售对象。

新款产品A需要利用大促销活动实现销量突破,公司在单品付费推广上投入较多;经典产品B已经销售一年,有较好的反馈,在活动中承担拉升销售额的作用;积压产品C在直播间作为福利款出现,用于拉升直播间转化率,同时也实现产品清仓。

优化这3款产品是设计部门近期的重点工作,也是实现"重点产品转化率提升1‰"这一目标的突破口。完成上述产品的优化,也是实践个人OKR目标的关键结果(KR)之一。经过分析产品特点,寻找突破口,在短期内制定了3个考核重点,如表8-13所示。其中根据产品的历史数据,制定了以中位数作为基准。

表8-13 设计岗位按产品区分的绩效统计

指标/绩效	产品A	产品B	产品C
运营重点	付费推广	扩大销量	清仓
设计职责	做好主图,提升点击率,提升引流效率	优化产品各个细节拉升产品转化率	增强客户停留时间,力争实现连带销售
考核重点	点击率	转化率	停留时间
考核中位数	1%	5%	30秒
分值(百分制)/分	40	40	20

(四) 模拟测算

假设,设计师小周是设计部主管,级别为P3。该岗位基本工资为6 000元,岗位工资为2 000元。小周的基本收入为

$$基本收入 = 基本工资 + 岗位工资 + 当月绩效$$

小周的工作目标是将重点产品指标拉升到中位数以上,如表8-14所示。D为中位数,越往右,成绩越好。

表8-14 设计部小周绩效统计

指标/绩效	A	B	C	D	E	F	G
产品A主图点击率/%	0.85	0.90	0.95	1	1.05	1.10	…
产品A对应的分值/分	20	30	35	40	45	45	…
产品B产品转化率/%	3.50	4	4.50	5	5.50	6	…
产品B对应的分值/分	20	30	35	40	45	55	…
产品C页面停留时间/秒	15	20	25	30	35	40	…
产品C对应的分值/分	0	10	15	20	25	35	…
合计分值/分	40	70	85	100	115	135	…

假设，某月设计师小周的核心数据体现为：产品A的主图点击率为1%，得40分；产品B的产品转化率为5%，得40分；产品C，页面停留时间为30秒，得20分；合计100分，对应系数为100%。那么她的收入情况如表8-15所示。

表 8-15　设计部主管小周的月收入　　　　　　　　　　　　　单位：元

姓名	基本工资	当月绩效	奖金	岗位工资	福利	补贴	年终奖	分红	合计
小周	6 000	2 000	0	2 000	0	0	0	0	10 000

$$当月绩效额 = 2\,000 \times 100\% = 2\,000（元）$$

$$\begin{aligned}基本收入 &= 基本工资 + 岗位工资 + 当月绩效\\&= 6\,000 + 2\,000 + 2\,000\\&= 10\,000（元）\end{aligned}$$

如果次月，小周的核心数据体现为：产品A，主图点击率为0.96%，处于C和D区间，从低计算得35分；产品B的转化率为4.2%，处于B和C区间，从低计算得30分；产品C的页面停留时间为26秒，处于C和D区间，得15分；合计80分，对应系数为80%。那么，小周的绩效和基本收入分别为

$$当月绩效额 = 2\,000 \times 80\% = 1\,600（元），$$

$$\begin{aligned}基本收入 &= 基本工资 + 岗位工资 + 当月绩效\\&= 6\,000 + 2\,000 + 1\,600\\&= 9\,600（元）\end{aligned}$$

（五）设计部薪酬方案中的问题

1. 考核指标是否可以变化

考核指标应当根据业务情况进行调整。大促销结束之后，在日常销售阶段有可能去考核新产品的上新速度、全店平均转化率等指标。

一般来说，薪酬方案中的考核指标控制在3到5个比较好。过多的指标考核，看起来面面俱到，其实毫无重点；如果指标过少会使工作重心偏移，不利于长期发展。

需要特别注意的是，对薪酬方案统计方式的任何改动，都需要至少提前一个月让所有的相关人员知晓。未经通知，擅自改动计算标准一定会产生矛盾。**考核从来不是目的，而是为了明确业务重点方向的手段，**只有让员工提前知晓未来阶段的任务重点，他们才能提前调整工作重心，实现比较好的业绩成果。

2. 为什么指标呈非线性排布

在表8-14中，D列指标为中位数，属于经过努力可以达到的指标，以此制定了分数权重。

产品C的页面停留时间指标以5秒为一档，分值却有了明显变化。从C档到B档，即25秒降低到20秒的时候，分值降低了5分；从B档到A档，即20秒降低到15秒的时

候，分值降低了10分，直接为0。同样，在页面停留时间延长时，分值会陡然上升。

A档停留时间分值数据骤然降低到0分，表明这样的任务完成结果是不可容忍的，通过更大幅度降低分数体现惩罚性质。同理，持续提升指标也是一个非常难的事情，如果能够让指标实现大幅度增长，也应该给予较高的奖励。

在设计绩效统计表的时候，选择核心数据、确定中位数指标、设计数据梯度差等各项工作，都可以通过绩效谈判的方式来共同决定。通过绩效谈判，员工会清晰地了解当前的重点工作是什么、做到了会有哪些收益、做不到会产生什么损失。同时，管理者也会从谈判中了解工作中存在的问题和限制业务发展的原因。双方一起努力，才有助于达成目标。

3. 如果出现"擦边"指标怎么办

在进行计算的时候会出现数据"擦边"的情况。如果当前的标准是：点击率1.05%，得分45分；点击率1.1%，得分55分。经过努力，点击率从1.06%提升到1.09%，无限接近1.1%，但是仍然在45分的区间内。业绩提升了，个人收入却没有变化。

提升点击率是很难的。制定高分值、高奖励的政策出发点，就是为了激励员工努力工作。数据"擦边"的情况让员工的努力未能见到回报，会挫伤积极性。但是规则总是规则，如果这次点击率达到1.09%就按照较高的55分计算，那么下次点击率到了1.08%要不要按照55分计算呢？失去了严肃性的规则，还有权威性吗？还叫规则吗？

对于这种情况，一般建议把"增长部分"的区间划分得更加细致。间隔由当前的0.05%，调整到0.02%，分得越细，算得越准。

无论怎么细分，总会有"擦边"数据。在CEO同意的情况下，可以偶尔"放水"，对"擦边"数值按照较高一档计算。同时，要做好业绩谈话，明确公司这么做是鼓励，且不能作为任何可借鉴的先例，避免出现攀比情况。

4. 为什么基本工资高，绩效比例小

对于难招人的技术类岗位，固定工资要高一些。这样有利于保障员工的稳定性，降低招聘成本。客观上说，这类岗位的绩效考核具有一定的形式性特征。

考虑到设计师小周除了完成重点工作，还需要完成很多日常性工作。因此，在本次业绩考核中，重点考核的3项指标对应的绩效金额，在小周的总体收入中占比较少。

四、售前客服岗位的薪酬方案

（一）明确责任

客服部的职责：提升客户的转化率和客单价，做好产品服务，支持运营、直播等部门工作。

转化率：咨询客户都是高意向客户，应千方百计促其成交。

客单价：提升咨询用户的客单价。

支持工作：处理好客户纠纷，避免矛盾升级，为其他端口输送确定性流量。

引用前面章节的内容，为了提升产品转化、提升销售额，客服部在制定OKR方案时，体现了以下3个重要的目标。

O_1：综合业务能力提升。

O_2：询单转化率提升到52％。

O_3：平均客单价提升155元以上。

售前客服，首要任务是打消顾客疑虑，促进成交，在力所能及的范围内，让咨询客户购买，让想购买的客户一次买得更多。

与传统岗位销售相比，电商场景下的客服可以从与客户的沟通中发现问题，结合数据佐证，将产品中的缺点、宣传中模糊不清的内容反馈给其他部门，促进产品的各项优化。在业绩考核中，一般考量销售额贡献；在OKR的360度环评中，可以对业务协同性进行适当考量，并以奖金形式肯定其工作价值。

随着智能技术、直播场景的发展，很多客服工作有被AI替代的趋势，客服人数可能会大大缩减，销售型任务可能会下降，训练智能模型的任务会上升。

（二）确定比例

客服是一个比较成熟的工作岗位，入行门槛也比较低，会打字就可以上岗。在整体收入比例上，当月绩效部分的比例会高一些，以激励员工不断努力，获取更好的收入。

因此，基本工资和当月绩效遵循"五五开"的比例是比较合理的。

通过"人才重置法"确定客服收入水平。当发现同地区其他公司招聘客服的承诺月薪为8 000元时，公司可以此为标准进行预估。根据测算，过去每个客服月均销售额为45万元左右，那么业绩提成比例设定为1％，基本工资设定在4 000元左右，这样客服合计收入可以达到8 500元左右，具有一定的市场竞争力。

（三）确定指标

最简单的客服业绩统计方式是：

$$当月绩效＝客服的销售额×提成比例$$

这种方法简单、直观，但也有一些弊端：客服为了提升销售额会偏向于推荐低价格、低利润、易成交的产品；由于早班访客数量少，晚班客户售后诉求较多，客服就不愿意上早班和晚班；客服的销售额与在线时长相关，与客服的服务质量不相关。

为了解决直接提成制的缺点，可结合部门重点任务，确定3个主要指标。

（1）转化率。参考行业数据得知，当前行业客服询单转化率为50％，而且本店铺询单转化率均值只有48％。

（2）客单价。当前客服平均的销售单价为100元。最近有很多新产品上架，售价在120元左右，公司希望通过客服推荐实现销售额提升，完成平均客单价提升15元的目标。

(3) 响应时间。当前顾客手机端购物比例高，没有等待耐心，必须提升回复速度。

根据上述要求，可设计绩效统计表，如表 8-16 所示。

表 8-16 客服岗位绩效统计

指标/绩效	A	B	C	D	E	F	G
询单转化率/%	44	46	48	50	52	54	…
询单转化率对应的分值/分	30	46	48	50	55	65	…
客单价/元	85	90	95	100	105	110	…
客单价对应的分值/分	0	20	25	30	35	50	…
响应时间/s	26	24	22	20	18	16	…
响应时间对应的分值/分	0	10	15	20	25	35	…
合计分值/分	30	76	88	100	115	150	…

（四）模拟测算

客服部员工小李、小唐均为刚入职新员工，级别均为 P1，基本工资 4 000 元。基本收入计算为

$$基本收入 = 基本工资 + 当月绩效$$
$$= 基本工资 + （销售额 \times 提成比例 \times 提成系数）$$

客服小李和小唐，当月均实现销售额 52 万元，提成比例为 1%。

参考表 8-16，小李当月的询单转化率为 46.5%，得 46 分；客单价为 98 元，得 25 分；响应时间为 18 秒，得 25 分，合计 96 分，对应系数为 96%，则

$$当月绩效 = 520\,000 \times 1\% \times 96\% = 4\,992（元），$$
$$基本收入 = 4\,000 + 4\,992$$
$$= 8\,992（元）$$

小唐当月询单转化率为 51%，得 50 分；客单价 106 元，得 35 分；响应时间为 19 秒，得 20 分，合计 105 分，对应系数为 105%，则

$$当月绩效 = 520\,000 \times 1\% \times 105\% = 5\,460（元），$$
$$基本收入 = 4\,000 + 5\,460$$
$$= 9\,460（元）$$

在同样销售额的情况下，当月绩效较好的小唐，可以多拿 468 元。考虑到小唐入职以来进步非常快，曾经连续一周成为部门业务冠军，公司特意发放奖金 500 元，如表 8-17 所示。

表 8-17 客服部小李、小唐月收入   单位：元

姓名	基本工资	当月绩效	奖金	岗位工资	福利	补贴	年终奖	分红	合计
小李	4 000	4 992	0	0	0	0	0	0	8 992
小唐	4 000	5 460	500	0	0	0	0	0	9 960

随着工作时间延长,客服会产生一定的工作惰性。

小李想:"我辛辛苦苦忙了一个月,实现了 52 万元的销售额。自己才拿这几千块钱业绩提成,干多干少,收入其实也差不了很多,不如上班混日子。"

小唐想:"虽然我刚来公司 3 个月,数据就比小李高好多,可是能力强也不过多拿几百块钱。"

日复一日地重复工作会令人厌倦,低落的士气会影响工作的效能。各层级的管理者应当从工作时间、工作形式、工作环境等角度调节员工的工作状态。在设计薪酬方案时,也可以通过一些规则有意识地拉开收入差距,增强绩效杠杆作用。

小李和小唐的基本工资(4 000 元)可分成两份(2 000+2 000),将其中 2 000 元与当月绩效累加,再乘以提成系数。通过增大业绩计算的基数,增强系数的杠杆作用,拉大收入差距。调整前后的计算方式分别为

原收入=基本工资+(销售额×提成比例×提成系数)

增强算法收入=<u>基本工资</u>①×0.5+(基本工资×0.5+销售额×提成比例)×提成系数

如果小李和小唐二人的销售额均为 52 万元,提成比例 1%。小李系数为 96%,小唐系数为 105%,则

小李原来收入=4 000+520 000×1%×96%=8 992(元)

增强算法收入=2 000+(2 000+520 000×1%)×96%

=2 000+6 912

=8 912(元)

小唐原来收入=4 000+520 000×1%×105%=9 460(元)

增强算法收入=2 000+(2 000+520 000×1%)×105%

=2 000+7 560

=9 560(元)

二人收入差距从 468 元上升到 648 元。如果需要进一步拉大差距,还可以规定,当得分超过 100 分之后,提成比例可以从 1%调整到 1.5%。调整收入算法体现了公司对积极努力行为的肯定。

(五)售前客服薪酬方案中的问题

1. 如何推动客服销售新产品

企业每年上新很多产品,有的产品赚得多(利润率高),有的产品卖得多(资金周转率高)。当以销售额为业绩统计标准时,客服一定愿意销售易成交的产品。但是卖得多的

---

① 下画线部分是一分为二后的基本工资,这部分金额应高于当地最低工资水平。

产品,往往利润低,由此个人利益和公司利益便产生了矛盾。

对于新品、利润率较高的产品,可以单独制定一些以件为单位的奖励政策,也就是"即刻销售,即刻奖励"。

天璇公司要推一款价值600元的箱包。除了日常销售额提成,公司还单独制定了一个奖励办法:只要成交,当天发货,即可领取50元的现金奖励。(如果产生售后问题,与客服无关,奖金不需要退回。如果产生退货,则奖金需要退回。)

从理论上说,只有客户确认收货后,款项才能到账,公司才有钱给员工发奖金。但这样做周期太长,金钱带来即刻刺激感太低,激励效果大大减弱。用"即刻销售,即刻奖励"的方法让员工马上能看到回报,能够极大地提升工作积极性。如果客服团队员工人数较多,公司可以以销售这款产品为契机,形成良性竞争的氛围,促进全员业务能力提升。

对企业来说,即时奖励的方法存在一定售后风险。如果从推广角度分析,这种方法的投产比接近1∶12(50元奖金,让客服推销了600元商品),还是很合算的。在执行中,要制定奖励时间段,因为在产品销售缓慢时,这样做是有效的,当产品已经吸引客户关注,已经有客户自然购买的时候,就应当停止对该产品的奖励,可以考虑把相关奖励转移到其他新产品上。

2. 数据统计口径不统一怎么办

不同客服管理软件的数据统计口径不同,同样的行为,统计结果有差异。不需要纠结单一时段的数据高低,只要软件相对稳定,能够持续服务,通过软件看出数据的变化,就能达到评估工作效能的目的。

3. 高客单价产品,缺少关联性怎么办

有些店铺的产品价格较高,或者价格差异较大,例如手机、笔记本式计算机、珠宝配饰等。

某金饰品店铺,有599元的吊坠,也有8 000多元的项链,几个订单的变化,有可能导致客单价产生较大浮动,影响公平性。

一方面,可以增大客单价"档位"间的差距。例如,以100元或者200元,作为一个档位差距。另一方面,可以缩小客单价在业绩考核中的权重,在表8-16中,客单价占所有权重分的30%,可以降低到20%,同时可以增加转化率、客户评分等指标的权重。

4. 统计销售额时,是否要剔除退货

一定要扣除相关的退货退款,包含未经店铺同意、系统直接向买家退赔款项的费用。一般的软件都会将每个客服销售的产品、最终退货额标识清楚。在持续经营过程中,不需要对于退货跨月份的问题特别在意。

7月28日销售的产品,到了8月5日退货退款,在统计7月销售额的时候,会产生一个虚高。在持续经营状态下,8月的退款额也会增加,最终仍可以实现相对平衡。

5. 大促销活动，会不会造成收入的波动

通过现有计算方式，可以在很大程度上解决"淡季销售和旺季销售"之间以及"活动销售与日常销售"之间的平衡问题，避免员工在旺季收入过高，心理膨胀，淡季收入过低，人心浮动。

现在的绩效收入参考了销售额、提成比例、工作质量3个因素。在淡季的时候，整体访客少，销售额低。客服可以对有限的客户"精耕细作"，获得较好的转化率以及客户评分等指标，拉升个人的系数，提升个人收入。在旺季的时候，访客量大，销售额高。当工作量大的时候，服务质量会有所下降，会影响个人系数，但由于销售额急剧增大，一样可以提高收入。

这种方式促使客服在淡季时逆势而为，不断地挖掘自身潜力，通过提升销售能力和服务质量获取更好的收入。到了旺季，客服顺势而为，只要足够勤奋，在线时间够长，服务人数足够多，利用巨大的销售基数也能获得不错的收益。

生鲜农产品、蚊帐、凉席这些品类具有淡旺季明显的特征。建议客服团队"要精干，不要太多"。在淡季，多积累经验和话术；临近旺季时，可以将话术提交给外包客服团队，由他们负责日常咨询和销售工作，内部团队负责解决复杂问题以及售后服务。或者，有意识地在淡季训练智能客服；在旺季时，让智能客服承担日常琐碎的咨询、服务工作，由专业客服团队解决少部分复杂的咨询工作。

五、售后客服的薪酬方案

（一）明确责任

售后客服的任务是在保持较好的评价、评分基础上，尽可能减少公司售后成本。既要让顾客满意，又要减少公司损失。在处理售后的过程中，客服人员若发现产品在服务、详情、短视频、主播话术中存在问题，要及时反馈，快速修正。客服人员应从追求客户满意出发，但落脚点仍然放在维护企业自身利益上。

一家卖刀具的老字号店铺，客户在拍蒜时出现刀具断裂的情况。售后客服的一句"不能拍蒜"，把店铺送上了热搜。从材质上讲，菜刀在制作过程中要考虑硬度和韧性，只有硬度高，刀刃才足够锋利，相对而言韧性就会差一点，尤其是侧向受力的时候，的确有断裂的风险。

但是无论道理怎么讲，这个解释也抵不过情理。拍蒜是中国人烹饪中的常见需求，做不到、做不好，就是商家责任。客服不仅没有解决问题反而导致舆情发酵，给店铺和品牌造成了非常大的负面影响。

有的产品在客户收到货之后，需要进行安装、赠券、退款等服务，这时就需要售后客服主动与顾客联系，提升顾客满意度，如图8-1所示。

图 8-1 给客户的送券等优惠

（二）确定比例

售后工作需要面临不同的顾客。对于同一个问题，不同顾客的态度也未必一样，处理方法没有一定之规。因此，建议基本工资比例定高一些，基本工资和当月绩效遵循"七三开"或者"八二开"的比例是比较合理的。

（三）确定指标

当月绩效部分可以参考售前客服的计算模式，选取响应时间、处理完结率、处理金额/笔数、客户满意度好评率、差评数量等指标进行考核。

考虑到售后客服人数较少，为了提高统计效率，也可以采用简易的排名模式，如表8-18所示。

表 8-18 售后客服岗位绩效统计

指标/绩效	A	B	C	D	E	F	G
响应时间/秒	15	20	25	30	35	40	…
响应时间对应的分值/分	40	35	30	25	20	15	…
售后完结率排名	1	2	3	4	5	6	…
售后完结率排名对应的分值/分	40	35	30	30	30	30	…
平均售后金额排名	1	2	3	4	5	6	…
平均售后金额排名对应的分值/分	20	15	10	10	10	10	…
合计分值/分	100	85	70	65	60	55	…

（1）响应时间。缩短响应时间，让顾客的售后诉求能得到最快的反馈，避免客户投诉升级。

（2）售后完结率排名。指售后处理完结的数量（比率）。例如：在一个月内，处理售后量（接待量）排名第一的，可以得 40 分。由于售后的需求千差万别，因此要考虑工作的复杂性，不能单纯追求"处结量"，所以，在 C 列之后，均为 30 分。

(3) 平均售后金额。平均每一个售后所花费的金额。金额越少,说明成本控制效果越好。该指标不适合因经营需要而退款的店铺。

设置上述考核指标,旨在鼓励售后客服快速、低成本处理售后问题。在执行过程中,客服有可能为了个人业绩,而刻意降低服务,引发客户的中差评、投诉等问题。要制定必要的红线,比如不得引起用户投诉、不得引起平台介入的纠纷退款等。

为了提高处理效率,一方面要完善售后处理流程;另一方面可以充分放权,让售后客服可以自由处置一些问题。

天璇公司平均每月售后需要支付1 000元。为了提高处理效率,特批给售后客服1 200元作为售后基金,用于灵活处置一些特殊问题。资金不足部分由公司补充,资金剩余部分作为奖金,归部门或者个人所有。这样既实现了灵活性,又保证了效率。

(四) 模拟测算

小贾是售后客服,级别是P2,基本工资为6 000元。

参考表8-18,小贾本月售后响应时间为18秒,得35分;售后完结率排名第3,得30分;平均售后金额最低,排第一,得20分;合计得分85分,对应系数为85%。小贾的当月绩效为

$$当月绩效 = 2\,000 \times 85\%$$
$$= 1\,700(元)$$

售后基金为1 000元,其中支出772元,剩余228元。那么,小贾的当月收入为

$$小贾的收入 = 基本工资 + 当月绩效 + 售后奖金$$
$$= 6\,000 + 1\,700 + 228$$
$$= 7\,928(元)$$

小贾的基本收入为7 928元。由于大促销之后售后较多,小贾连续加班处理售后事宜,有效地减少了客户投诉,为公司挽回了很多损失。为此,公司给其单独发放600元的加班补贴。各项具体金额如表8-19所示。

表8-19 客服部小贾(售后)月收入   单位:元

姓名	基本工资	当月绩效	奖金	岗位工资	福利	补贴	年终奖	分红	合计
小贾	6 000	1 700	228	0	0	600	0	0	8 528

(五) 售后客服薪酬方案中的问题

1. 售前客服与售后客服是否应该分开

售前客服与售后客服是否要分设两岗,并没有一定之规。要根据自身情况,从客户体验、人力成本的角度进行分析。分开的好处是责任清晰、处理专业,缺点是人力成本高;合并的优点是首问负责、用户体验好、人力成本低,缺点是对客服要求略高,且影响产品销售工作。

即使二者分开，职责也存在交叉。售后客服不值班的时候，售前客服帮忙处理了售后；售后处理客户问题的时候，让客户开心，又获得了新的订单。如果偶有为之，口头鼓励即可；如果类似情况比较多，需要通过奖励，对员工做额外工作表示认可。售后客服实现了产品销售，就不必要去考虑转化率、客单价等指标，直接按照销售额计提奖金即可。售前客服处理了售后，也可以直接给予一定金额的奖励。

2. 如何制定售后流程

（1）建立台账。在处理售后内部流程中，如果使用电子台账，要做到检索方便，修改留痕，防止舞弊。如果暂时没有条件建立电子台账，可以使用纸质登记。

（2）退款、退货双人复核。任何一笔售后退款、退货，都至少要有两个人经手，共同判断退款的金额和理由是否得当。退款权限一般只给客服主管、售后主管等人，并做好单笔金额限制，超额退款需要审批。

（3）及时跟进退款、退货。现在部分电商平台对信誉较好的客户采用了先行退款的规则。客户只要发起退款需求，就能在第一时间收回货款。在处理售后流程中，需要及时跟进退款申请，对于不合理的退款进行阻拦和申诉。对于退货的产品要将订单编号、快递单号转发给仓库，用于收货后核对。如果发现退回的产品存在货损等情况，可以拒绝退款，及时申诉。

3. 售后评分是否可以作为考核依据

商家与消费者是利益的矛盾体。售后客服如果过于维护企业利益，客户评分就会低；追求客户评分高，就可能牺牲企业利益。所以，售后评分可以作为服务水平的重要参考，但应谨慎纳入考核范围。

六、直播部门的薪酬方案

（一）明确责任

直播部的职责：通过提升转化率、提升直播间流量，推动销售收入最大化。

转化率：在直播间人数有限的情况下，尽可能用话术、活动等形式拉升转化。

直播间免费流量：提升直播间权重，减少付费的引流成本。

引用前面章节的内容，为了完成年销售额 500 万元的任务，直播部在制定 OKR 方案时体现了 4 个重要的目标。

O_1：销售收入提升，达到每月 50 万元。

O_2：主播业务能力提升。

O_3：直播业务流程优化。

O_4：直播内容切片分发。

直播团队可以成为一个独立的公司，在直播间销售自己的产品，比如在抖音平台开店；也可以是一个重要的部门，比如在淘宝平台开店。

直播电商这几年飞速发展。每隔几个月就有重大的方向调整，导致很多既定的规则随时会被打破。这体现在薪酬方案上会出现计划赶不上变化的情况。因此，在思考直播薪酬方案的时候要有更加宏观的视野。不能只盯着已有的数据，也要看行业趋势的变化，注重方向的把控，宜粗不宜细，不能让现有的方案妨碍了未来的发展。

直播间常见角色如下。

主播：负责展示产品、回答疑问，用话术和个人表现力吸引用户，为直播间引流。

副播（主播助理）：帮助主播进行直播，处理直播期间的一些琐碎事务，提升直播间氛围。

推广负责人：为直播间引流。

总运营负责人：把控直播节奏，协调整体资源。

（二）确定比例

要根据直播业务和团队的发展阶段来确定薪酬结构。如果直播业务处于起步阶段，要注重提升直播间曝光度用户停留时间、互动率、转粉率、商品曝光点击率等指标。由于销售额很低，直播间销售收入是无法承担直播团队的成本的，但是如果固定收入比例太低，直播团队就会非常不稳定。基本工资和当月绩效遵循"六四开"的比例，是比较合理的。

如果直播间流量趋于稳定，团队也日益成熟，就需要提升销售额。此时基本工资和当月绩效可以遵循"三七开"的比例，也是可以的。最终定多少比例合适，公司要与直播团队协商，没有绝对的规定比例。

直播是技术发展带来的全新业态。从表面看，它是把线下的销售动作搬到了线上，只是传统沿街叫卖的互联网升级版。

如果站在互联网角度分析，直播则是对过去所有销售体系的巨大挑战。一个线下售货员，服务能力再强，每天接触的用户都是有限的；其口碑再好，传播的范围也是有限的；他再优秀，顾客购买产品也是先看店面，后看产品，最后才咨询售货员。产品的价值是第一位的，售货员只是起到锦上添花的作用。而优秀的主播却挑战了上述逻辑。每一场直播，可能有近百万人在线，顾客首先要信任这个主播，然后才能购买产品。主播的价值是第一位的，购买产品成为顾客对主播信任的一种表达方式，甚至会出现为了表达对主播的支持而下单的情况。

2023年年底，发生了一起"主播待遇纠纷"事件。某位知名主播的粉丝怀疑他们的偶像受到了公司不公正的待遇，纷纷对该公司的直播活动进行了抵制，导致该公司股价大跌30%。CEO被迫辞职，董事长也出来道歉。事后看来，完全是企业内部沟通的问题，本可以更加妥善、温和地加以解决，但是粉丝民意汹涌，所有当事人都被裹挟进去，甚至一个动作、一个表情都会被放大解读。对于所有当事人来说，这几乎是一场无妄之灾。最终，以公司分立，知名主播另起炉灶的形式将纷争告一段落。

这件事情背后折射出现有直播模式对薪酬体系的挑战。企业一定要强调流程化、标准化、去中心化，不可能把公司利益绑定在某一个员工、某一个主播身上。对于粉丝来说，那么多商家和产品可以选，为什么我要到你们的直播间买东西呢？因为我欣赏某个主播。有他在，我就下单；他不在，我就不买东西，甚至会跑到该公司竞争对手店铺下单购物，以此表达不满。

当一个主播的价值约等于整个直播销售渠道的价值时，其他为直播间工作的同事的成绩就被抹杀了。这就对直播团队的薪酬考核机制提出了挑战。如果规模小，可以通过指标进行考核；如果达到一定规模，形成了头部主播，就必须以利润为基础，进行资源重新分配。

（三）确定指标

天璇公司新开了一家抖音店铺，现阶段以"增粉""起号"为目标，确定了相关指标，如表 8-20 所示。

表 8-20　直播部绩效统计表

指标/绩效	A	B	C	D	E	F	G
曝光进入/%	16	19	22	25	28	31	…
曝光进入对应的分值/分	25	30	35	40	45	50	…
停留时间/秒	30	35	40	45	50	55	…
停留时间对应的分值/分	15	20	25	30	35	40	…
转粉率/%	1	2	3	4	5	6	…
转粉率对应的分值/分	25	30	35	40	45	50	…
合计分值/分	65	80	95	100	125	140	…

计算方法可以参考前文介绍的推广、设计、客服等部门。

需要注意，当前直播间考核的指标越来越多，常见的有：直播转化率、转粉率、转粉丝团率、曝光点击率、商品曝光率、商品点击率、付费人数、停留时间、人均峰值、互动率、开播时长、前 30 分钟表现、成交额、成交单价等。未来肯定还会有新增指标出现，同时现有的指标权重也不是恒定的，根据平台需求、直播间情况，也会不断地波动。过于复杂的数据变量给直播团队工作带来很大的挑战，也给制定薪酬方案带来了困难。

在设计直播团队薪酬方案时，应本着以终为始的目的来思考。如果当前任务是起号，那么应该设定标准——达到多少粉丝量、什么样的粉丝活跃数和粉丝画像属于起号成功，达到目标给多少钱。

对于已经走向正轨、有较好销售额产出的直播间，在分配资源时，要考虑均衡和效率问题。

某女装店铺，晚上 8 点到 12 点销售额最高。当前店铺有 3 个主播，应该如何排班呢？

作为 CEO 肯定希望那个业绩最好的人去做最好的时段，可是实际情况要复杂得多。仅仅针对排班这一件事，3 个主播就能搞出十几种花样。

（四）模拟测算

必须承认，上下级对薪酬体系有着各自的考量。上级担心下属不努力工作，所以定一个目标，只有完成后才有奖励；下级担心上级不守信用，也会依靠薪酬方案计算上级是否履行承诺。在直播间考核问题上，可以遵循"大河有水，小河满"的原则，利润留够公司的，剩下的都归直播团队"。毕竟，公司对外请达人主播也要支付坑位费和佣金。因此，在保持一定利益的基础上，可将多余利润直接与直播团队结算。具体利润分配情况可参考表 8-21。

表 8-21　直播团队与公司利润分配

产品	单价/元	产品成本/元	销售量/件	毛利额/元	日常运营成本/元	公司留存利润/元	推广费用/元	直播团队利润/元
产品 A	350	300	600	30 000	9 000	9 000	5 000	28 600
产品 B	700	550	180	27 000	2 700	2 700		

日常运营成本指公司为了这款产品支付的变动成本，包括仓储、物流、包装费、必要的损耗等费用。

此时，公司留存的利润仍属于毛利润，只有摊销直播间搭建的成本，垫付直播推广费用及产品滞销的损失后，才能称为销售利润。按照现有模式，直播间推广费应当由直播团队承担。

直播团队利润由直播团队进行分配。

（五）直播团队薪酬方案中的问题

1. 直播团队会不会赚得太多了

直播是一个高强度的工作。在直播开始之前，直播团队要进行准备，根据活动设计话术。在直播过程中，主播需要精神饱满地介绍产品，通过与观众互动，激发购买欲望；直播助理要根据主播的要求做好配合，当好"捧哏"；推广要时刻调节流量；运营要全盘统筹。直播后，有关人员要做数据复盘，为下一场做准备。表面上是 4 个小时的直播，背后可能是整个团队，长达十几个小时的忙碌。

所以，要允许"早吃螃蟹的人"多赚一点。一旦收入过高，就会有更多的参与者、应聘者愿意合作，当更多的参与者入局的时候，市场经济这只无形的手会让价格回归到合理区间。

2. 直播团队会不会赚得太少了

当销量不乐观的时候，利润太少，按照利润分配模式，直播团队赚不到钱。公司在能够负担的前提下，可以拿出一定利润支持一下直播团队。如果还没有起色，要么说明产品不行，要么说明直播团队的人不行，需要考虑适时更换。

3. 直播团队内部分配不均怎么办

公司与直播团队之间互相试探、摸索之后,会形成相对合适的分成比例。直播团队内部也经历了从分配不均到形成相对合理的分配过程。在这个过程中,CEO也要经常关注,给予一定的建议。

七、运营岗位的薪酬方案

(一)明确责任

运营部的职责:关注各个部门、各个端口的流量情况以及成本,促进产品销售。

转化率:关注各个部门、各个端口的转化情况,并对低转化进行分析、预警。

客单价:牵头各部门对产品、竞品进行分析,提升客单价。

存货量:与采购部、财务部密切沟通,不断优化产品、压低库存量。

净资产收益率(ROE)的公式为

$$净资产收益率(ROE)=利润率 \times 资金周转率 \times 权益乘数$$

$$资金周转率=销售额 \div 库存额$$

利润率:采购部把控,运营可以提出意见。

销售额:运营部总负责。

库存额:CEO总调度,采购部、仓储部、运营部协作。

权益乘数:CEO制定。

引用前面章节的内容,运营部为了完成2 800万元的销售额,协助CEO完成净资产收益率(ROE)指标,在制定OKR方案时,体现了两个重要的目标。

O_1:提升数据支撑业务拉动能力。

O_2:实现销售额2 800万元。

在电商公司,运营负责人是仅次于CEO的重要角色。对内,他需要关注产品节奏,协调组织各个部门在正确的时间、正确的方向上工作;对外,他需要关注行业情况和竞争对手情况;在数据方面,他要观察产品、客户、行业的变化趋势;在经营方面,他要关注当前销售情况,也要挖掘未来需求。

如果说CEO是一个乐队的老板,那么运营就是乐队的指挥。运营通过调度各个部门密切配合,实现完美的演奏。

对于外行人来说,乐队的指挥似乎是乐队里最没有用的人:拿着一根小棒棒,在大家面前比画几下,就可以得到全场最高的演出费。对于内行人来说,指挥就是乐队的灵魂人物,他几乎能熟练掌握所有乐器,了解乐队中主要成员的演奏习惯,通过自己的手势、体态、表情去控制演出节奏,表达自己对音乐的理解。

运营还有一个需要考核的重要指标:转化率。基于访客人数和成交人数之间的比例关系，运营要分析店铺在不同产品、不同流量来源、不同场景下，真实地转化流量的能力，提升各部门的业务能力，防止发生舞弊行为。

（二）确定比例

运营的岗位非常重要，其利益必须与公司业务进行深度绑定。做得好，可以获得非常高的收入；做得不好，也要承担失败的风险。运营的岗位收入要结合当下成果和未来成果，以当月收入情况反映近期的业务成绩，以年终奖体现长远发展与业绩完成情况。

因此，基本工资和当月绩效遵循"三七开"的比例是比较合理的。也就是说，让当月绩效占比相对高一些。日常收入和年终奖之间遵循"七三开"的比例，年终奖收入占总收入的30%左右是比较合理的。

天璇公司运营部小宋，现在负责两家店铺的运营工作，合计销售额700万元；未来还要新开两家直播型店铺，期望达到300万元销售额。如果完成计划，他可以拿到50万元的年薪。对于他来说，现有存量的700万元销售额业绩是稳定的，工作量较小；而开新店工作量大，不确定性高。

如果他的预估收入为50万元，七成收入按月发放，每月约3万元（50×70%÷12），剩下的三成按照季度或者年度发放，以平衡月度收入与年度收入，稳定业务与开拓业务之间的关系。在每个月中，基本薪酬约占三成，绩效等变动薪酬约占七成。

如果新店、新品的运营负责人岗位按照"固定收入三成，变动收入七成"的比例设计薪酬方案，是不会有人愿意入职。毕竟，产品起步的时候最难做，工作量大，见效慢。对于这样的情况，可以采用第一个月（季度）基本工资占九成，当月绩效占一成，第二个月（季度）基本工资占七成，当月绩效占三成的方案，以此类推。根据业务发展的情况，实现较高比例的绩效。只有让员工没有后顾之忧，才能要求其全力以赴。

（三）确定指标

（1）销售额指标。在确定运营岗位指标时，可以借鉴其他岗位的考核方式，选取重点指标进行考核，形成薪酬方案，也可以直接围绕销售额制定固定或者浮动的标准，如表8-22所示。

表8-22 运营销售额完成进度绩效统计

绩效形式	方案	>50万元	>100万元	>150万元	>200万元
固定绩效比例/%	方案A	1	1	1	1
	方案B	0.50	1	1.50	1.80
浮动提成比例/%	方案C	0	1	超150万元的部分0.8	超200万元的部分0.5
	方案D	0	1	超150万元的部分1.5	超200万元的部分1.8

表8-22展现了4种方案。这4种方案之间还可以相互结合，衍生出更多的方案，其中的任务目标、绩效比例可以根据实际情况进行调整。

（2）转化率指标。转化率指标是一个监督指标，是CEO督促运营的工具，也是运营协调各部门、监督各项工作的工具。无论转化率高低，最终还是要为销售额和利润贡献服务，因此可以不将其纳入考核范围。

（四）模拟测算

1. 以销售额为标准

表 8-22 体现了 4 种不同绩效方案的思路。

（1）固定绩效比例方案 A。无论销售额是多少，都按照 1% 计提绩效。优点：计算方式简单。缺点：容易滋生懒惰，干多干少都一样，甚至不做任何工作，随着店铺销售惯性也能有一定收入。这种方案，适合销售额相对稳定，日常需要运营操作的工作量比较少的店铺。可以通过调节绩效提成比例，控制绩效金额。

（2）固定绩效比例方案 B。销售额达到 50 万元之后，绩效比例为 0.50%；销售额大于 100 万元时，绩效比例为 1%，以此类推。随着销售额增加，绩效计提比例也越来越高。优点：考核倾向性明显，增长越大则收益越高。缺点：政策、行业热点等外部因素会影响销售额，使绩效数据不能完全反映工作实际情况。

2020 年，受新冠疫情影响，口罩、洗护消杀类产品销售火爆；后期很多学校上网课，又带动了平板计算机、打印机等产品的需求。由于消费力被过度释放，这些产品后期的销售难度大大增加。

这种方案适合新店铺、新产品。为减少外部因素的影响，可以设置方案执行期限，到达期限后，根据情况重新制定方案。

（3）浮动提成比例方案 C。设计了销售任务门槛。销售额只有大于 100 万元时，才有绩效。在 100 万元至 150 万元区间内，绩效比例为 1%。

当销售额为 99.9 万元时，绩效比例为 0，绩效收入为 0。

当销售额为 100.1 万元时，绩效比例为 1%，绩效收入约为 1 万元；当销售额达到 170 万元时，在 100 万元到 150 万元区间，绩效比例为 1%，超过 150 万元的部分，绩效比例为 0.8%。

优点：区分了存量与增量，仅对增量部分设计提成。随着增量加大，提成比例有所下降，有效地控制了运营岗位收入过度增长，避免团队内部因为收入差距过大而产生矛盾。

缺点：在划分存量与增量界限的时候，主观性较强。CEO 总希望把存量部分做大，以"逼迫"运营为了钱而更加努力地做增量。运营会认为 CEO 在薪酬方面缺乏诚意，影响互相的信任。

存在"数据"擦边情况。销售额 99.9 万元与 100.1 万元之间仅差 0.2 万元，但绩效收入差距却超过 1 万元，会诱发"躺平"心态和作弊冲动。

这个方案比较适合处于瓶颈期的店铺或产品。为了破局，CEO 有决心投入推广、产品、活动等资源。运营作为破局的核心成员需要与公司一起承担风险、分享收益。如果决定实施这个方案，CEO需要态度诚恳地进行绩效谈判。数据要更客观，也要对实施过程中的变量有所预判。

（4）浮动提成比例方案D。在方案C的基础上，借鉴了方案1和方案2的优点，加大了增量部分的绩效比例，增强了利益驱动性。

上述几种方案，是以销售额作为绩效基础的薪酬方案的缩影。每种方案都有优缺点，公司要根据自身实际情况，灵活调整。

2. 以转化率为标准

转化率作为提升业务能力和管理能力的抓手，为有序经营提供了数据保障，一般不建议将其纳入考核标准。有些公司出于管理要求，仍然会参考一部分转化率指标，以体现运营的业务能力和管理职能。

（1）业务能力。以转化率作为绩效指标，可以更加公平地体现运营的业务能力，减少"唯销售额"论带来的判断偏狭。

天璇公司的某个店铺，今年销售额增长了30%，是否能证明运营合格呢？不一定，有可能整个行业增长了40%，竞品店铺增长了50%，这个运营是不合格的！反之，如果一个店铺全年业务没有增长，是否能说运营不合格呢？不一定，可能整个行业下降了15%，由于他力挽狂澜，才能保持业务稳定。

（2）管理职能。运营要对销售业绩负全责。设计、客服、推广、直播、内容等所有部门都要在运营的统筹下协作。如果两个部门扯皮，运营要围绕是否有利于快速提升转化率为核心进行协调，在业务层级达成一致。

（3）监督职责。运营对各个岗位有监督之责。只要有考核，就有作弊的可能性；只要没有监督，工作就会有惰性。

设计岗位为了提升点击率，可能采用盗图的方式复制同行高点击率图片，给店铺带来侵权风险；也可能为了提升转化率进行虚假宣传，肆意夸大产品功效，给店铺带来消费投诉的风险。

推广岗位为了应付点击率的考核，只投放点击率高的区域和店铺老顾客；为了应付访客数量考核，会自己为店铺刷虚假的流量、收藏、加购人数，甚至以为只要恶意拉升数据的成本小于自己获得的绩效收益，就是合算的。

客服岗位的工作重复性高，日复一日的工作容易懈怠，询单转化率就会降低。

所有的努力、舞弊、改善、懈怠，最终都会体现在转化率的波动上。从长期来看，运营要推动店铺转化率稳中上升；从短期看，任何单品的转化率波动，都能反映出当前经营中的问题。运营应当对这些变化进行细致分析，防止风险和舞弊行为的发生。

八、薪酬方案的实践与企业发展

薪酬方案关系到公司所有员工的福祉和工作状态，是企业管理非常重要的一个环节。

同时，我们也要认识到，一个科学的、相对公平的薪酬方案绝不是来自领导的主观臆断，而是基于企业内部科学的业务目标。这样，理性的发展任务、踏实的业务实践、良好的沟通渠道才能逐步建立起来，并经过企业和员工之间反复商讨、博弈，才能最终确定。

要想制定出合理的薪酬方案，必须思考以下诸多事项。

如何在业务开始之前，让每一个人清晰地了解自身的责任？如何让公司的 KPI 与 OKR 在顶层设计时就融会贯通？

如何在执行层面保证 KPI 与 OKR 有效衔接，既能上下齐心，抓住重点动作，又能评估有效，体现劳动价值？

在评估 OKR 完成情况时，如何将每个人的业务职责进行量化，以确保每个岗位的重点工作，都能与公司纵向要求相一致，与周边同事相配合？

在制定业务标准时，如果过于关注收入，往往不好控制成本；如果过于关注利润，往往影响业务发展规模。如何实现二者兼顾？

薪酬蛋糕该怎么分？工资、个人绩效、奖金、岗位工资、补贴、福利、年终奖，共同构成了员工收入。在整体份额相对稳定的情况下，如何设计收入结构和发放进度，才能让员工更有获得感？

如何制定薪酬方案，才能保证业绩、员工积极性和薪酬成本之间的平衡，实现奖优罚劣？

在前面的章节中，我们以企业盈利为目标，计算了资金周转率，分摊了各种成本，围绕盈利目标探讨了控制成本的方法，也为价格竞争计算了售价和采购价。通过本量利分析，我们预估了产品的销量和盈亏平衡点，形成了以净资产收益率（ROE）为核心的任务目标。

CEO 懂经营，就能够根据净资产收益率（ROE）调配资源；各部门负责人懂业务，就可以在各个领域实现开源节流；各位员工目标明确，就可以基于公司目标，梳理确定自己的目标，去实现关键结果；最终，大家的努力会在薪酬上得到慷慨的回报。

薪酬方案，从来没有统一的标准，从来没有最优方案。

薪酬方案，只是企业管理中的一个环节，绝不是管理全部。

薪酬方案，本质上是企业与员工的资源互换。企业搭建平台，员工在平台上创造价值，并获得适当的回报，从来没有任何一个企业，因为有了好的薪酬方案而实现基业长青。

薪酬方案，体现了企业和员工的互相约束。企业希望员工完成任务之后，才能拿到约定的薪酬；员工希望在完成任务之后，企业能够履行承诺。双方争议的焦点往往是任务标准。企业认为任务越高越好，这样才能得到更高的股东回报；员工认为任务越低越好，这样工作的难度才会降低。

英国经济学家哥尔柏说过一句话："税收这种技术，就是拔最多的鹅毛，听最少的鹅叫。"

这句话用在薪酬方案上也合适。企业要追求薪酬与工作结果的最佳匹配。那些人们耳熟能详的高薪企业，无一不是在产品、工作效能、服务上要求极为苛刻的。这些企业用高薪吸引最优秀的人，完成最有难度的事情，实现企业最大价值。如果这个人不能完成最有难度的事情，会马上被淘汰，毕竟急着替代他的人已经在门口等待面试了。

马云先生曾在中国企业家年会上对水泊梁山做了一个评价："任何一个组织，首先要问你使命是什么，愿景是什么，共同的价值观是什么，你要得到的结果是什么，只有这样才能建立一个了不起的组织。梁山的一百零八将，合在一起的原因是替天行道，他们的共同价值观是江湖义气，兄弟为大。他们的愿景呢？遗憾，并没有建立一个真正的愿景。所以我觉得他们组织的问题在这儿。……大家共同开辟未来、创造未来，而不是战役上的防御、战役上的抵制，或者是竞争格局的重塑。如果从这个角度思考，任何结合都是乌合之众。"

命运共同体、事业共同体和利益共同体，这3个词是描述不同组织关系紧密程度的概念。CEO希望员工能成为命运共同体，意味着员工要与企业共同承担风险，共同追求事业的成功。然而，现实中的组织关系往往复杂多样，每个人的事业方向不尽相同，命运也无法完全绑定在一起。在这种情况下，能够成为利益共同体，做到"食君之禄，忠君之事"的职业操守也是值得赞扬的。这种操守体现了对工作的忠诚和专注，尽管个人的事业与企业的整体方向不完全一致，但仍然尽职尽责地履行自己的工作。

本章小结

本章从划定员工的职级和方法入手，为每一个员工确定了级别，明确了晋升的方向，也为薪酬体系补上了最后一个短板。此时，企业可以用科学目标为先导、以成本控制为底线，制定出科学、有效、客观的发展目标。根据目标，分解各部门、各岗位的责任，形成自己的薪酬方案。

在薪酬方案中，本章选取了电商企业中主要的岗位作为示例，对于每个岗位都采用了不同的计算方法和思考逻辑，目的是增加更多的计算方法，以不同的视角去思考薪酬结构，给读者朋友们更多的参考方案，为大家建立自己企业的薪酬方案提供参考。